Nebenberuflich Studieren

Tipps, Tricks und Möglichkeiten für ein berufsbegleitendes Studium

Julian Geiß

Impressum

Auflage I

Herausgeber: Julian Geiß

Email: Julian.Geiss1@googlemail.com

Elsa Brändström Weg 60, 64289 Darmstadt

Autor: Julian, Geiß

Umschlaggestaltung, Illustration: Canva

Lektorat, Korrektorat: Helmut Stork

Übersetzung: keine

Druck: Amazon Media EU S.à r.l., 5 Rue Plaetis, L-2338, Luxembourg

ASIN ebook: B0868T5HC7

ISBN print: 979-8-6305-2026-5

Bibliografische Information der Deutschen Nationalbibliothek:

Die Deutsche Nationalbibliothek verzeichnet diese Publikation in der Deutschen Nationalbibliografie; detaillierte bibliografische Daten sind im Internet über http://dnb.d-nb.de abrufbar.

„In dich selbst zu investieren ist die beste Investition, die du jemals tätigen wirst. Es wird nicht nur dein Leben verbessern, es wird auch das Leben aller Menschen um dich herum verbessern."

Robin Sharma

INHALT

I. VORWORT 9

1. Wieso dieses Buch? 9

2. Mein zurückgelegter Weg 11

3. Anleitung für dieses Buch 13

II. BERUFSBEGLEITENDES STUDIUM 15

1. **Der Trend zum berufsbegleitenden Studieren 15**

2. **Wieso du ein berufsbegleitendes Studium beginnen solltest 17**

3. **Mögliche Hindernisse 20**

Wird eine 1-3- jährige Berufserfahrung benötigt? 20

Studieren auch ohne Abi? 22

III. VORSTELLUNG DER KONZEPTE 26

1. Fernstudium 27

Allgemeines 27

Vor- und Nachteile 27

Konzepte im Blickpunkt 33

2. Duales Studium 64

Allgemeines 65

Vor- und Nachteile 67

Konzepte im Blickpunkt 70

3. Wochenendstudium 88

Allgemeines 88

Vor- und Nachteile 89

Konzepte im Blickpunkt 91

4. Abendstudium 101

Allgemeines 101

Vor- und Nachteile 102

Konzepte im Blickpunkt 105

5. Vollzeitstudium im Teilzeitmodell 109

Allgemeines 109

Vor- und Nachteile 111

Konzepte im Blickpunkt 113
6. Studium im Block 116
Allgemeines 117
Vor- und Nachteile 117
Konzepte im Blickpunkt 120
7. Fernstudium vs. Präsenzstudium 125
8. Abendstudium vs. Wochenendstudium 131

IV. Tipps zum Umgang mit dem Arbeitgeber 139

1. Der Umgang mit dem Arbeitgeber 139
2. Entwicklungsplan 141
3. Kostenübernahme 147
4. Zeitausgleich 151
Freistellung 151
Lernen während der Arbeitszeit 152
Anrechnung von Bildungsurlaub 153
Reduzierung der Arbeitszeit 155
Überstunden & unbezahlter Urlaub 156

V. Studienkredite und Förderungen 158

1. BAföG 158
2. Meister-BAföG bzw. Aufstiegs-BAföG 159
3. Aufstiegsstipendium 160
4. Weiterbildungsstipendium 161
5. Deutschlandstipendium 162
6. Auslandsstipendien: 162
7. Stipendien für besondere Leistungen/ Engagements 164
8. Stipendien für beeinträchtigte Menschen 165
9. KfW Darlehen - Studienkredit 166
10. KfW Darlehen - Bildungskredit 167
11. Bildungsfonds 168

VI. Steuertipps 169

1. Wie bekomme ich durch mein Studium Geld zurück? 169

2. **Erstellung und Abgabe der Steuererklärung** 172
3. **Monatlicher Freibetrag** 174
4. **Abschreibung** 175
5. **Befüllung der Steuererklärung mit dem Steuerspar-Programm** 176

VII. Herangehensweise 183

1. **„Bulimie-Lernen“** 183
2. **Strebsames Lernen** 186
3. **Kontinuierliches Lernen** 189

VIII. Stressfaktor (berufsbegleitendes-) Studium 193

1. **Stress im Studium** 193
2. **Stressabbau und Ausgleich zum Studieren** 195

Wie überwinde ich meine Prüfungsangst 196
Freizeitgestaltung 198
Urlaub 199
Sport 203
Meditation 207

IX. Tools für die richtige Organisation und das richtige Zeitmanagement im berufsbegleitenden Studium 210

1. **Allg. Organisation im Studium** 210
2. **60 Klausuren in 20 Monaten** 212
3. **Werte, Visionen und Ziele** 215
4. **To-dos und Meilensteine** 218
5. **Zeiteinteilung** 222
6. **Zeitfresser** 224
7. **Prioritäten setzen** 225
8. **Planung** 230
9. **Flow und Fokus** 236
10. **Hilfsmittel** 238

Kalender 238
Microsoft To Do 241

X. LERNTECHNIKEN **244**

1. GRUNDKENNTNISSE GEHIRN **244**
2. LERNTYPEN **247**
3. METHODEN ZUM RICHTIGEN LERNEN **249**
VERSTÄNDNIS 251
VISUALISIERUNG 251
WIEDERHOLUNG 251
DER FLOW 252
STUDY MUSIC 254
TEXTE LESEN 255

XI. TIPPS UND TOOLS ZUM STUDIEREN **258**

1. STUDIUM VS. SCHULE **258**
2. KOMMILITONEN **260**
3. MITSCHRIFTEN **262**
4. GRUPPENARBEITEN **265**
PROJEKTMANAGEMENTTOOLS 266
DROPBOX 269
SKYPE 270
5. STUDIENARBEITEN **270**
6. LERN- UND SCHREIBLOKATION **272**
DER ARBEITSPLATZ 272
ZUHAUSE 274
UNI-BIBLIOTHEK 274
ZUG 275

XII. WAS ICH EUCH EMPFEHLE **276**

DANKE!! **277**

ÜBER DEN AUTOR **278**

EINE LETZTE SACHE NOCH... **279**

LITERATURVERZEICHNIS **280**

I. VORWORT

1. Wieso dieses Buch?

Viele Menschen quälen sich täglich mit den gleichen Fragen. Ist der jetzige Job der richtige für mich? Soll ich diese Tätigkeit bis zu meiner Rente täglich ausüben? Kann ich in meinem Job noch weiterkommen? Wie kann ich eine höhere Position in meinem Unternehmen erreichen? Wie kann ich erfolgreicher werden? Kann ich in Zukunft mit meinem Gehalt meine Familie versorgen? Wie kann ich mich persönlich noch mal weiterentwickeln?

Die Antwort auf all die Fragen findet ihr in diesem Buch. Ich bin der Meinung, dass jeder sein Leben selbst in die Hand nehmen kann und damit auch die Möglichkeit hat, es zu ändern. Das ist den meisten sogar bewusst. Doch die Angst vor dem Ungewissen, der Belastung, dem Zeitaufwand und den Kosten hindern sie daran. Ich möchte mit diesem Buch solche Ängste aus dem Weg räumen und euch ermutigen, ein berufsbegleitendes Studium aufzunehmen. Wie viele andere berufstätige Menschen, habe ich diese Chance wahrgenommen. Ich kann also sagen, ich spreche aus Erfahrung. Ich möchte euch einen Blick hinter die Kulissen gewähren, euch zeigen, wie ihr das richtige Fach und die richtige Universität findet, möchte euch viele gute Tipps und Tools für einen erfolgreichen Abschluss an die Hand geben und erläutern, wie ihr euch total viele Kosten ersparen könnt. Ich bin überzeugt davon, dass ihr nach diesem Buch anders von einem berufsbegleitenden Studium denken werdet, als ihr es bisher getan habt. Wenn mich jemand nach meinen Erfahrungen fragt, sage ich immer: „Alles halb so wild!". Und genau so meine ich das auch. Mit der richtigen Herangehensweise macht es sogar richtig

Spaß und bereichert euer Leben.

„Ein Studium lohnt sich doch eh nicht! Steve Jobs oder Bill Gates haben ihres doch auch abgebrochen". So oder so ähnlich ist heutzutage eine sehr oft verwendete Argumentationslinie von "Studienverweigerern". Klar, erfolgreiche Typen wie Jobs und Gates gibt es, und die Medien lassen auch keine Möglichkeit aus, zu erwähnen, dass sie eben kein Studium absolviert haben. Das macht die Story überhaupt erst spannend und berichtenswert. Vom Tellerwäscher zum Millionär! Dabei vergisst man, dass diese Persönlichkeiten absolute Ausnahmekönner sind oder waren, die in jedem Fall eine außergewöhnliche Karriere gemacht hätten. Statistisch gesehen sind aber sehr erfolgreiche Menschen ohne Studium eher die Ausnahme. Und selbst die prominenten Studienabbrecher haben zumindest ein Studium begonnen, nur eben ohne Abschluss. Bill Gates und Mark Zuckerberg haben Microsoft und Facebook in der Studienzeit mit Studienkollegen gegründet. Und erst als sie gemerkt haben, welches Potenzial in ihren Unternehmen steckt, haben sie das Studium geschmissen. Steve Jobs sogar nach nur einem Semester, in dem er seinen späteren Mitgründer Steve Wozniak kennenlernte. Also ein Studium abzulehnen und sich dabei auf diese Größen zu berufen, ist schlicht eine schlechte Ausrede.

Lasst euch daher nicht beirren, lest das Buch und beginnt zu studieren. Es wird euch in allen Lebensbereichen weiterbringen und ihr werdet es nicht bereuen. Glaubt mir! Ich habe mit so vielen Menschen gesprochen, die ein Studium nebenberuflich absolviert haben, und am Ende hat es kein Einziger bereut.

Die Inhalte in diesem Buch stammen aus gründlichster Recherche, etlichen Gesprächen und Interviews mit Studenten, Professoren und Führungskräften großer Unternehmen, sowie aus meinen ganz persönlichen Erfahrungen. Auf Unwesentliches habe ich verzichtet, die themabezogenen Leitgedanken stehen im Mittelpunkt des Buches und ihr sollt so viel wie möglich daraus mitnehmen. Und um gleich mal Taten folgen zu lassen... Let's start!

2. Mein zurückgelegter Weg

Nur ganz kurz ein paar wenige Worte zu mir. Ich meisterte meinen Realschulabschluss ziemlich glanzlos an einer Gesamtschule. Nach der 10. Klasse hatte ich die Möglichkeit auf eine weiterführende Schule zu gehen und mein Abi zu machen. Darauf hatte ich allerdings keine Lust. Es hätten mich weitere drei Jahre Lernen erwartet. Ich wollte aber erst mal Kohle machen und etwas Anderes ausprobieren. Okay, zugegeben, meine damaligen Lehrer waren auch nicht ganz unbeteiligt. Sie rieten mir von dem Abitur ab, was vermutlich an meiner begrenzten Motivation im Unterricht lag. So entschied ich mich für eine Ausbildung in einer Bank. Auch dort hatte ich Probleme Fuß zu fassen. Erst am Ende der Ausbildungszeit riss mich mein damaliger Ausbildungsbetreuer aus meiner Lethargie. Zum Glück gerade noch rechtzeitig kurz vor Ausbildungsende. Ich schaffte den Abschluss mittelmäßig und wurde von dem besagten Ausbildungsbetreuer übernommen. Bis heute ist er mein Mentor in der Bank.

Mit meinem Ausbildungsabschluss „Kaufmann für Bürokommunikation" wurde mir umgehend klar, dass meine Karriere in der Bank recht schnell beendet sein würde, da die formalen Grenzen keinen Aufstieg ermöglichten. Dazu muss man natürlich erwähnen, dass der Beruf „Kaufmann für Bürokommunikation“ nichts weiter als eine seriöse Umschreibung für „SekretärIn“ darstellte. Und bitte nicht falsch verstehen, SekretärInnen sind großartig! Ohne sie wäre das eine oder andere Unternehmen wirklich aufgeschmissen. Nur passte dieses Berufsbild einfach nicht zu mir. Während ich noch darüber nachdachte, den Job hinzuschmeißen, mein Abitur nachzuholen und danach Sport zu studieren, sprach mich eine Kollegin mit dem Hinweis auf eine Alternative an: Ein nebenberufliches Studium! Ehe ich mich versah, war ich angemeldet und begann wenige Wochen später völlig unvorbereitet und ohne Abitur das Studium. Auf der einen Seite absolut genial. Wer weiß, hätte ich mich ausgiebig mit dem Thema auseinandergesetzt, hätte ich das Studium wahrscheinlich nie begonnen. Auf der anderen Seite hatte ich durch die plötzliche Umstellung anfangs einige Schwierigkeiten. Letzten Endes schloss ich das Studium recht positiv ab, wobei ich allerdings einige Höhen und Tiefen erlebte. Am Ende zählte jedoch nur der Bachelor of Arts in Business Administration.

Nach einem halbjährigen Zertifikatsstudium in einem bankfachlichen Spezialthema, entschied ich mich dann nochmals für ein MBA-Studium in Unternehmensgründung, Führung und Nachfolge. Während dieses Studiums absolvierte ich zusätzlich ein dreimonatiges Fernstudium in Sportmanagement. Ihr seht, ich bin in meinem Leben schon einigen nebenberuflichen Tätigkeiten nachgegangen und finde diese nach wie vor absolut förderlich!

Die Idee für dieses Buch entwickelte sich langsam aus vielen Gesprächen heraus. Viele Freunde und Bekannte kamen immer wieder auf mich zu und fragten: “Sag mal Julian, wie machst du das eigentlich? Neben der Arbeit zu studieren? Das ist doch bestimmt extrem anstrengend! Das könnte ich nicht. Dafür ist mir meine Freizeit viel zu schade."

Für diese habe ich dann das Paket berufsbegleitendes Studium entpackt und mit einigen Vorurteilen aufgeräumt. Durch meine Ausführungen konnte ich bei dem einen oder anderen echtes Interesse wecken. Irgendwann kam mir der Gedanke, wenn viele mein heutiges Wissen hätten, würden sicherlich deutlich mehr Menschen ein berufsbegleitendes Studium beginnen. Das hat mich motiviert, all meine erworbenen Kenntnisse in diesem Buch niederzuschreiben.

3. Anleitung für dieses Buch

Ein Hinweis vorneweg: In den nächsten Kapiteln habe ich aus Gründen der besseren Lesbarkeit die männliche Form verwendet. Sie bezieht sich auf Personen beiderlei Geschlechts.

In diesem Buch habe ich das Wissen etlicher Menschen zum Thema berufsbegleitend Studieren niedergeschrieben. Ich denke, mit dem langen Inhaltsverzeichnis und den vielen Kapiteln ist mir auch eine sehr gute Struktur gelungen und die Kapitel bauen aufeinander auf.

Wegen der Vielzahl an Themen möchte ich euch dazu ermutigen das Buch wie ein Kochbuch zu nutzen. Euer Kochbuch zum berufsbegleitenden Studium. Die Seiten sind vollgepackt mit guten Rezepten, die euch bei allen Themen rund um das nebenberufliche Studium das Leben einfacher machen werden. Stellt euch einfach ein Menü zusammen, welches euren Interessen entspricht. Sollen es zum Aperitif die verschiedenen Studiengänge an Fernuniversitäten sein? Zur Vorspeise ein paar Tipps zum Umgang mit dem Arbeitgeber? Als Hauptgang die besten Tools zum Lernen und Organisieren im Studium? Und als Nachtisch vielleicht ein paar tolle Steuertipps für berufsbegleitend Studierende?

Dann mal Bon Appétit!

II. BERUFSBEGLEITENDES STUDIUM

1. Der Trend zum berufsbegleitenden Studieren

Ich beginne mit einer Definition: Was ist eigentlich ein berufsbegleitendes Studium? In diesem studiert man grundsätzlich neben dem Job. Zumeist ist das Studium unabhängig von Beruf und Arbeitgeber. Es gibt aber Ausnahmen wie das ausbildungsintegrierte Studium.

Die Konzepte der Hochschulen und Unis richten sich stark an die Zielgruppe. So sind die Veranstaltungen in der Regel auf arbeitsfreie Zeiten terminiert. Sprich: abends, am Wochenende oder im Blockunterricht.

Der Trend bewegt sich immer mehr zum nebenberuflichen Studium hin. Die Kollegen von „studieren-berufsbegleitend.de" (übrigens eine sehr hilfreiche Seite) führen aus, dass sich die Zahl der Berufstätigen, die einem nebenberuflichen Studium nachgehen, seit 2006 verdoppelt hat. In Deutschland setzten damit (Stand 2015) ca. 100.000 Personen eine zusätzliche akademische Weiterbildung dem ausgeübten Beruf obendrauf. Für Arbeitnehmer ist es die perfekte Möglichkeit, Studium, Familie und Beruf zu vereinen und im besten Fall keine Gehaltseinbußen hinnehmen zu müssen. Dabei spielt auch das Alter keine Rolle. Egal, ob direkt nach der Ausbildung mit 20 Jahren, oder kurz vor der Rente mit 60 Jahren. Ein berufsbegleitendes Studium kann wirklich jede/r machen. Ich kann das aus eigener Erfahrung bestätigen. In meinen beiden Studiengängen waren wirklich alle Altersgruppen vertreten. Und ja, ich hatte tatsächlich in beiden Studiengängen über 50-Jährige sitzen. Ganz großen Respekt! Was ist das auch für eine Eigenart, die sich in Deutschland eingebürgert hat? Sobald man die 50er-Grenze überschritten hat, sitzt man seine Zeit nur noch ab, bis man sich endlich in den Ruhestand verabschieden kann? Ey Leute, das sind noch mal locker 10 bis 15 Jahre, die ihr weiter schuften müsst. Dann sich lieber noch mal einer Herausforderung stellen und ein berufsbegleitendes Studium absolvieren, um dann im Job noch mal anzugreifen. Die Zeiten, dass 50plus-Kräfte langsam abgesägt werden, sind vorbei. Die Arbeitgeber wissen die Erfahrung der Mitarbeiter immer mehr zu schätzen. Und auch denen ist klar, dass zwischen 50 und 65 noch einige Jahre guter Zusammenarbeit liegen können. Und selbst wenn das der Arbeitgeber anders sieht, dann macht ihr es eben für euch selbst.

Aber nicht nur die Altersstruktur ist sehr breit gefächert, sondern auch die verschiedenen Lebenssituationen. Egal ob Unternehmer, Beamter, Angestellter, oder ob ledig, verheiratet, Familie, Groß-Familie. Alle Gruppen sind zahlreich vertreten. Natürlich erfordern ein Fulltimejob, Studium und zwei oder drei Kinder eine gute Organisation. Aber es geht. Die Mütter und Väter, die ich in meinem Studium kennenlernte, waren alle super drauf und waren ganz oben bei den Noten dabei. Einen Studenten erlebte ich sogar, der arbeitslos war und sich in einen MBA für 20.000 € stürzte. Er nahm einen Kredit auf und ging damit volles Risiko ein. Die Arbeitslosigkeit war natürlich nur von sehr kurzer Dauer, da er grade erst den Bachelor abgeschlossen und noch keinen Arbeitsplatz gefunden hatte. Mit diesem Beispiel möchte ich lediglich verdeutlichen, dass wirklich jeder in jeder Lebenssituation ein berufsbegleitendes Studium starten kann.

Bedingt durch den Trend, ist natürlich auch das Angebot der Studienmöglichkeiten deutlich gestiegen und die Konzepte der Hochschulen werden verbessert oder neu ins Leben gerufen.

Oberflächlich gesehen, wird das berufsbegleitende Studium in Fernstudium und Präsenzstudium unterteilt. Aufgrund der Vielzahl an unterschiedlichen Konzepten greift das jedoch viel zu kurz. Deshalb habe ich es in weitere Sparten untergliedert. In diesem Buch unterscheiden wir zwischen dem Fernstudium, ausbildungsintegriertem Studium, Wochenendstudium, Abendstudium, Vollzeitstudium im Teilzeitmodell und Blockstudium. Jedes dieser Modelle werde ich hier ausführlich mit mindestens einem Beispiel darstellen.

2. Wieso du ein berufsbegleitendes Studium beginnen solltest

Kindergarten, Grundschule, Gymnasium, Studium und danach arbeiten. Das ist das Ideal vieler Eltern und Heranwachsender. Heutzutage wird diese Abfolge als einzige logische Grundlage für eine erfolgreiche Karriere angesehen. Dieses Ideal wird in unserer heutigen Gesellschaft mit allen zur Verfügung stehenden Mitteln angestrebt. Häufig gehen Eltern zu weit und fordern viel zu viel von ihren Kindern. Dabei ist in so jungen Jahren die Entwicklung der Persönlichkeit deutlich wichtiger, als unbedingt auf ein Gymnasium zu gehen und dort einen vorher selbst festgelegten Notendurchschnitt zu erreichen. Und ist dann das Abitur bestanden, „muss" man studieren, weil „...sonst wäre das Abitur ja total unnötig gewesen, schließlich kann man eine Ausbildung ja auch mit einem Haupt- oder Realschulabschluss machen". Mit dem Studienabschluss wird man dann nach 18 Jahren ausschließlichen Lernens in die reale Welt entlassen, um seine Träume zu verwirklichen und das erlernte Wissen nun endlich anwenden zu können. Doch bei den Bewerbungsgesprächen wirst du merken, dass es oft gar nicht einfach ist, einen Job zu finden, trotz Studium und perfektem Lebenslauf. Die Anzahl der Studierenden in Deutschland wird immer höher. Laut Statistischem Bundesamt ist sie seit 2002/03 (ca. 1,9 Millionen) bis heute 2018/19 (ca. 2,9 Millionen) um fast 50 % gestiegen. All diese jungen Leute strömen nach dem Studienabschluss auf den Arbeitsmarkt und erwarten, oder verlangen sogar, einen herausragenden Job, da sie ja schließlich studiert haben. Durch diese vielen Absolventen hat der Arbeitgeber jedoch die Qual der Wahl. Für welchen der Bewerber entscheidet er sich?

Für dieses Buch führte ich viele Interwies mit Führungskräften und Mitarbeitern aus dem Recruiting. In den Gesprächen war diese Frage natürlich immer auf der Tagesordnung. Typischerweise schreibt ein Unternehmen Stellen aus, wenn Handlungsbedarf in einem Themenbereich bzw. einer Abteilung gesehen wird. Den Führungskräften ist daran gelegen, dieser Erfordernis möglichst schnell nachzukommen. Nehmen wir mal an, ein Unternehmer hat nun nach ca. dreimonatiger Bewerbungsphase mehrere Bewerbungen auf dem Tisch. Was meint ihr, schaut er sich jetzt den Notendurchschnitt an? Ja, vielleicht. Aber viel wichtiger ist ihm die berufliche Praxis. Er braucht jemanden, der ihm sofort weiterhelfen kann. Bei jungen Männern und Frauen, die bisher noch nicht richtig im Arbeitsleben standen, sehen Unternehmen grundsätzlich ein gewisses Risiko. Gelingt der Shift von der Theorie in die Praxis? Zitat eines Managers aus einem renommierten Wirtschaftsunternehmen: „...dann kommt so ein arroganter Theoretiker aus dem Studium, der denkt, er wüsste alles, dabei hat er keine Ahnung von der richtigen Arbeitswelt". Dazu sehen die Unternehmen einen deutlich größeren Aufwand in der Einarbeitung. Personen, die schon mal in einem Unternehmen tätig waren, sind mit etlichen Abläufen vertraut, die ein Vollzeitstudent einfach noch nicht kennen kann. Die neue Kraft soll natürlich möglichst schnell integriert werden, um die Kollegen unterstützen zu können. Aus diesem Grund sind berufspraktische Erfahrungen bei einer Bewerbung enorm wichtig.

Vor kurzem unterhielt ich mich mit einer Wirtschaftsstudentin mit gutem Masterabschluss. Sie bewarb sich auf eine Stellenausschreibung und wurde von dem Manager mit der Begründung abgelehnt, dass er es kritisch sehe, dass sie Vollzeit studiert habe und noch keinerlei berufliche Erfahrung vorweise. Ihr Verweis auf ihre Praktika (unter anderem bei einer der größten Wirtschaftsprüfungsgesellschaften), entkräftete er schnell mit der Aussage: „Praktika sind keine richtige Berufserfahrung".

Bitte versteht mich nicht falsch. Ich finde ein Vollzeitstudium absolut sinnvoll und denke, dass die Lernkurve sich extrem positiv darstellt. Die Zeit, die man als Student verbringt, ist im Leben einmalig und man sollte sich genau überlegen, ob man darauf verzichten möchte. Je nach persönlicher Situation muss man für sich selbst wissen, was die beste Lösung ist. Viele junge Menschen haben nach der Schulzeit keine Lust mehr zu lernen. Warum solltet ihr dann ein Studium anfangen, das euch wieder für 3-5 Jahre zur Paukerei verpflichtet? Oder warum solltet ihr einen Kredit aufnehmen, den ihr nach dem Studium jahrelang abbezahlen müsst, wenn es auch Möglichkeiten gibt, Geld zu verdienen und trotzdem zu studieren.

Die Alternative zum Vollzeitstudium ist das berufsbegleitende Studium. Viele Menschen sitzen auf ihren Jobs, sind unzufrieden, wollen qualifiziertere Aufgaben, mehr Verantwortung, mehr Geld anrufen und ganz lieb fragen. Vielleicht noch mit ein paar Argumenten wie einem Nebenjob oder einer Arbeit vor der Ausbildung bzw. vor dem Bachelor auftrumpfen, und dann werden die Kollegen das Ganze in den meisten Fällen durchwinken. Natürlich kann ich hierfür meine Hand nicht ins Feuer legen, aber ich kenne bisher keinen Fall, bei dem es nicht funktioniert hätte.

Studieren auch ohne Abi?

Gleich mal vorweg: Ja, studieren ohne Abitur oder Fachabitur ist aufgrund des Konzepts, das ich nachfolgend erläutern werde, ohne weiteres möglich.

Als ich 2011 nach meiner Ausbildung eine neue Herausforderung suchte, war diese Erkenntnis für mich ein absoluter Gamechanger! Damals hatte ich noch daran gedacht, mein Abitur mühselig auf der Abendschule nachzuholen. Das hätte drei Jahre in Anspruch genommen und ich hätte nur die Voraussetzung für ein Studium geschaffen. Wie weiter oben im Buch schon erwähnt, kam glücklicherweise damals eine Kollegin auf mich zu und erzählte mir von der Verwaltungs- und Wirtschaftsakademie (VWA).

Das Konzept dieser Akademie sieht vor, ohne Abitur, nur mit Realschulabschluss, Ausbildung und 1-jähriger Berufserfahrung studieren zu können. Anstelle des 3-jährigen Vollzeitstudiums wird dieses Studium für die Dauer von 4 Jahren auf berufsbegleitender Ebene durchgeführt. Am Ende kann man auf diese Weise einen gleichwertigen Bachelor-Abschluss mit 180 Creditpoints erreichen. Meine simple Rechnung damals: Der übliche Weg, d.h. 3 Jahre Abitur + 3 Jahre Bachelor = 6 Jahre. Der

Weg an der VWA: 4 Jahre Bachelor. Bei dieser Option würde ich mir also 2 Jahre sparen und könnte nebenher weiter in meinem aktuellen Job arbeiten. Ihr seid sicher nicht überrascht, dass ich mich für die zweite Möglichkeit entschieden habe. Ich bin auch heute noch absolut froh, diese Variante gewählt zu haben. Im Endeffekt hatte ich genauso früh meinen Bachelor in der Tasche wie die meisten meiner Klassenkameraden, die damals keine Ausbildung, sondern weitere 3 Jahre Abitur gemacht hatten. (Die meisten hatten in der Oberstufe eine Klasse wiederholt oder mit dem Bachelor etwas länger gebraucht.) Der Vorteil für mich war natürlich, dass ich, sowohl während meiner Ausbildung, wie auch während des Bachelors, Geld verdiente. Dazu konnte ich vier Jahre lang Berufserfahrung sammeln und verfügte nach Abschluss des Bachelors über einen sicheren Job. Es hat sich also mehr als gelohnt!

Zu der Zeit war die VWA eine der wenigen Unis, die es ermöglichten, ohne Abitur zu studieren. Heute gibt es immer mehr Angebote, insbesondere im technischen Bereich. Die geforderten Voraussetzungen für ein Studium ohne Abi sind inzwischen sogar gesetzlich geregelt. Letztlich kann jedoch die Universität entscheiden, welche Bewerber sie annimmt.

Die gesetzlichen Vorgaben kommen von den Ländern und werden in sogenannten Hochschulzugangsverordnungen geregelt. Zum Zeitpunkt der Entstehung des Buches setzen alle Bundesländer (mit Ausnahme von Brandenburg) die gleichen Bedingungen voraus.

Die Berufsbildungshochschulzugangsverordnung von Nordrhein-Westfalen beschreibt:

Zugelassen werden,

§2 „Meisterinnen und Meister sowie vergleichbar Qualifizierte" – Sprich: Meister, Techniker, staatlich anerkannte Betriebswirte und Fachwirte, etc.

§3 „Beruflich Qualifizierte nach § 3, die ein fachlich entsprechendes Studium anstreben"

- „…abgeschlossene, mindestens zweijährige Berufsausbildung, und…"
- „…mindestens dreijährige berufliche Tätigkeit, die der Berufsausbildung fachlich entspricht. Eine weitere fachlich verwandte Berufsausbildung wird hierbei als berufliche Tätigkeit anerkannt..."

§ 4 „… Beruflich Qualifizierte nach § 4"

- „…abgeschlossene, mindestens zweijährige Berufsausbildung…"
- „…mindestens dreijährige berufliche Tätigkeit…" dabei können auch „… Zeiten der Kindererziehung oder Pflege von Angehörigen, Zeiten eines geleisteten freiwilligen Dienstes, der Abschluss einer weiteren Berufsausbildung…" anerkannt werden.
- **„…Zugangsprüfung…"**
- Bei einem nicht ihrem bisherigen Berufsweg entsprechendem Studium ist ein **„Probestudium"** mit anschließender Zulassung möglich. [1]

An der VWA ist diese Variante des Studierens leider nicht mehr möglich. Die Studiengänge sind inzwischen nur noch bei der FOM angesiedelt. Allerdings kann an der VWA ein Betriebswirt ohne Abitur gemacht werden. Dieser berechtigt für ein Studium

---

[1] Entnommen aus dem BBHZVO

an der FOM. Der Betriebswirt dauert zwar 3 Jahre, dafür muss man je nach Variante weniger Semester an der FOM studieren. Das Ganze ist sehr individuell auf die Themenbereiche zugeschnitten, deshalb empfehle ich hier ein telefonisches Beratungsgespräch mit der FOM und/oder der VWA.

Hier beispielhaft ein paar Adressen, wo auf jeden Fall ohne Abi studiert werden kann:

- Wilhelm Büchner Hochschule (Fernuniversität) - (mind. 2. Jahre) Berufsausbildung + 2 Jahre Berufserfahrung (wobei das zweite Jahr parallel zum Studium absolviert werden kann) + Hochschulzugangsprüfung (ebenfalls während des Studiums möglich)
- Fernuniversität Hagen - (mind. 2. Jahre) Berufsausbildung + 3 Jahre Berufserfahrung
- IUBH (Fernuniversität) - (mind. 2. Jahre) Berufsausbildung + 3 Jahre Berufserfahrung
- AKAD University - 1. (mind. 2. Jahre) Berufsausbildung + 3 Jahre Berufserfahrung und Hochschuleignungsprüfung / oder 2. Fachwirt, Betriebswirt, Meister, Techniker etc.
- Universität Bielefeld – (mind. 2. Jahre) Berufsausbildung + 3 Jahre Berufserfahrung und Hochschuleignungsprüfung
- FOM (mind. 2. Jahre) Berufsausbildung + 3 Jahre Berufserfahrung (oder andere zusätzliche Qualifikation)

Das ist allerdings schwerer, als es sich anhört. Die Disziplin, das „dran-bleiben“ und die Organisation müssen geübt werden. Hier verhält es sich genauso, wie im Sport. Du musst deine Kraft, deine Ausdauer und deine Geschwindigkeit trainieren. Nur mit diesen Grundlagen ermöglichst du es dir, Fußball, Handball oder eine andere Sportart auf hohem Niveau zu betreiben.

Überragend bei dieser Variante ist natürlich die örtliche Ungebundenheit. Egal ob im Zug, auf der Arbeit, auf der Couch, am Essenstisch, im Internetcafé oder am Strand unter Palmen. Mit dem Fernstudium kannst du überall dein Studium zu Ende bringen und es individuell gestalten. Mein dreimonatiges Fernstudium am IST-Studieninstitut habe ich kurz nach einer Kreuzbandoperation gestartet. Ich war ans Bett gefesselt und hatte gefühlt alle Serien und Filme auf Netflix angeschaut und war froh für eine Ablenkung.

Nach der OP war ich sechs Wochen krankgeschrieben. Das Studium ging jedoch drei Monate und da ich nach meinem Ausfall arbeitstechnisch ziemlich viel nachzuholen hatte, schloss ich mein Kurzstudium im darauffolgenden Urlaub auf Bali ab. Die Reise war lange vorher gebucht und so musste ich mein letztes Studienheft abarbeiten und die abschließende Prüfungsarbeit anfertigen. Das Studienheft beackerte ich tatsächlich wahlweise am Pool oder am Strand. Vorzugsweise bei einem frischen Smoothie. Zum Ausgleich gönnte ich mir ein paar Stunden auf den Wellen mit meinem Board. Die Studienarbeit beendete ich in einem Strandrestaurant mit Internet-Zugang. Die fertige Arbeit konnte ich dann von Bali aus entspannt hochladen. Hoch lebe das Internet! Heraus kam ein Abschluss mit 1,0! Also, alles ist möglich. Ich denke, dieses Praxisbeispiel zeigt sehr gut den größten Vorteil eines Fernstudiums -> Flexibilität

Exkurs: Fernstudium im Ausland

Absolviert ihr gerade ein Fernstudium oder wollt demnächst damit anfangen, möchtet aber eigentlich für einen längeren Zeitraum ins Ausland? Mit einem Fernstudium ist das überhaupt kein Problem und stellt - jedenfalls für mich - sogar den größten Vorteil dar. Wie das genau abläuft, erkläre ich euch in diesem Exkurs.

Bei den meisten Fern-Unis läuft alles über elektronische Kanäle. Die Skripte, virtuelle Vorlesungen, Webinare etc. können problemlos über den Laptop von überall auf der Welt abgerufen werden. Bekommt man die Skripte noch per Studienheft, muss man bei der Uni nachfragen, ob nicht doch alle Hefte elektronisch übermittelt werden können. Ist dies dann auch nicht möglich, kann immer noch die Adresse im Ausland (gegen eine kleine Gebühr) angegeben und für den Versand berücksichtigt werden. Plant man eine Rundreise und hat keine feste Adresse, kann man erfragen, ob alle Studienhefte und Skripte gleich zum Start ausgeteilt bzw. an eine Adresse geschickt werden können.

Nachdem ich mich also vom thailändischen Strand aus mit Unimaterial einer deutschen Fachhochschule oder Universität weiterbilden kann, stellt sich die Frage nach den Leistungsnachweisen und Prüfungen. Viele Prüfungen der Fernuniversitäten sind Hausarbeiten oder sonstige eigenständigen Prüfungsleistungen wie Online-Tests, etc. Die können über den Online-Campus hochgeladen und auch von überall auf der Welt (mit WLAN-Verbindung) eingereicht werden. Dass die Arbeiten in Papierform abgegeben werden müssen, ist zum Glück eher nur noch die Ausnahme. Eine Herausforderung stellen klassische Klausuren dar, die die eigene Präsenz erfordern. Hier schaffen Goethe-Institute Abhilfe. Die meisten Fernuniversitäten haben eine Kooperation mit diesen Instituten. Sie sind an über 159 Standorten weltweit vertreten. Durch diese Kooperation haben Studierende die Möglichkeit auch außerhalb Deutschlands Prüfungen zu absolvieren. Diese werden in den Räumlichkeiten des Instituts durchgeführt.

Klar: 159 Standorte, die auf die ganze Welt verteilt sind, sind jetzt nicht übermäßig viel, aber immerhin hat man die Möglichkeit, seine Prüfung abzulegen. Die Reiseplanung und der Aufenthalt in dem jeweiligen Land müssen eben zeitlich in etwa dem Prüfungsort angepasst werden. Hier findet ihr alle Goethe-Institute.

Ach ja, ihr müsst beachten, dass Prüfungen an Goethe-Instituten nur in Ländern möglich sind, welche nicht direkt an Deutschland angrenzen.

Ganz umsonst ist das Ganze aber leider nicht. Für die Betreuung der Studenten im Ausland und die Koordination lässt sich das Goethe-Institut entschädigen. Für die Abnahme der Klausuren sind üblicherweise 120 € für Prüfungstermine als Einzel- oder Blockprüfung mit einer Dauer von bis zu maximal 120 Minuten zu bezahlen. Für die Abnahme der Klausuren mit einer Dauer von mehr als 120 Minuten bis zu 360 Minuten erhält das jeweilige Institut 170 € pro Prüfungstermin. Bist du aber zufällig mit deinem oder mit mehreren Kommilitonen verreist, könnt ihr euch diese Gebühr untereinander aufteilen.

Zugegeben ist es nicht ganz billig, aber dennoch eine tolle Möglichkeit, seine Träume (nächster Karriereschritt und das Reisen) miteinander zu kombinieren!

Eine ganz neue Methode stellen Online-Klausuren dar. Auf

diesem Gebiet ist die IUBH Vorreiter. Online-Klausuren sind eine neue Möglichkeit, virtuell Prüfungen abzulegen. Derzeit noch nicht weit verbreitet, wird es aber vermutlich in den kommenden Jahren von weiteren Fernuniversitäten angewandt werden. Mehr zum Thema Online -Klausuren findet ihr bei der Vorstellung der IUBH im Kapitel IUBH Internationale Fachhochschule Bad Honnef innerhalb des smarten Rates.

Auch Präsentationen oder Diskussionen aus dem Ausland sollten für keine Uni der Welt ein wirkliches Problem darstellen. Zumindest technisch hat inzwischen jede Hochschule/Universität die Voraussetzungen für Videokonferenzen. Hier kann man live und in Farbe sein Thema präsentieren oder an Diskussionen teilnehmen. Für die Verteidigung meiner Masterarbeit saß ich im Internetcafé in Brisbane (Australien) am Computer mit Kopfhörern und Mikro. Ich stellte zunächst meine Arbeit vor und diskutierte sie im Anschluss mit meinen Prüfern in Deggendorf (Bayern).

Generell verändert sich der Trend immer mehr in Richtung Digitalisierung. Immer mehr Universitäten bieten inzwischen Studiengänge an, welche ausschließlich digital absolviert werden können.

Nachteile:

Nicht richtig angewendet, können sich die oben genannten Stärken allerdings auch negativ auswirken. Eigentlich positive Aspekte kehren sich in ihr Gegenteil um. Ein Punkt ist die Flexibilität. Bei einem Fernstudium hat der Student große Freiheiten. In einem gewissen Rahmen können viele Erfordernisse nach Belieben geplant und erledigt werden. Aber es gibt eben einen Rahmen! Bestimmte Termine müssen eingehalten werden.

Das ist ganz wichtig. Man kann sich die Arbeit zwar einteilen, aber gemacht werden muss sie trotzdem. Daran scheitern viele Leute. Häufig liegt das an fehlender oder schlechter Organisation. Manche Menschen brauchen einfach den Druck oder feste Zeiten, um sich in Bewegung zu setzen. Das kann bei einem Fernstudium leicht zum Verhängnis werden.

Weiterhin problematisch kann auch das Verständnis des Lernstoffes sein. Manche Themen sind leichter zu begreifen, wenn man sie in anschaulicher Weise erklärt bekommt und umgehend Nachfragen stellen kann. Basis des Fernstudiums ist aber das Lesen und Bearbeiten von Unterlagen. Diese sind zwar gut aufbereitet, können dennoch manchmal nicht auf Anhieb eingängig sein. Damit kommen wir auch zum nächsten Nachteil. Zwar geben sich die Fern-Unis jede Mühe, Plattformen für Diskussionen und Problemstellungen einzurichten, über die man sich informieren kann. Doch erfahrungsgemäß befragen die Studenten in der Regel die Dozenten deutlich seltener als in einem Präsenzstudium. Und auch die Kommilitonen untereinander kommen nicht so oft und intensiv ins Gespräch.

Jeder kennt dieses Gefühl. Irgendwie ist der Antrieb weg. Man fühlt sich ausgelaugt und würde die Zeit am liebsten nur noch auf der Couch totschlagen. Das Phänomen kennen wir als Motivationslosigkeit und soll auch bei den größten Genies vorkommen. Ohne eine vernünftige Herangehensweise kann da aus ein paar Tagen eine richtig lange Durststrecke werden. Und das bedeutet, mitunter bei einem Fernstudium, ein echtes Problem. Denn wie wir oben bereits gelernt haben, ist der Eigenantrieb bei diesem Studium unabdingbar. Wenn du nicht selbst auf die Beine kommst, tritt dir auch kein anderer in den Allerwertesten. Das ist durchaus ein Risiko, dessen man sich bewusst sein sollte. Allerdings ein kalkulierbares. Ich sage immer: Mit den richtigen Techniken und einem konkreten Ziel vor Augen, kommt man rechtzeitig aus solchen Phasen wieder heraus. (Techniken dazu werden im Kapitel IX „Organisation und Zeitmanagement“ beschrieben.)

Konzepte im Blickpunkt

Fernuniversität Hagen

Allgemeines:

Die „FernUniversität in Hagen“ ist wohl die bekannteste und die einzige staatliche Fernuniversität in Deutschland. Alle anderen werden privat betrieben. Die Fern-Uni ist mit über 75.000 Studierenden im Jahr 2019 die mit Abstand größte deutsche Universität. Mit erheblichem Abstand folgt die Münchner Ludwig-Maximilians-Universität als herkömmliche Uni mit ca. 50.000 Studenten.

Das Angebot der Uni Hagen ist entsprechend der Anzahl der Studierenden mit vier Fakultäten und mehr als 20 Studiengängen aus den Bereichen Kultur- und Sozialwissenschaften, Wirtschaftswissenschaft, Mathematik und Informatik sowie Rechtswissenschaft sehr vielfältig. Nicht im Angebot sind dabei allerdings Studiengänge, die eine Präsenz erfordern, wie ein Medizinstudium. Ebenfalls bestehen neben den Bachelor- und Master- Studiengängen die Möglichkeiten zur Promotion und Habilitation sowie zahlreiche wissenschaftliche Weiterbildungsangebote (Zertifikate und ähnliches).

Die Uni wirbt auf ihrer Website mit dem Ablauf und den

Methoden des Fernstudiums: „Fernstudium erlaubt ein Höchstmaß an Flexibilität. Es basiert auf der Methode des Blended Learning und setzt sich aus Studienbriefen, digitalen Medien, klassischen Online-Seminaren, virtuellen Vorlesungen, netzgestützten Lehr- und Lernformen sowie wenigen Präsenzveranstaltungen zusammen.“ [2] Blended Learning bedeutet dabei integriertes Lernen und bezeichnet eine Lernform, bei der die Vorteile von Präsenzveranstaltungen und E-Learning kombiniert werden. Das Selbstlernen wird in der Fernuniversität hauptsächlich durch geeignete eLearning-Module unterstützt.

Zur Anfangszeit wurden eLearning Module von Wissenschaftlern, Technikern, Institutionen und Universitäten extrem gehypt. Doch die Ernüchterung ließ nicht lange auf sich warten und es offenbarten sich die Nachteile des eLearning. Der fehlende direkte Kontakt zu den Dozenten und den Kommilitonen wirkte sich negativ auf den Lernerfolg und die Leistung der Studierenden aus. Als Antwort auf die schlechte Ausbeute wurde dann das „Blended Learning“ entwickelt. Den guten eLearning-Tools wurden Präsenzveranstaltungen und klassische Lernbücher hinzugefügt und die Leistungskurve ging wieder nach oben. Durch die voranschreitende Technik verbessern sich die Anwendungen der eLearning-Medien immer weiter und werden dazu noch preiswerter. So ist auch für die Zukunft abzusehen, dass die Online-Plattformen für Weiterbildungen immer beliebter und mehr Studenten anziehen werden als klassische Bildungseinrichtungen. Je besser die Tools werden, desto größer wird der Vermittlungskanal. Sprich: Das Lernen wird immer attraktiver durch spielerische Elemente oder

[2] https://www.fernuni-hagen.de/universitaet/profil/

durch zeitliche Unabhängigkeit. [3]

Nehmen wir beispielsweise virtuelle Vorlesungen. Diese nimmt der Dozent per Video auf und stellt sie in den Online Campus (Internetauftritt der Uni, wo nur eingeschriebene Studenten zugreifen können). Hört sich zwar absolut simpel an, aber diese Form der Wissensvermittlung war vor einigen Jahren noch unvorstellbar. Damals sind natürlich alle in die Vorlesung gegangen, um dem Professor lauschen zu können. Inzwischen kann man die Vorlesung über einen 50 -Zoll -Fernseher laufen lassen, es sich mit einer Tüte Chips auf der Couch bequem machen und in Ruhe seine Mitschriften machen. Hat man eine schwierige Formel nun endlich verstanden, kann man kurz auf "Pause" drücken, um alles genauestens aufzuschreiben. Redet der Dozent mal wieder zu schnell: einfach zurückspulen. Ähnlich sind Webinare. Hier schaut man sich kein aufgenommenes Video an, sondern ist live bei der Übertragung dabei. Nachteil: Man kann nicht zurückspulen oder auf "Pause" drücken. Vorteil: Per Chat kann man zusätzlich das Video kommentieren, was der Professor dann ebenfalls in Echtzeit sieht. Somit kann er gestellte Fragen direkt sehen und noch in der Übertragung beantworten.

Eine andere tolle Möglichkeiten sind Podcasts. Derzeit in Deutschland noch verhältnismäßig unbekannt, und von Unis bisher noch nicht genutzt, werden über Podcasts Audiobeiträge im Internet bereitgestellt und veröffentlicht. Im Gegensatz zu der virtuellen Vorlesung kann der Podcast gut nebenbei laufen. Ich nutze Podcasts zum Beispiel im Fitnessstudio, beim Joggen, bei Bahn- oder Autofahrten und beim Aufräumen. Hier könnte ich mir beispielsweise einen ansprechenden Audiobeitrag eines

---

[3] Vgl. www.fernuni-hagen.de

Dozenten zu seinem Thema vorstellen. Der sollte dann nach Möglichkeit nicht klausurrelevant und nicht mit Fachwörtern gespickt sein. Er sollte eher eine Zusatzinformation oder ein praktisches Beispiel zu einer Vorlesung darstellen. Diesen Beitrag können sich die Studenten zusätzlich anhören, um die Themen besser zu verstehen bzw. zu verinnerlichen. Ich hoffe, dass dieser aus den USA stammende Trend in den nächsten Jahren auch in Deutschland noch viel verstärkter zur Geltung kommt. Hier sehe ich übrigens nicht nur für Fernuniversitäten die Chance unser Bildungssystem zu bereichern. Auch klassische Unis mit Präsenzveranstaltungen und auch Schulen sollten von den neuen Möglichkeiten Gebrauch machen.

In den weiteren Kapiteln stelle ich euch vorerst die angebotenen Bachelor- und Master-Studiengänge der Fernuniversität Hagen vor. Anschließend werde ich euch anhand von zwei Beispielen den Ablauf eines entsprechenden Studiums erläutern. Ich hoffe, das trägt dazu bei, einen guten Einblick zu bekommen.

Alle weiteren Infos könnt ihr direkt auf der Internetseite checken. Zu jedem Studium gibt es eine kleine Info-Broschüre. Ich rate euch, diese zu lesen. Hier der Link zur Website: http://www.fernuni-hagen.de/

Studiengänge:

Bachelorstudiengänge:

Fakultät: Kultur- und Sozialwissenschaften

- Bildungswissenschaft

  Kosten: ca. 1.800 €

Studiendauer: Vollzeit: 6 Semester, Teilzeit: 12 Semester

- Kulturwissenschaften mit Fachschwerpunkt Geschichte, Literaturwissenschaft, Philosophie

  Kosten: ca. 1.800 €

  Studiendauer: Vollzeit: 6 Semester, Teilzeit: 12 Semester

- Politikwissenschaft, Verwaltungswissenschaft, Soziologie

  Kosten: ca. 1.800 €

  Studiendauer: Vollzeit: 6 Semester, Teilzeit: 12 Semester

- Psychologie (verpflichtendes Online-Self-Assessment)

  Kosten: ca. 1.800 €

  Studiendauer: Vollzeit: 6 Semester, Teilzeit: 12 Semester (Einschreibung nur zum Wintersemester möglich)

Fakultät für Mathematik und Informatik

- Informatik

  Kosten: ca. 1.600 €

  Studiendauer: Vollzeit: 6 Semester, Teilzeit: 12 Semester

- Mathematik

  Gesamtkosten: ca. 1.500 €

  Studiendauer: Vollzeit: 6 Semester, Teilzeit: 12 Semester

Kosten: ca. 1200 €

Studiendauer: Vollzeit: 4 Semester, Teilzeit: 8 Semester

Fakultät für Mathematik und Informatik

- Informatik

  Kosten: ca. 1000 €

  Studiendauer: Vollzeit: 4 Semester, Teilzeit: 8 Semester

- Praktische Informatik

  Kosten: ca. 700 €

  Studiendauer: Vollzeit: 3 Semester, Teilzeit: 6 Semester

- Mathematik

  Kosten: ca. 900 €

  Studiendauer: Vollzeit: 4 Semester, Teilzeit: 8 Semester

Fakultät für Wirtschaftswissenschaft

- Wirtschaftswissenschaft

  Kosten: ca. 1000 €

  Studiendauer: Vollzeit: 4 Semester, Teilzeit: 6 Semester

- Volkswirtschaft

Kosten: ca. 1000 €

Studiendauer: Vollzeit: 4 Semester, Teilzeit: 6 Semester

- Wirtschaftsinformatik

  Kosten: ca. 1000 €

  Studiendauer: Vollzeit: 4 Semester, Teilzeit: 6 Semester

Rechtswissenschaftliche Fakultät

- Rechtswissenschaft Master of Laws

  Kosten: ca. 1000 €

  Studiendauer: Vollzeit: 3 Semester, Teilzeit: 6 Semester[5]

Ablauf des Studiums:

Um das Konzept der Fernuniversität Hagen zu beleuchten, ziehe ich beispielhaft zwei Studiengänge heran. Einen Bachelorstudiengang und einen Masterstudiengang.

Den Ablauf des Bachelorstudiums erkläre ich euch anhand der Fachrichtung Informatik. Der angestrebte Abschluss ist der Bachelor of Science (B.Sc.) in Informatik. Dafür muss man 180 Punkte im „European Credit Transfer System (ECTS)" erreichen. Zum ECTS: Das System wurde an europäischen Hochschulen eingeführt, um die Anerkennung von Studienleistungen für alle

[5] Vgl. www.fernuni-hagen.de

Länder zu vereinheitlichen. Umgangssprachlich werden sie als Creditpoints bezeichnet.

Der Studiengang setzt sich aus insgesamt 19 Modulen zusammen. Die Module bilden die Bausteine des Studiums. Für jedes Modul wird eine Abschlussleistung gefordert. Den Modulen sind dann wiederum Kurse, Praktika, Seminare oder die Abschlussarbeit zugeordnet. Ein Modul wird mit einem Leistungsnachweis für den jeweiligen Kurs, das jeweilige Praktika etc. oder mit einer gesonderten Modulprüfung abgeschlossen. Alle Kurse werden ein Mal pro Studienjahr von der Fernuniversität Hagen angeboten.

Das Studium besteht aus

a) einem Pflichtbereich der Mathematik und Informatik:

- Modul Einführung in die imperative Programmierung und Datenstrukturen
- Modul Mathematische Grundlagen
- Modul Algorithmische Mathematik
- Modul Einführung in die objektorientierte Programmierung
- Modul Grundpraktikum Programmierung
- Modul Softwaresysteme
- Modul Computersysteme
- Modul Grundlagen der Theoretischen Informatik

b) einem Wahlpflichtbereich der Informatik:

1. Modul Seminar in Informatik
2. Modul Fachpraktikum der Informatik
3. vier weitere Wahlmodule, die man aus einem Katalog wählen kann

c) einem integrierten Nebenfach mit Pflicht- und

Wahlpflichtbereich:

- Pflichtmodul Management von Softwareprojekten
- ein Wahlmodul aus: Strategie; Grundlagen des Privat- und Wirtschaftsrechts; Einführung in die Wirtschaftswissenschaft; Grundlagen des Marketings;
- ein Wahlmodul aus: Strategie; Grundlagen des Privat- und Wirtschaftsrechts; Einführung in die Wirtschaftswissenschaft; Grundlagen des Marketings; Lineare Algebra; Analysis; Einführung in die Stochastik

d) und dem Abschluss:

- Modul Einführung in das wissenschaftliche Arbeiten
- Modul Abschlussarbeit mit Abschlusskolloquium

Die Klausuren müssen wie üblich mit mindestens „ausreichend" bestanden werden. Insgesamt hat man drei Versuche um ein Modul zu bestehen. Schafft man es beim dritten Anlauf nicht, wird man wie bei jeder anderen Universität exmatrikuliert (also vom Studium ausgeschlossen).

In dieser Fakultät werden die Klausuren (im Wintersemester im Februar/März, im Sommersemester im August/September) an Samstagen geschrieben. Dabei ist der Vorteil, dass die Prüfungen nicht nur in Hagen abgenommen werden, sondern in einigen größeren deutschen Städten. So wird der zeitliche Aufwand für die Wegstrecke eingegrenzt. Die Orte sind aktuell Berlin, Bochum, Frankfurt, Hamburg, Karlsruhe, Köln und München. Die mündlichen Prüfungen und die Seminare werden entweder virtuell durchgeführt oder finden in den Gebäuden der Uni Hagen statt.

Je nach zeitlicher Eingrenzung kann das Studium im Vollzeit-

Für die Masterarbeit wird einem als Teilzeitstudent eine Bearbeitungszeit von 12 Monaten eingeräumt, als Vollzeitstudent entsprechend die Hälfte. Das berufsorientierte Praktikum ist für die praktische Ausübung der theoretisch erworbenen Kenntnisse gedacht. Hat der Student in seinem aktuellen Arbeitsverhältnis mit Psychologie zu tun und kann das Gelernte dort umsetzen, kann das Praktikum auch im eigenen Unternehmen gemacht werden. Man muss lediglich nachweisen können, dass man in den entsprechenden Themenfeldern tätig war. Ca. 350 Stunden sollen praktiziert werden, davon sind ca. 10 Stunden für einen ausführlichen und selbstreflektierten Praktikumsbericht aufzuwenden.[6]

IUBH Internationale Fachhochschule Bad Honnef

Allgemeines

Die IUBH „Internationale Fachhochschule Bad Honnef" ist nicht unbedingt jedem bekannt, dafür aber bei vielen Studenten sehr beliebt. Im Gegensatz zu der Fernuniversität Hagen ist die staatlich anerkannte und akkreditierte private Hochschule mit etwa 150 Mitarbeitern/ Professoren und rund 5.000 Studierenden relativ überschaubar. Im Studienprogramm bietet die Uni unter anderem jedes Bachelorstudium komplett ohne Präsenzphasen oder mit optionalen Wochenendseminaren an.

Die Lerninhalte werden mit den verschiedensten Instrumenten vermittelt. Unter anderem werden Skripte, Podcasts, Vodcasts (Videopodcast), virtuelle Arbeitsgruppen und interaktive Online-

---

[6] Vgl. www.fernuni-hagen.de

Tutorien angeboten und genutzt. Die Universität wirbt mit einem kontinuierlichen und individuellen Feedback zu deinem persönlichen Lernfortschritt.

Gegründet wurde die Fachhochschule in Bad Honnef in der Nähe von Bonn. Doch auch diese Hochschule hat eine große Reichweite und ist nicht nur auf das Bonner Umfeld begrenzt. Sie hat inzwischen eine beachtliche Zahl an Studienzentren und sogar den einen oder anderen Campus in Deutschland und Umgebung. Unten seht ihr eine Karte, in der im Detail angegeben ist, ob auch in eurer Nähe ein Campus zu finden ist. An den verschiedenen Standorten werden dann die freiwilligen Seminare und Veranstaltungen angeboten, um je nach individueller Einschätzung auch Präsenzphasen besuchen zu können. Die größeren Einrichtungen mit eigener Studienberatung sind in Bonn (Bad Honnef), Bad Reichenhall (zw. Berchtesgaden und Salzburg), Berlin, Bremen, Düsseldorf, Erfurt, Frankfurt a. M., Hamburg und München angesiedelt. [7]

[7] Vgl. www.iubh-fernstudium.de

Auszug aus der Webseite der IUBH[8]

Die angesprochene Beliebtheit hat sich die IUBH durch eine Studie bestätigen lassen. Die von Studierenden besonders gelobten Eigenschaften sind nachfolgend kurz zusammengefasst.

Die Fernuniversität IUBH lehrt übertragbare und praxisnahe Inhalte. Diese an der Praxis orientierte Ausbildung fördert zugleich unternehmerisches Handeln und Denken. Dabei haben die Mitarbeiter der Uni den eigenen Anspruch, mit der Zeit zu gehen und Trends und neue Erkenntnisse zu berücksichtigen.

[8] Auszug aus www.iubh-fernstudium.de

Absolventen aus verschiedenen Branchen berichten weiter, dass sie das Studium an der IUBH als Sprungbrett für ihre Karriere nutzen konnten. Dies spricht dafür, dass die IUBH genau diese Fähigkeiten vermittelt, nach denen Arbeitgeber suchen. Zusätzlich ist das Verhältnis der Anzahl der Studierenden pro Professor angenehm.[9]

Wer noch nicht genau weiß, welches Studienfach das für ihn/sie geeignete ist, der kann unter „Spezialisierungen" auf der Webseite nach interessanten Themengebieten suchen.

Grundsätzlich kann man die Bachelor- und Master- Studiengänge in zwei Teilbereiche aufteilen. Zum einen gibt es die Grundlagen. Die Grundlagen eines Studienfachs müssen immer vermittelt werden. In der Betriebswirtschaftslehre sind das zum Beispiel Grundlagen der Buchführung, Volkswirtschaftslehre, Mathematik, Statistik, Marketing, Personalwesen etc. Zum anderen gibt es den Bereich des Studiums, in dem man sich spezialisieren kann. Üblicherweise funktioniert das über die Wahlpflichtfächer. Bleiben wir beim Beispiel. Nach Erlernen der Basics kannst du zusätzliche Module zum Thema Werbung und Markenbildung besuchen, um dich in Richtung Marketing weiterzubilden. Oder du wählst Module rund um die Themen Management und Unternehmensstrategie, um Fähigkeiten als Führungskraft zu erwerben.

Es gibt also etliche Möglichkeiten. Die IUBH kommt jetzt coolerweise auch von einer anderen Seite. Man kann nicht nur nach Studienfächern suchen, sondern nach Spezialisierungen. Wählst du eine solche aus, stößt du auf Fächer, bei denen eine

---

[9] Universum Talent Research 2015: Partner Report | Studierende der IUBH Fernhochschule vs. Studierende anderer Fernhochschulen

entsprechende Vertiefung möglich ist. Wählst du beispielsweise die Spezialisierung "Projektmanagement", werden dir alle Studienfächer angezeigt, bei denen eine entsprechende Spezialisierung möglich ist. Wenn ihr euch also noch nicht ganz sicher seid, was ihr studieren wollt, euch aber ein Spezialgebiet vorschwebt, einfach mal stöbern! Hier der Link dazu:

http://www.iubh-fernstudium.de/studiengaenge/spezialisierungen/

Übrigens ist die IUBH keine reine Fernuniversität. Sie wurde 1998 als private Hochschule mit Präsenzstudium gegründet. Erst seit 2011 bietet sie zusätzlich Fernstudienlehrgänge für Bachelor- und Masterabschlüsse an.[10]

Studiengänge:

Bachelorstudiengänge:

- Bachelor Betriebswirtschaftslehre
- Bachelor Eventmanagement
- Bachelor Finanzmanagement
- Bachelor Gesundheitsmanagement
- Bachelor Hotelmanagement
- Bachelor Immobilienmanagement
- Bachelor Logistikmanagement
- Bachelor Marketing
- Bachelor Personalmanagement
- Bachelor Pflegemanagement
- Bachelor Soziale Arbeit
- Bachelor Tourismusmanagement

---

[10] Vgl. www.iubh-fernstudium.de

- Bachelor Wirtschaftsrecht
- Bachelor Wirtschaftsinformatik
- Bachelor Wirtschaftsingenieurwesen Industrie 4.0[11]

Masterstudiengänge:

- Master General Management
- Master Leadership and Management
- Master Marketingmanagement
- Master Personalmanagement
- Master Wirtschaftsinformatik
- Master of Business Administration
- MBA Clinical Research Management[12]

Ablauf des Studiums:

Die IUBH hat für euch, die ihr nebenberuflich studieren wollt und eurer Familie ausreichend Zeit widmen möchtet, Teilzeitmodelle entwickelt, die euch das Studieren leichter machen. Das Teilzeitmodell im Online-Studium sieht vor, weniger Kurse pro Semester zu belegen. Die Dauer des Studiums verlängert sich zwar, dafür reduziert sich die monatliche finanzielle und zeitliche Belastung. Die monatliche Gebühr sinkt für das Bachelorstudium von 319 € (36 Monate) auf 169 € (72 Monate), das Masterprogramm von 439 € (24 Monate) auf ca. 249 € (48 Monate) und der MBA von ca. 899 € (12 Monate) auf 439 € (24 Monate) pro Monat.

Wie viele Kurse du genau wählen kannst, ergibt sich aus dem

[11] Vgl. www.iubh-fernstudium.de

[12] http://www.iubh-fernstudium.de/

jeweiligen ECTS-Limit der Programme. Für den Bachelor müssen im Vollzeitstudium (36 Monate) 30 ECTS pro Semester, beim Teilzeitmodell 1 (48 Monate) 23 ECTS pro Semester und bei dem Teilzeitmodell 2 (72 Monate) 16 ECTS pro Semester erzielt werden.

Im Master (120 ECTS) müssen Vollzeit (24 Monate) 30 ECTS, in Teilzeitvariante 1 (36 Monate) 20 ECTS, und in Teilzeitvariante 2 (48 Monate) 15 ECTS pro Semester erreicht werden.

Die Fächer im Studium sind in verschiedene Module eingeteilt. Ein Modul ergibt beispielsweise 5 ECTS. Im Semester müssten dann je nach Modell, sechs, vier, oder drei Module beackert werden. Ein Modul besteht immer aus jeweils einem Fach mit je einem Einführungskurs und einem Vertiefungskurs. Die beiden Kurse bereiten dich systematisch auf den Abschluss des jeweiligen Moduls vor. Mit erfolgreichem Abschluss werden dir die fünf Creditpoints gutgeschrieben. In den ersten Modulen des Studiums sind hauptsächlich feste Fächer vorgegeben. Zum Ende bestehen, wie oben angesprochen, einige Module aus „Spezialisierungen“. Hier kann man die im oberen Abschnitt gewählten Wahlpflichtfächer wählen. Im Masterstudium gibt es davon mehr als im Bachelorstudium.

Die Fächer werden ähnlich wie bei der Fernuni Hagen dynamisch vermittelt. Die Fachhochschule bedient sich dabei Werkzeugen wie Podcasts, Selbsttests und Video-Vorlesungen sowie Gruppenprojekten, wobei sie dir die Möglichkeit geben, mit Kommilitonen Online-Lerngruppen zu bilden und euch über Foren und Lern-Wikis laufend virtuell auszutauschen. Zudem wird eine Begleitung durch geschulte Tutoren für Fragen und Kommentare zu deinen Beiträgen angeboten. Dazu kannst du dich virtuell mit dem Tutor wöchentlich im Online -Tutorium treffen.[13]

⇒ Smarter Rat: VideoIdent-Verfahren

Die IUBH ist zum Zeitpunkt der Veröffentlichung des Buches die einzige Fernuniversität bzw. Einrichtung deutschlandweit, die Online-Klausuren anbietet. Somit musst du als Student im Ausland nicht einmal ein Goethe-Institut aufsuchen, um deine Klausur zu schreiben. Du benötigst nur Internet, Laptop und wenige andere Unterlagen. Das Konzept richtet sich nach dem VideoIdent-Verfahren bei einer Kontoeröffnung. Die meisten kennen es bereits. Bei diesem Verfahren muss man sich nicht mehr umständlich bei der Post mit gültigem Ausweis identifizieren (PostIdent-Verfahren), sondern kann die Authentifizierung über eine App vornehmen. Dabei wird per App eine MitarbeiterIn des App-Anbieters zugeschaltet, die per Videokonferenz dein Bild mit deinem Ausweis vergleicht. Zusätzlich musst du dich auf einem Blatt Papier noch mit deiner Unterschrift ausweisen. Die MitarbeiterIn dokumentiert alles und gibt es an die entsprechende Bank weiter. Ein abgewandeltes Prinzip wendet die IUBH nun bei Online-Klausuren an.

Du benötigst einen Laptop/PC, an dem du die Klausur schreibst, ein Smartphone oder Tablet mit Kamera und eine Internetverbindung. Über das Tablet oder das Smartphone musst du die App der IUHB downloaden. Darüber wird ein virtueller Aufseher zugeschaltet (kann ca. 10 Minuten dauern), der dich bei der

[13] Vgl. www.iubh-fernstudium.de

ordnungsgemäßen Bearbeitung der Klausur begleitet. Dabei musst du das Handy so ausrichten, dass die Kamera dich und deinen Bildschirm erfasst. Alle Schritte werden dir ausführlich von dem virtuellen Aufseher erklärt. Die App ist mit deinem PC verbunden und kann nachverfolgen, ob du selbst die Klausur schreibst oder dein besser begabter Freund.

Die Kamera-Sequenz wird aufgezeichnet und kann im Nachhinein von der Prüfungsaufsicht kontrolliert werden. Die Aufnahme bietet den Vorteil, dass die Klausur jeden Tag und zu jeder beliebigen Uhrzeit geschrieben werden kann. Sprich 365 Tage im Jahr, 24 Stunden am Tag. Die IUBH setzt sogar noch mal einen drauf und lässt dich die Klausur ohne Anmeldung absolvieren. Das ist wirklich richtig stark! Du kannst sie also schreiben, wann es dir passt. Kein Stress beim Lernen. Du schreibst einfach, wenn du dich gut genug vorbereitet fühlst. Du musst keine Klausur mehr mit einer Erkältung schreiben, um sie nicht nachholen zu müssen. Wenn ich da an meine Studienzeit zurückdenke: Wie oft habe ich Klausuren ins nächste Semester schieben müssen, weil ich vergessen hatte, mich anzumelden? Richtig ärgerlich, gerade wenn man schon gelernt hatte und bis zum Nachschreibetermin wieder alles vergessen war. Also wenn ihr mich fragt, ist das ein ganz großes Ding von der IUBH, was vermutlich viele Fernunis demnächst adaptieren werden. Also generell ein großer Pluspunkt für Fernuniversitäten.

IST

Allgemeines:

Mit dem IST-Studieninstitut bzw. mit der IST-Hochschule stelle ich euch nun eine spezialisierte Fernuniversität vor. Das IST bietet Zertifikate, Bachelor- und Masterabschlüsse in den außergewöhnlichen Branchen Sport & Management, Tourismus & Hospitality, Fitness & Health, Kommunikation & Management an. In diesen vier Branchen sind insgesamt über 100 berufsbegleitende Aus- und Weiterbildungen vertreten. Zwar gibt es relativ wenige Bachelor- und Masterstudiengänge, aber wenn es einem darum geht in einer dieser Branchen Fuß zu fassen, dann sollte man sich auch mit den anderen Zertifikaten auseinandersetzen. Das Institut erfreut sich bei den Absolventen einer großen Beliebtheit. Das Bewertungsportal „Fernstudiumcheck“[14] hat etliche Bewertungen der Studierenden für die einzelnen Fernuniversitäten eingeholt. Dabei ist das IST-Studieninstitut auf Platz drei der Liste der beliebtesten Fernunis gelandet.

Studiengänge:

Im Bereich Sport & Management gibt es die Studiengänge „Bachelor Sportbusiness Management", „Master Sportbusiness Management" und den“ MBA Sportmanagement“. Im Bereich Tourismus & Hospitality bieten sie die Bachelorstudiengänge Hotel-Management und Tourismus-Management an. In der Fachrichtung Fitness & Health werden die Bachelor-Studiengänge Fitnesswissenschaft und Fitnessökonomie sowie Fitness and Health Management und als Master „Prävention, Sporttherapie und Gesundheitsmanagement“ angeboten. In Kommunikation & Management kann man sich für den Bachelor in den Fächern

---

[14] https://www.fernstudiumcheck.de/

Kommunikation & Eventmanagement und Kommunikation & Medienmanagement einschreiben.

Wie schon angesprochen, ist die Auswahlmöglichkeit an Bachelor und Masterstudiengängen begrenzt. Aber wer auf einen hochoffiziellen Abschluss verzichten kann und sich gerne in einer der genannten Richtungen weiterentwickeln möchte, der sollte sich die Website und das Weiterbildungsangebot unbedingt ansehen. Es gibt IST-Diplome, IHK-Fachwirte und Zertifikatsstudiengänge. Ich nenne beispielhaft einfach mal ein paar Weiterbildungen, die sich total spannend anhören. Schauen wir uns erstmal die Sportbranche an. Hier kannst du zum Beispiel Weiterbildungen in Richtung Vereinsmanagement oder Sportmanagement besuchen, um der nächste Uli Hoeneß zu werden (natürlich ohne Steuerhinterziehung).

Neben Sportmanagement-Weiterbildungen kann man auch zur Spezialisierung in diverse Sportbereiche gehen. Interessierst du dich für Fußball, ist der Erwerb für verschiedene Zertifikate im Fußballmanagement möglich. Bist du leidenschaftlicher Reiter, kannst du Manager im Pferdesport oder Berater in Fütterungsmanagement werden. Auch für die Golfer unter uns bietet das IST Zertifizierungen: Senior Golfmanagement, Sport- und Fitnessbetriebswirt/Junior Golfmanager, Golfbetriebsmanagement, Golfsekretär oder Golf-Fitnesscoach. Andere Angebote befassen sich mit Sponsoring, Mentaltraining, Athletenmanagement, Marketing, Journalismus oder Social Media Management im Sport.

Der Tourismusbereich an der IST ist ebenfalls stark ausgeprägt. Du kannst den Tourismusfachwirt (IHK), den Fachwirt für Geschäftsreise- und Mobilitätsmanagement oder den

Tourismusbetriebswirt als allgemeine Ausbildungen absolvieren. Spezialisieren kann man sich beispielsweise im Sporttourismus, Gesundheitstourismus und in der Kreuzfahrtindustrie (Cruise Management). Der Fachwirt im Gastgewerbe (IHK), Geprüfter Küchenmeister (IHK), Küchenleiter, Gastronomiebetriebswirt und Systemgastronom stehen im Gastronomiesektor zur Auswahl. Und um fit in der Hotellerie zu werden, kannst du dich an der Fernuni zum Hotelbetriebswirt, Food & Beverage-Manager, Wellness- und Spa-Manager oder zum Front Office-Manager weiterbilden.

Die Weiterbildungsangebote im Fitness- und Wellnessbereich umfassen die Sport- und Gesundheitstrainer-Lizenz, den Fitnessfachwirt (IHK), das Clubmanagement, verschiedenste Trainingsformen von Personal-Training oder Koordinationstraining über Gesundheitstrainer für Senioren, Rückentraining, Kinderfitnesstrainer bis hin zum Cross-Workout, Indoor-Cycling oder Bodybuilding-Trainer. Weitere Angebote erstrecken sich über Medizinisches Fitnesstraining, Rehabilitationssport und Gesundheitscoaching. Um den Fitness-Begeisterten nach ihrem Sport Erholung zu bieten, wird auch die Wellnessbranche mit Seminaren und Zertifikaten begleitet. So bereitet das Bäderbetriebsmanagement auf die Führung eines Bades vor, der Sauna-Meister vermittelt das notwendige Fachwissen für den perfekten Saunagang, Aquatraining bildet Experten für effektives Wassertraining aus und die S-Lizenz für Massagetrends vermittelt die besten Techniken und verschiedenste Anwendungsformen. Andere Bereiche sind: Ernährungscoach, Ernährungsberater, Yoga-Lehrer, Entspannungstrainer, Stress und Mentalcoaching, Fachwirt für Prävention und Gesundheitsförderung (IHK) und Betriebliches Gesundheitsmanagement (IHK).

Zu guter Letzt stelle ich noch das Kommunikations- und Marketingsegment vor. Um Events erfolgreich zu organisieren, zu planen und zu vermarkten, kannst du die Kurse Eventmanagement (IHK), Geprüfter Veranstaltungsfachwirt, Messe-Projektmanagement, Kommunikation & Präsentation oder Wedding-Planer belegen. [15]

Ihr seht, beim IST-Studieninstitut gibt es eine extrem große Vielfalt an Studienangeboten. Und das in absolut besonderen Themen und Randgebieten. Beim Schreiben hat mich hier auch schon wieder Lust gepackt, einen dieser Zertifikatsstudiengänge zu absolvieren. Als alter Fußballfan würden mich die Weiterbildungen rund um das Fußballmanagement reizen. Oder sollte ich es doch lieber mit dem Sporttourismus versuchen? Vielleicht wird es ja dann doch noch was mit der Surfschule auf Bali? Meine Freundin dagegen würde mir sehr wahrscheinlich zum Zertifikat für Massagetrends raten! ;-)

Stöbert einfach mal auf der Seite, es ist bestimmt etwas für euch dabei: https://www.ist.de/

Ablauf des Studiums:

Um den Ablauf an der ITS vorzuführen, habe ich bewusst einen Zertifikatsstudiengang als Beispiel gewählt und keinen Bachelorstudiengang. Dabei habe ich mich für die Weiterbildung Fußballmanagerin (IST) oder Fußballmanager (IST) entschieden.

Nach erfolgreichem Abschluss des Fernstudiums erhaltet ihr ein IST-Diplom. Es handelt sich um eine 16-monatige Weiterbildung

---

[15] Vgl. www.ist.de

zum Thema Fußballmanagement in Form eines staatlich geprüften und zugelassenen Fernstudiums mit 13 Studienheften und drei Präsenzphasen. Das Studium nutzen viele Ex-Profisportler, um weiterhin in der Sport- bzw. der Fußballbranche tätig zu sein. Aber auch für Quereinsteiger ist das Studium bestens geeignet und bietet die Chance, sein Hobby zum Beruf zu machen. Du kannst völlig risikolos deinem aktuellen Job nachgehen, während du dich nebenbei auf die Fußballbranche vorbereitest und dir einen Wissensvorsprung vor anderen Bewerbern erarbeitest. In dem Zertifikatsstudiengang soll man die betriebswirtschaftlichen Grundlagen und die für das Fußballmanagement spezifischen Qualifikationen erlangen, um für die Branche gewappnet zu sein. Ein idealtypischer Verlauf sieht wie folgt aus[16]:

[16] Vgl. www.ist.de/

Ideal-verlauf	Versand-monat	Studienheft	Präsenzphase*	Einsende-arbeit(EA)/ Webtest (WT)
1	1	Betriebswirtschaftslehre I		WT 1
2	2	Betriebswirtschaftslehre II		WT 2
3	2	Unternehmensführung		WT 3
4			Wirtschaftlichkeit von Fußballclubs	
5	2	Recht		
6	2	Personalmanagement		
7	2	Marketing		EA 1
8	7	Entwicklungen im deutschen und internationalen Fußball		
9	7	Medienrechte und Vermarktungsstrukturen im Fußball		EA 2
10			Vermarktung von Medien- und Marketingrechten im Fußball	
11	7	Vermarktung von Sportstätten und -stadien		
12			Marketing- und Managementkonzepte für Fußballstadien	
13	7	Merchandising im Sport		EA 3
14	11	Sponsoring I		
15	11	Sponsoring II		EA 4
16	11	PR- und Öffentlichkeitsarbeit im Sport		

Auszug aus der Webseite des IST[17]

Das Grundgerüst des Studiums besteht aus 13 Studienheften. Diese müssen von dem Studenten selbstständig bearbeitet werden. Ergänzt werden die Studienhefte mit drei Präsenzseminaren, in denen einige praktische Kenntnisse aus der Fußballbranche vermittelt werden. Die Studienhefte sind in Kapitel aufgeteilt. Am Ende eines jeden Kapitels gibt es

---

17 https://www.ist.de/download/studienbeschreibungen/fussballmanagement_studienbeschreibung.pdf

sogenannte Kontrollfragen. Vom Institut wird geraten, diese eigenständig zu beantworten und anschließend am Ende des Heftes mit den Lösungen zu vergleichen. Damit soll man für die Prüfungen und Studienarbeiten am Ende gut gerüstet sein. Die Prüfungsleistungen werden über Webtests und Einsendearbeiten erbracht. Über den Onlinecampus können die computergestützten Multiple-Choice-Tests aufgerufen und ausgefüllt werden. Die Einsendearbeiten sind kleinere Studienarbeiten, die im Online-Campus hochgeladen werden müssen. Die Korrektur übernehmen IST-Dozenten und laden sie entsprechend ebenfalls wieder hoch. Sinn der Studienarbeiten soll eine stetige Weiterentwicklung der entsprechenden Arbeiten sein. Denn diese erstrecken sich meist über mehrere Themengebiete und werden per Aufgabenstellung vom Studieninstitut vorgegeben.

Nachdem alle Einsendearbeiten und Webtests absolviert wurden, kann man die beiden Abschlussklausuren schreiben. Dafür muss einer der IST-Prüfungsstandorte Berlin, Hamburg, München, Düsseldorf oder Weil am Rhein ausgewählt werden.

Weitere gute Adressen

SGD - Die Studiengemeinschaft Darmstadt

Eine der führenden Fernuniversitäten ist die Studiengemeinschaft Darmstadt (SGD). Mit aktuell über 200 Fernkursen bietet sie ein riesiges Spektrum an. Dieses beginnt bei den Schulabschlüssen Hauptschule, Mittlere Reife, Abitur und der Fachhochschulreife in verschieden Gebieten. Weiterhin gibt es ein großes Angebot im Bereich Wirtschaft. Hier werden nicht nur Kurse zu Betriebswirtschaft, Management und Führung, sondern auch zu

E-Commerce, Medienwirtschaft, Büroorganisation, Immobilien, Recht, Personal, Marketing, Vertrieb und sogar Kurse zur staatlichen Prüfung für den Jagdschein angeboten. Unter den Wirtschaftsbereich fallen auch spezielle Weiterbildungen wie zum Beispiel eine SAP-Schulung für Anwender. Andere Weiterbildungen betreffen die Persönlichkeit und Gesundheit. Zu diesem Bereich gehören auch Tier- und Naturkunde. Technik, Informatik und Digitale Medien sind die nächsten beiden großen Themenblöcke, unter welche etliche Studiengänge und andere Schulungen fallen. Eine sehr interessante Thematik gibt es auch unter dem Stichwort „Kreative Berufe" zu erkunden. Egal ob Design, Fotografie, Zeichnen, Schreiben, Kosmetik, Raum- und Gartengestaltung, Sprachen oder Ahnenforschung, die SGD bietet rundum tolle Abschlüsse.

Das vollständige Angebot findet ihr auf der Seite: **http://www.sgd.de/alle-sgd-fernkurse.php**

Natürlich sind alle Abschlüsse der SGD staatlich anerkannt. Die Unentschlossenen unter euch können einen kostenlosen Testmonat nutzen. Gefällt einem in diesem Fall das Studieren aus der Ferne nicht, so kann man nach einem Monat wieder aufhören, ohne unnötige Kosten auf sich genommen zu haben.

Ein Wettbewerbsvorteil der SGD besteht in ihrem Online-Campus. Er nennt sich waveLern und bietet dem Studierenden auf einen Schlag alles, was er braucht. Im Online- Video heißt es, man kann sich im Online-Campus „…Informieren, Kommunizieren und Lernen". Und tatsächlich, waveLearn gilt als bester Online-Campus in Deutschland und bietet dem Studenten alles, was er zum Studieren benötigt. Lerngruppen, Online-Seminare, Online -Vorlesungen, Kurspläne, ein Einsendetool für

Studienarbeiten, Klausureinsicht, Foren, Diskussionsrunden und vieles mehr. Das Ganze ist extrem anwenderfreundlich und intuitiv zu verstehen. Die SGD wurde für den Online-Campus und ihre guten Videos mehrfach ausgezeichnet.

ILS - Institut für Lernsysteme bzw. Euro-FH - Europäische Fernhochschule Hamburg

Lasst euch von dem Namen nicht abschrecken. Das Institut für Lernsysteme ist eine deutschlandweit bekannte Fernschule. Über 200 staatlich zugelassene Fernlehrgänge, mehr als 700 Tutoren, Studienleiter und Mitarbeiter sowie rund 80.000 Studienteilnehmer jährlich machen das Institut zu einer der größten Fernschulen Deutschlands. Das ILS hat ihr Zentrum in Hamburg. Hier werden die Seminare angeboten und die Prüfungen absolviert. Laut einer aktuellen forsa-Studie ist das ILS bei Personalentscheidern die bekannteste Fernschule in Deutschland. Für Studierende natürlich eine wichtige Messgröße bei der Entscheidung, welche Einrichtung für einen persönlich die Beste ist. Je bekannter die Uni bei den Arbeitgebern ist, desto höher ist zumeist auch die Wertschätzung des Abschlusses.

Die Fernhochschule selbst wurde zwar vom ILS am eigenen Standort gegründet, jedoch unter dem Namen „Europäische Fernhochschule Hamburg" (Euro-FH) ausgegliedert. An der Euro-FH beginnen jährlich über 1.000 junge Menschen ein Studium. Damit gehört sie zu den fünf größten privaten Hochschulen in Deutschland. Und das, obwohl das Studienangebot für Bachelor- und Masterabschlüsse auf die Themengebiete Wirtschaft, Management und Psychologie beschränkt ist. http://www.ils.de/

The Open University

„The Open University" ist eine Fernuniversität in Milton Keynes (England). Eine der größten und führenden Fernuniversitäten weltweit. Die Studienzentren sind europaweit verteilt. Über 600 Kurse stehen zur Auswahl. Die Schwerpunkte liegen in Wirtschaftswissenschaften, Rechtswissenschaften, Ingenieurswissenschaften, Informatik, Naturwissenschaften, Geisteswissenschaften, Sprach- und Kommunikationswissenschaften und Medizin. Zur deutschen Seite geht es hierüber: http://www.openuniversity.edu/de-de

AKAD-Unternehmensgruppe

Ein weiterer sehr beliebter und gut bewerteter Anbieter von Fernstudiengängen ist die AKAD Unternehmensgruppe. Die AKAD ist ein Verbund verschiedener Hochschulen sowohl in der Schweiz als auch in Deutschland. Dadurch ist sie an vielen verschiedenen Standorten in Deutschland vertreten. Drei AKAD-Privathochschulen sind in Stuttgart, Leipzig und Pinneberg. Drei weitere Studienzentren bestehen in Düsseldorf, München und Frankfurt. Weitere 33 Standorte hat die AKAD als Prüfungszentren ausgewählt. Wirtschaftswissenschaften, Ingenieurswissenschaften, Informatik, Sprach- und Kommunikationswissenschaften und Medizin werden als Fachrichtungen angeboten. https://www.akad.de/

2. Duales Studium

Allgemeines

Das duale Studium richtet sich an frisch von der Schule kommende junge Leute. Anders als bei dem sonst üblichen Vollzeitstudium, wird bei diesem Modell die Praxis und das Studium verknüpft. So können erste Erfahrungen in der Arbeitswelt gesammelt werden, wobei parallel alle theoretischen und wissenschaftlichen Ansätze gelehrt werden. Praktischerweise können also die im Studium erlernten Inhalte gleich in der Praxis angewendet werden (was ja allgemein für berufsbegleitende Studiengänge gilt).

Das Konzept gibt es in zwei verschiedene Formen. Zum einen gibt es das ausbildungsintegrierte Studium. Die Praxisphase wird hier als Ausbildung ausgestaltet. Zusätzlich zu deinem Bachelor erwirbst du auch noch einen Ausbildungsabschluss. Zwei Fliegen mit einer Klappe! Der Clou: das Ganze dauert ebenfalls nur drei Jahre. Während deine Freunde aus der Schulzeit nach drei Jahren ihr Vollzeitstudium beendet haben, hast du dann schon eine abgeschlossene Ausbildung und ein abgeschlossenes Studium vorzuweisen. Spinnen wir den Gedanken mal weiter. Angenommen, der Freund mit dem Vollzeitstudium und der Student mit dem dualen Studium bewerben sich beide danach bei dem gleichen Unternehmen. Was meinst du? Wer hat die besseren Aussichten?

In der zweiten Variante wird kein Ausbildungsabschluss neben dem Studium gemacht. Die Praxisphase ist hier ausbildungsunabhängig aufgebaut. In den meisten Unternehmen wird aber der Praxiseinsatz wie bei einem ausbildungsintegrierten Studium organisiert, nur ohne zusätzlichen IHK-Unterricht. Das stellt für die Studenten eine kleine Erleichterung dar. Dafür ist in diesen Fällen dann meistens die Uni etwas anspruchsvoller oder der Praxisteil hat einen größeren Bezug zum Studium. Für eine Bewerbung macht das also kaum einen Unterschied.

Praxisphase und Uniphase können in Blöcken oder im regelmäßigen Wechsel absolviert werden. Im Block muss der Student z.B. drei Monate arbeiten und ist dann wieder zwei Monate an der Uni. Das erfolgt in festgelegten Abständen. Bei diesem regelmäßigen Wechsel hat der Studierende feste Tage, an denen er die Uni besuchen muss, beispielsweise am Dienstag und Mittwoch. Die restlichen Tage arbeitet er im Betrieb.

Bei dem ausbildungsintegrierten Studium hat man für einen bestimmten Zeitraum zusätzlichen IHK-Unterricht. Der findet zum Verdruss der Studenten teilweise an Samstagen statt. Das geht zum Glück nur über eine kurze Laufzeit. Der Ausbildungsabschluss wird in der Regel nach zwei Jahren erreicht (Bachelor und Ausbildungsabschlussprüfung fallen also nicht auf einen Termin). Der IHK-Unterricht beginnt meistens ein paar Wochen vor der Abschlussprüfung.

Die Bachelorarbeit am Ende des Studiums (ca. 40-60 Seiten) muss je nach Arbeitgeber nicht in der Freizeit erledigt werden. Viele Unternehmen stellen ihre Studenten für eine gewisse Zeit frei. Bei meinem Arbeitgeber werden den Studenten sechs Wochen bei Lohnweiterzahlung zugesagt.

⇒ Smarter Rat: Mit guter Organisation kann die Bachelorarbeit auch schon vor der Freistellung abgabefertig sein und man kann die sechs Wochen zum Reisen nutzen! Ich kenne einige, die das praktiziert haben

Die Bewerbung für ein duales Studium erfolgt über die Uni und zusätzlich über den Arbeitgeber in zwei Schritten. Es wird die Zusage von beiden benötigt.

Vor- und Nachteile

<u>Vorteile:</u>

Wie ihr vielleicht oben feststellen konntet, bin ich von dem dualen Studium absolut begeistert. Für mich ist es eine Superoption für Schulabgänger, Praxiserfahrung mit einem Studium zu kombinieren. Vor allem das Gesamtpaket überzeugt mich. Man muss keine wirklichen Kompromisse eingehen. Man sammelt Praxiserfahrungen, im Zweifel schließt man sogar noch eine handfeste Ausbildung ab, studiert an einer soliden Uni oder Hochschule, verdient Geld und kann sich somit unabhängig vom Elternhaus machen (und das ohne zu Kellnern). Nach meiner Meinung ist das die perfekte Lösung für den Berufsweg eines jungen Menschen. Er bekommt alle Werkzeuge an die Hand, die er für eine positive Entwicklung benötigt.

Um noch mal die Vorteile im Einzelnen hervorzuheben:

- Praktische Erfahrungen und evtl. Berufsausbildung
- solides Studium
- Gelerntes kann direkt in die Praxis umgesetzt werden
- Regelstudienzeit
- Geld verdienen während des Studiums
- damit Unabhängigkeit vom Elternhaus und von Banken
- Auslandserfahrung trotzdem möglich
- teilweise Bezuschussung vom Arbeitgeber
- teilweise Freistellung durch Arbeitgeber
- häufig Übernahmeangebot vom Unternehmen

Nachteile:

Natürlich gibt es auch in diesem Modell gewisse Nachteile. Wären meine Eltern beispielsweise sehr gut betucht und könnten mir ohne Probleme das ganze Studium finanzieren (also inkl. Wohnung, Verpflegung, Studentenparty, Auslandsaufenthalte, Studiengebühren und Ähnliches), dann würde ich es mir vielleicht doch noch mal durch den Kopf gehen lassen. Denn eines muss klar sein: Das typische Studentenleben hat man bei einem dualen Studium nicht wirklich. Es ist zwar nicht extrem stressig, aber an den universitätsfreien Tagen, muss man eben seine acht Stunden arbeiten. Und Semesterferien gibt es in diesem Sinne auch nicht. Man hat einen gewöhnlichen jährlichen Urlaubsanspruch von 24-30 Tagen. Diese müssen in der unifreien Zeit genommen werden. Gerade direkt nach der Schule ist es doch noch etwas befremdlich, keine 13 Wochen Urlaub zu haben und von 8.00 Uhr bis 16.00 Uhr oder 17.00 Uhr zu arbeiten.

Aber diese Umstellung kommt irgendwann ohnehin auf einen zu. Und drehen wir es doch mal herum. Wenn du studierst, ohne dass dir deine Eltern alles zahlen, dann hast du zwei Möglichkeiten. Die erste ist: Du nimmst einen Kredit auf. Das halte ich aber für fragwürdig. Dafür sollte man schon gute Gründe haben. Da muss die Universität wirklich top und die Kosten nicht anders zu stemmen sein. Wenn du den Kredit aber nur benötigst um dein Party-Studentenleben richtig auskosten zu können und viel Freizeit zu haben, so rate ich dir dringend von einem Studienkredit ab. Zwar sind die Zinsen durch das geförderte Darlehen der KfW nicht besonders hoch, aber in so jungen Jahren einen Schuldenberg vor sich herzuschieben, finde ich gefährlich.

Und eins ist gewiss, zurückzahlen muss man den Kredit irgendwann immer. Und wenn ihr jetzt denkt, das tut euch später gar nicht weh, wenn ihr erstmal eine Position im Management habt, dann irrt ihr euch. Die Anfangsgehälter sind nach dem Studium nicht so hoch, dass alles mit einem Schlag abbezahlt werden kann. Es kann mitunter etliche Jahre dauern, den Kredit zu tilgen. Und egal in welcher Lebenslage, es wird immer nervig sein und man wird sich immer einschränken müssen. Das Leben bietet so einige Überraschungen, und egal ob ihr ein Haus kaufen möchtet oder Nachwuchs bekommt, der Kredit muss abbezahlt werden und kann euch im Weg stehen. Also wie gesagt, eine Kreditaufnahme sollte wohl überlegt sein. Das hört sich jetzt sehr nach Sicherheitsdenken an, aber ich bin sehr kritisch mit Fixkosten und versuche, sie weitestgehend zu vermeiden. Die zweite Möglichkeit als Alternative zum Kredit ist eine Nebenbeschäftigung. Wenn ihr Glück habt, findet ihr sogar einen Job, der mit eurem Studienfach zu tun hat. Wenn ihr Pech habt, arbeitet ihr als Bedienung in einer Bar, verdient weniger, erlangt keine Praxiserfahrung in eurem Beruf und - Achtung jetzt kommt's - ihr müsst die ganzen Semesterferien durcharbeiten. Vielleicht sogar die Wochenenden und Abende, wenn eure anderen Studienkollege einen trinken gehen. Wägt also genau ab, ob ein Vollzeit-Studium wirklich stressfreier ist als ein duales Studium.

Ein anderer Nachteil beim dualen Studium bezieht sich auf den Unterrichtsstoff/Inhalt der Studiengänge. Der Stoff an der Uni ist sehr praxisorientiert und die wesentlichen (wissenschaftlichen-) Inhalte werden vermittelt. Allerdings ist es nicht möglich, die Materie so gründlich darzulegen wie an einer herkömmlichen Universität im Vollzeit-Studium. Theorien und Modelle können deutlich intensiver, tiefer und wissenschaftlicher behandelt werden.

Konzepte im Blickpunkt

Bei dem ausbildungsintegrierten Studium ist die Suche nach einem passenden Anbieter weitaus schwieriger als beim Fernstudium. Bei Fernstudium gibt es einige wenige große Universitäten und Hochschulen. Beim ausbildungsintegrierten Studium dagegen muss man sich für eine Kombination aus Unternehmen und Uni entscheiden. Das macht die Entscheidungsfindung nicht gerade einfacher.

Grundsätzlich werden die meisten ausbildungsintegrierten Studiengänge zu den Themen Wirtschaft und Ingenieurwesen angeboten. Hierzu wird man am meisten finden und hat die größte Auswahl. Nichtsdestotrotz gibt es auch viele andere Themenbereiche, für die ein ausbildungsintegriertes Studium angeboten wird.

Für dein persönliches Studienziel solltest du entweder bei „Studienwahl“ oder bei „Hochschulkompass“ suchen. Bei der Suche kann man nach dualen Studiengängen filtern. Wenn du dann noch auf dein Fach und deine Stadt eingrenzt, hast du die Suche schon gut eingeschränkt.

Es ist schwierig, euch die besten Konzepte bzw. Hochschulen vorzustellen. Deshalb seht die Beispiele bitte lediglich als Orientierung. Ich möchte euch damit nur den möglichen Ablauf des Studiums aufzeigen.

Berufsakademie (BA)

Allgemeines

An der hessischen Berufsakademie wird das Modell „Ausbildung plus Studium" angewendet. Dabei kannst du parallel zur betrieblichen Ausbildung den staatlich anerkannten und akkreditierten Abschluss „Bachelor of Arts" im Studiengang Business Administration oder E-Business & Informationsmanagement erwerben. Das Angebot resultiert aus einer Kampagne „Duales Studium Hessen", die vom Hessischen Ministerium für Wirtschaft, Energie, Verkehr und Landesentwicklung ins Leben gerufen wurde. Ca. 16 Bildungsakademien und Hochschulen aus Hessen bieten insgesamt ca. 130 duale Studienmöglichkeiten an. Eine davon ist der Bachelor Abschluss in Business Administration von der B.A. Der Optimal-Verlauf sieht vor, zu studieren und gleichzeitig eine Ausbildung in der gleichen Fachrichtung zu absolvieren. Für Business Administration kommt hier im Grunde nur die IHK in Frage. Sprich in unserem Fall setzt sich der Anbieter des Studiums aus der Berufsakademie (theoretische Studieninhalte), der IHK (theoretische Ausbildungsinhalte) und einem Unternehmen (praktische Ausbildungsinhalte) zusammen.

Für das Unternehmen ändert sich im Gegensatz zu einer gewöhnlichen Ausbildungsstelle nicht sehr viel. Die Anforderungen sind dieselben, nur dass eben eine Zielstelle für einen Absolventen des Studiums vorhanden sein muss. Zeitlich fehlt der Auszubildende dem Unternehmen nicht sehr viel öfter als in einer üblichen Ausbildung, bei der man in die Berufsschule geht. Teile der Studieninhalte und der theoretischen Ausbildungsinhalte überschneiden sich. Daher sind deutlich weniger IHK-Unterrichtsstunden notwendig als bei einer reinen

Berufsausbildung. Die übrigen Stunden sind größtenteils am Wochenende vom Studenten zu erbringen. Dazu aber mehr im Abschnitt Ablauf des Studiums. Gefällt dir ein Unternehmen, bei dem ein duales Studium nicht möglich ist, kann es sich lohnen anzufragen, ob auch das genannte Modell angeboten werden könnte. [18]

Studiengänge:

- Business Administration I Bachelor of Arts (B.A.)
- Business Administration - Fachrichtung Handel I Bachelor of Arts (B.A.)
- Business Administration - Fachrichtung Logistik I Bachelor of Arts (B.A.)
- E-Business & Informationsmanagement I Bachelor of Arts (B.A.)

Ablauf des Studiums

Um euch den Ablauf des Studiums näherzubringen, erläutere ich beispielhaft die Zusammenarbeit der BA (Hochschule), der IHK (Berufsschule) und KfW-Bankengruppe (Unternehmen).

Das duale Studium an der Berufsakademie wird blockweise durchgeführt. Pi mal Daumen werden je fünfzig Prozent an der Hochschule und im Unternehmen verbracht. In meinem Beispiel ist das die KfW-Bankengruppe. Das Studium zum Bachelor dauert coolerweise lediglich drei Jahre, obwohl man studiert und eine Ausbildung macht. Allerdings muss man dafür in dieser Zeit ein etwas höheres Leistungspensum erfüllen als an einer

[18] Vgl. www.hessische-ba.de

herkömmlichen Uni im Vollzeitstudium. Typischerweise entstehen bei einem dualen Studium Kosten. Das gilt auch für die BA, allerdings fallen sie hier vergleichsweise gering aus. Monatlich müssen 245 € für das Studium gezahlt werden. Das sind Gesamtkosten von 8.820 €. Im nächsten Kapitel stelle ich euch ein ähnliches duales Studium an einer Uni vor, da werdet ihr sehen, wie günstig die 8.820 € sind. Und dazu nun etwas Positives: In den meisten Fällen müssen euch diese Gebühren nicht interessieren. Vor allem die größeren Arbeitgeber übernehmen üblicherweise den vollen Betrag oder zumindest den Großteil der Kosten eines ausbildungsintegrierten Studiums. Wegen der geringen Kosten an der BA, kommen bei diesem Studium fast alle Unternehmen für die gesamten Gebühren auf. Die Anzahl der Betriebe, die dies nicht tun, ist sehr überschaubar. Also bei der Bewerbung immer nachhaken. Bei der KfW werden die Kosten vollumfänglich erstattet.

Kommen wir zum typischen Ablauf, so wie er von den dualen Studenten in der KfW-Bankengruppe erlebt wird bzw. wurde. Die Neuankömmlinge, in der KfW als „Stuzubis" bezeichnet (eine Kombination aus Studenten und Auszubildenden), beginnen im August mit einer kurzen Einführungswoche bei der KfW. Sie ist zum Kennenlernen untereinander und zur Vermittlung einiger bankspezifischer Grundlagen gedacht. Nach der ersten Woche im Unternehmen geht es direkt in die Uni. Die Berufsakademie nutzt dabei den Campus der Goethe-Uni. In den nächsten zehn Wochen müssen die Studenten fünf Module abschließen. Jedes Modul enthält ein Themengebiet, für welches am Ende des ersten Semesters eine Prüfungsleistung erbracht werden muss. Vorlesungen finden üblicherweise in den ersten acht Wochen statt. Die letzten beiden sind sog. vorlesungsfreie Zeiten, in denen man sich auf die Klausuren vorbereiten muss. Fünf Klausuren in zehn Wochen hören sich natürlich erstmal extrem viel an. Nach Einschätzung der befragten Studenten ist das aber noch sehr gut machbar, ohne außergewöhnlichen Leistungsdruck zu verspüren. Zwar muss man sich nach dem Abi oder Fachabi erstmal an das Niveau der Uni gewöhnen, das ist aber in jedem Studiengang so. Nach den zehn Wochen sind die ersten Business- Grundlagen gelegt. Anschließend geht es in das Unternehmen. Die Personalabteilung der Bank bestimmt die erste Station. Dort sind die Studenten für drei Monate einem Betreuer bzw. einer Betreuerin zugeteilt und lernen Themenbereiche der Bank kennen und sammeln erste praktische Erfahrungen.

Der Prozess wiederholt sich dann in den folgenden Semestern. Man hat immer einen Uniblock von zehn Wochen und ist danach drei Monate in der Bank. In der KfW muss der Auszubildende bei jeder Praxisphase den Bereich wechseln, um neue Themenschwerpunkte kennenzulernen. Welche Stationen der Student besucht, ist meist individuell verschieden. Gegenüber der Personalabteilung kann man Bereiche nennen, die man gerne sehen würde, und die PA versucht, dies dann zu verwirklichen und in ihrer Planung zu berücksichtigen. [19]

Während des Studiums gibt es also insgesamt sechs Betriebsphasen, in denen es möglich ist, einen Einblick in verschiedene Abteilungen der KfW zu bekommen, sowie sechs Uniphasen. Das Kennenlernen der verschiedenen Abteilungen schafft Klarheit, ob die dort anfallenden Aufgaben den eigenen Interessen entsprechen und man sich eventuell vorstellen könnte, dort später zu arbeiten.

---

[19] Vgl. www.hessische-ba.de

On top findet alle zwei Wochen (ausgenommen der Schulferien) samstags von 8-14 Uhr zusätzlicher IHK-Unterricht statt. Während der Uniphase liegt der Unterricht teilweise auch in der Woche (3-4 Stunden). Der IHK-Unterricht dient dem Abschluss der Ausbildung als Bankkaufmann bzw. Bankkauffrau, der schon nach zwei Jahren erreicht wird, während das Studium drei Jahre dauert. Eine Zwischenprüfung gibt es nicht, deshalb ballt sich das Lernpensum für die IHK-Abschlussprüfung auf das Ende des vierten Semesters.

Neben der IHK-Abschlussprüfung muss am Ende des dreijährigen Studiums eine Bachelorarbeit verfasst werden. Die Erledigung erfolgt bei den meisten Studenten zu Beginn des 6. Semesters. Hier sind die meisten Unternehmen sehr kulant und stellen die Studenten bei Bezahlung für sechs Wochen frei. Dadurch ist ausreichend Zeit für die Bearbeitung (ca. 40 – 60 Seiten). Die KfW gehört zu den Arbeitgebern, die den dualen Studenten frei geben. Andere Arbeitgeber in Kooperation mit der BA gestatten dies für einen etwas kleineren Zeitraum.

Die Vergütung in der KfW ist etwas höher angesetzt als bei einer herkömmlichen Ausbildung ohne Studium. Von der Vergütung nach Übernahme und den Entwicklungschancen mal ganz zu schweigen. Zusätzlich übernimmt die KfW, wie viele Unternehmen, die Studiengebühren von 245 € im Monat. Im Gegenzug muss sich der Stuzubi aber 2 Jahre nach Abschluss des Studiums verpflichten, bei der KfW zu bleiben. Ansonsten muss er die Gebühren anteilig zurückzahlen.

Ich habe viele Meinungen und Erfahrungen zu diesem Studiengang eingesammelt und eingewertet. Die meisten waren durchweg positiv. Das Modell wird extrem gelobt. Vor allem der

Praxisbezug und die ausgeprägte Abwechslung wurden hervorgehoben. Das Lernpensum weicht natürlich individuell stark ab und ist schwer festzulegen, dennoch waren alle der Meinung, dass es durchaus leistbar war. Natürlich waren für einige die IHK-Sessions am Wochenende extrem nervig. Das gilt auch für das 4. Semester, in dem die Vorbereitung auf die IHK-Prüfung bevorstand, aber man kurz davor noch einen Uni-Block zu bewältigen hatte und in diesem dann erstmal für die Klausuren büffeln musste. Da kam das Lernen für die Abschlussprüfung bei nahezu allen Befragten zu kurz und nur wenige schafften eine wirklich gute Note im Abschlusszeugnis der Bankausbildung. Aber über den gesamten Zeitraum gesehen, war es für die meisten eine ziemlich gute Zeit.

Nach meiner Meinung kann bei dem BA-Studium kein Harvard- oder Stanford- Niveau erreicht werden. Die zehn Wochen im Semester sind zwar intensiv, erreichen aber doch nicht das Leistungslevel einer herkömmlichen Universität. Aber braucht man das überhaupt? Muss man denn wirklich in die tiefsten Ebenen der Materie eintauchen und jede Formel neu erfinden? Oder steht einem eher die Praxisnähe im Vordergrund? Diese Frage muss sich jeder für sich selbst beantworten.

Update:

Inzwischen ist die KfW dabei, das ausbildungsintegrierte Studium durch ein herkömmliches duales Studium an der FOM zu ersetzen. Sprich, das gleiche Modell, aber ohne Abschluss einer Ausbildung. Wie oben schon erwähnt, ist der IHK-Unterricht für die Studenten eine ziemliche Mehrbelastung und die Abschlussprüfung wird meistens eher vernachlässigt. Die Studenten haben eingeräumt, dass der Abschluss als

Bankkauffrau oder Bankkaufmann im Gegensatz zum Bachelor nebensächlich ist. Auch die Inhalte werden vor der Prüfung eher notgedrungen reingeprügelt und am Ende ist trotzdem oder gerade deshalb nicht viel hängengeblieben.

Ich lasse dieses Beispiel stehen, damit ihr über den Ablauf eines ausbildungsintegrierten Studiums informiert seid.

Frankfurt School of Finance & Management (FS)

Allgemein

Die Frankfurt School of Finance (FS) habe ich gewählt, um einen Kontrast zur Berufsakademie aufzuzeigen. Ich möchte in diesem Unterkapitel erläutern, dass und wie auch ein duales Studium an einer Elite-Universität absolviert werden kann. Um einen perfekten Vergleich herzustellen, habe ich erneut ein wirtschaftliches Studium gewählt und mich als Kooperationspartner ebenfalls für die KfW-Bankengruppe entschieden.

Die FS ist eine renommierte private Business School. Sie genießt im Finanzsektor weltweit großes Ansehen und ist bekannt für anspruchsvolle Studien- und Weiterbildungsmöglichkeiten. In einem Ranking Ende des Jahres 2016 der University Employability Ranking für Deutschland belegt die Frankfurt School of Finance & Management Platz 3 von 69 deutschen Hochschulen. Sie war damit beste Business School in diesem Ranking. Grundlage für die Platzierung sind die Einschätzungen und Bewertungen von Mitarbeitern im Personalwesen, Managern und Geschäftsführern deutscher Unternehmen darüber, welche Hochschule die besten Absolventinnen und Absolventen hervorbringt. Gemessen wurde nicht nur das Fachwissen, sondern auch die Soft Skills der Absolventen. Die TU München sicherte sich Platz 1, die Universität Heidelberg fand sich auf Platz 2 wieder und die Humboldt-Universität zu Berlin teilte sich den dritten Rang mit der Frankfurt School.[20]

Die Hochschule hat ihren Hauptsitz, wie der Name vermuten lässt, in Frankfurt am Main.

http://www.frankfurt-school.de/

Studiengänge

Die Frankfurt School hat ein breit gefächertes Studien- und Weiterbildungsangebot. Es gibt viele Zertifikationsstudiengänge, Vollzeit-, duale und nebenberufliche Studiengänge, MBA-Programme und Doktorandenprogramme.

Die dualen Studiengänge sind also nur ein Teil des Leistungsangebots:

- Betriebswirtschaftslehre
- Wirtschaftsinformatik
- Digital Innovation & Fintech

Ablauf des Studiums

Wie oben angedeutet, schildere ich in diesem Kapitel erneut eine Kooperation zwischen der KfW und der Frankfurt School of Finance & Management. Um zumindest etwas Abwechslung zu bieten, habe ich das Studienfach Wirtschaftsinformatik gewählt und beschreibe den Ablauf ohne zusätzliche IHK-Ausbildung.

---

[20]Vgl. http://www.zeit.de/2016/49/universitaeten-muenchen-ausbildung-beliebtheit-arbeitgeber

Für die Interessierten, die aber lieber zusätzlich zum Studium eine Ausbildung absolvieren möchten, eine kurze Info: Im BWL-Studium an der FS kann die IHK-Ausbildung Bankkauffrau/ -mann zusätzlich gemacht werden, allerdings ist das mit dem Betrieb abzuklären. Bei der KfW-Bankengruppe war das zum Beispiel früher die Regel. Inzwischen ist es aber nicht mehr vorgesehen. Für Wirtschaftsinformatik-Studenten kann optional der Abschluss als Fachinformatiker/-in mit Schwerpunkt Anwendungsentwicklung erworben werden. Allerdings gibt es auch hier einen gewissen Zuwachs an Aufwand. Wie ich schon oben bei dem Bachelor an der Berufsakademie beschrieben habe, muss man für sich abwägen, ob die zusätzlichen Strapazen den Nutzen wert sind. Denn in den ersten beiden Jahren kommt insgesamt rund vier Wochen zusätzlicher Unterricht speziell zu IHK-Prüfungsthemen hinzu. Und auch die Prüfung am Ende ist nicht zu unterschätzen.

Kommen wir zum Beispiel zurück. Das Wirtschaftsinformatik-Studium wird im Drei-Tage-Modell angeboten (das duale BWL-Studium an der FS auch im Blockmodell, die KfW nutzt bei den BWL -Studenten das Blockmodell). Im Drei-Tage-Modell werden jedes Semester drei Tage festgelegt, an denen der Student in der KfW arbeitet. Er muss, wie der B.A.-Student, die Abteilung regelmäßig wechseln, damit er die unterschiedlichen Gebiete in der KfW kennenlernt und erste Lernerfahrungen sammelt. Üblicherweise wird jedes halbe Jahr der Themenbereich gewechselt. Die Studenten dürfen Wünsche und Präferenzen gegenüber der Personalabteilung äußern. An den beiden restlichen Werktagen und am Samstag müssen die Vorlesungen der FS besucht werden. In der Uniphase besteht deine Woche also aus sechs Arbeitstagen und nur einem Wochenendtag. In den Semesterferien arbeiten die FS-ler dann die ganze Woche, haben aber dafür ein reguläres Wochenende. Klausurphase ist immer am Ende des Semesters. Es gibt eine sogenannte Prüfungswoche, in der alle Klausuren geschrieben werden. Folgend eine Abbildung des Zeitmodells der dualen Studiengänge von der FS- Homepage. [21]

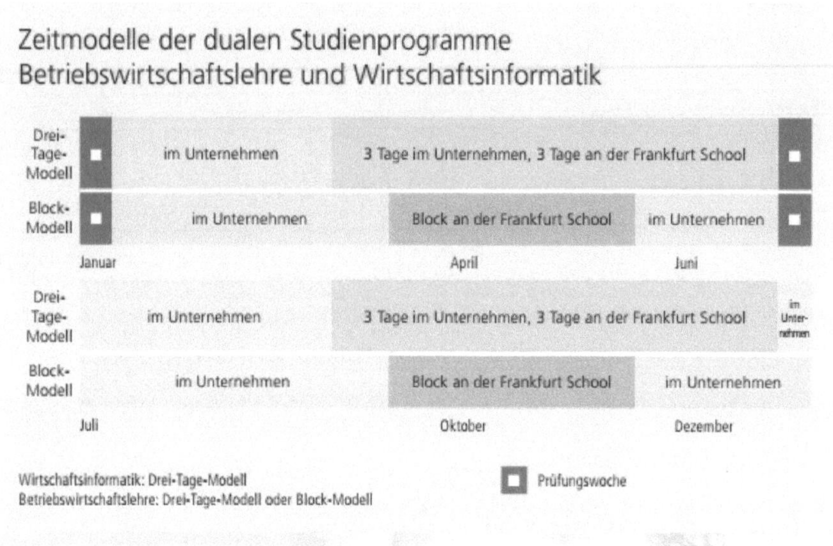

Auszug aus der Webseite der Frankfurt School.[22]

Ihr merkt vielleicht schon beim Lesen des Abschnitts, dass das Studium recht herausfordernd ist. Und nach einigen Gesprächen mit FS-lern fand ich tatsächlich heraus, dass das Lernpensum für die Klausuren deutlich höher ist als an der Berufsakademie. Die Inhalte, der Anspruch und die Komplexität des Studiums erfüllen die Anforderung einer absoluten Top-Universität. Der zeitliche

---

[21] Vgl. www.frankfurt-school.de/

[22] http://www.frankfurt-school.de/content/de/education_programmes/bachelor/bsc/business-information-systems/time-model.html

Mehraufwand wird durch das extrem gute Image der FS - auch bedingt durch die geballte Wissensvermittlung - mehr als ausgeglichen. Ein nicht zu unterschätzender Vorteil bei Bewerbungen! Um einen Überblick zu geben, folgt jetzt die Darstellung der einzelnen Semester mit den dazugehörigen Fächern:

1. Semester:

- Mathematik
- Microeconomics and Decision Making
- Externes Rechnungswesen
- Informations- und Kommunikationssysteme
- Einführung in die Programmierung

2. Semester:

- Stochastik
- Markets, Incentives and Ethical Management
- Managerial Accounting
- Datenorganisation und Datenbanksysteme
- Systemanalyse und -entwicklung

3. Semester:

- Applied Research Methodology
- Operations Management
- Language
- Finance
- Unternehmensarchitektur-Management

4. Semester:

- Marketing
- Corporate Design and Behavior

- Wirtschaftsprivatrecht
- Betriebliche Anwendungssysteme
- Informationsmanagement

5. Semester:

- Semester abroad

6. Semester:

- Business Intelligence
- Electives
- Praxisprojekt
- Strategisches IS-Management[23]

Ihr wundert euch über das fünfte Semester? Semester abroad? Ja richtig, wie es sich für eine Elite-Uni gehört ist auch ein Auslandssemester eingeplant. Aus meiner Perspektive ein großer Pluspunkt für das Studium an der Frankfurt School. Ist natürlich finanziell nicht so erfreulich, dafür jedoch eine unvergessliche Erfahrung. Zu den Kosten komme ich etwas weiter unten. Die Erfahrungsberichte der Gesprächspartner waren extrem spannend. Während ein bekannter Wirtschaftsinformatiker die Partneruniversität der FS in Hawaii ausfindig machte, ging eine BWL-Studentin für ein Semester für 40.000 Dollar (nur Studiengebühren) an die Harvard Business School. Der geschätzte Wirtschaftsinformatiker teilte sich sein Auslandssemester geschickt ein. Er war etwa 15 % des Tages mit dem Studium beschäftigt, weitere 15 % mit faulenzen, 30 % mit surfen und die letzten 40 % mit Studentenpartys. Da hat sich die Kollegin an der Harvard einen etwas einseitigeren Tagesablauf mit 100% Lernen

---

[23] www.frankfurt-school.de/

ausgesucht. Dafür konnte sie sich nach dem Studium vor Jobangeboten kaum retten. Im Lebenslauf ein Studium an der Harvard vorweisen zu können (ja, da reicht auch schon ein Semester), ist einfach geil! Ihr seht, mit dem Auslandssemester ist man sehr flexibel und die Bandbreite von Studentenpartys & Surfen bis zum Karriere-Pushing kann voll ausgenutzt werden.

Die Kosten des dualen Bachelors an der Frankfurt School sind allerdings auch ohne Auslandssemester nicht von schlechten Eltern.

- Anmeldegebühr = 100,00 €
- Semestergebühr = 6.700,00 €
- Gesamtpreis: 40.300,00 €
- zzgl. Gebühr für das Auslandssemester (dafür gelten je nach Partnerhochschule unterschiedliche Gebühren)

Der Aufwand und die enorm hohen Kosten stellen den Nachteil eines Studiums an der Frankfurt School dar. Zwar übernehmen die meisten Arbeitgeber auch hier einen Teil der Gebühren, jedoch zumeist nicht den vollen Betrag. Die KfW zahlt ca. 50 % der Studiengebühren sowie den Flug und eine Pauschale für die Unterkunft während des Auslandsemesters. Das ist schon richtig gut, nichtsdestotrotz müssen die verbliebenen 3.350 € im Semester und die Studiengebühren für das Ausland entrichtet werden. Rechnet man die Studiengebühren auf sechs Monate herunter, sind wir bei ca. 560 €. Dazu kommen dann noch extrem hohe Aufwendungen für das Wohnen in Frankfurt und sonstige Lebenskosten. Das schafft man auch nicht mit dem guten Ausbildungsgehalt, welches die KfW zahlt. Es gibt also wieder zwei Möglichkeiten. Entweder die Eltern unterstützen dich oder du musst einen Studentenkredit aufnehmen.

Die KfW bietet exklusiv die Absolvierung des Masters im direkten Anschluss an den Bachelor an. Zum Ausbildungsbeginn wird ein Ausbildungsvertrag für fünf Jahre vereinbart. Der Student verpflichtet sich also bei Vertragsabschluss, für fünf Jahre an der FS zu studieren und anschließend zwei weitere Jahre bei der KfW zu bleiben. Ansonsten müssen die von der KfW übernommenen Studiengebühren anteilig zurückgezahlt werden.

Nach dem Bachelor of Science in Wirtschaftsinformatik (nach sieben Semestern) folgt der Master of Science mit finanz- und wirtschaftsinformatischem Schwerpunkt (nach insgesamt zehn Semestern). Nach dem Bachelor of Science in BWL (nach sieben Semestern) folgt entsprechend der Master of Science mit betriebs- und finanzwirtschaftlichem Schwerpunkt (nach insgesamt zehn Semestern).

Die Gebühren für den Master belaufen sich auf 36.500 €. Ca. 9.100 € pro Semester plus 100 € Anmeldegebühren. (Im Master ist dann noch mal ein Auslandspraktikum eingeplant und optional erneut ein Auslandssemester möglich)

Fachhochschule Münster

Allgemein

Die FH in Münster macht euch ein vielfältiges Angebot. Unterstützt durch ein breites Netz an strategischen Partnerschaften gewährleistet die Universität starken Praxisbezug. Unter anderem bietet die FH nicht nur Vollzeitstudiengänge, sondern auch duale Konzepte an. Im Gegensatz zu den beiden wirtschaftlich geprägten dualen Studiengängen an der Frankfurt School und an der Berufsakademie, möchte ich euch dieses Mal ein technisches Studium vorstellen: den Bachelor of Science in Bauingenieurwesen in Partnerschaft mit der Deutschen Bahn (DB).

Studiengänge

Die FH in Münster bietet neben dem Bauingenieurwesen einige Studiengänge dual an. Alle starten im Wintersemester, dauern je nach Studiengang sieben bis neun Semester, und kosten je Semester rund 260 € (bei manchen Studiengängen kommen Zusatzkosten hinzu).

- Bauingenieurwesen
- Betriebswirtschaft
- Betriebswirtschaft und Steuern
- Elektrotechnik
- Informatik
- Maschinenbau
- Technische Orthopädie
- Pflege dual
- Therapie- und Gesundheitsmanagement
- Wirtschaftsingenieurwesen[24]

Zu den Studiengängen gibt es jeweils verschiedene Partner und Betriebe, bei denen praktische Erfahrungen gesammelt werden. Nach einem der oben genannten dualen Studiengänge habt ihr den international anerkannten Bachelorabschluss und den Kammerabschluss des Ausbildungsberufs.

---

[24] Vgl. www.fh-muenster.de

um die Kenntnisse noch weiter zu vertiefen. Übrigens: Vor den Fahrtkosten für standortübergreifende Einsätze müsst ihr euch nicht fürchten. Es gibt die Netzkarte für Angestellte und Auszubildende der DB, die es dir ermöglicht, kostenlos in ganz Deutschland mit den Zügen der DB zu fahren.

3. Wochenendstudium

Allgemeines

Das Wochenend-Studium ist das typische berufsbegleitende Studium. Das Modell wird von den Studenten am häufigsten gewählt und entsprechend von den Unis auch am häufigsten angeboten. Es sieht ein berufsbegleitendes Studium am Wochenende vor. Im Modell muss man zwischen einem Bachelor- und einem Master-Studiengang unterscheiden. Für den Bachelor muss man typischerweise wöchentlich freitags von 18:00 Uhr – 21:30 Uhr und samstags von 08:00 Uhr bis 18:30 Uhr in die Uni. Im Master ist man dann schon einen Schritt weiter und muss nur noch alle zwei Wochen zur selben Zeit in die Uni.

In der Regel arbeitet man nebenher Vollzeit oder Teilzeit. Da die berufsbegleitenden Studiengänge aber meist von privaten Anbietern angeboten werden, muss entsprechend dafür gezahlt werden. Die Studiengebühren werden monatlich entrichtet und liegen zwischen 150 € und 800 €. Ausreißer nach unten und nach oben gibt es immer. Das ist natürlich erst mal sehr viel Geld, aber es lohnt sich. Weiter unten habe ich einige Tipps wegen der Kosten aufgeführt. Von der Steuer bekommt man beispielsweise etwa die Hälfte zurück. Und mit guter Verhandlungsstrategie kann man auch beim Arbeitgeber eine Förderung herausschlagen.

Vor- und Nachteile

Vorteile:

Der Vorteil eines berufsbegleitenden Studiums ist die gute Vereinbarkeit von Beruf und Studium. Die Arbeitszeiten sind nicht von dem Studium tangiert. Man kann sich 5 Tage auf die Arbeit konzentrieren und sich dann freitags auf das Studium einstellen. Dadurch hat man den Kopf frei für das Studium, was einen deutlichen Anstieg des Lernerfolgs mit sich bringt. Ist am Samstagnachmittag bzw. -abend die Session beendet, freut man sich riesig auf das noch verbleibende Wochenende und hat zumindest eineinhalb Tage zum Auskurieren.

Das Studium greift allgemein nicht so stark in den gewohnten Lebensrhythmus ein. Klar, der Freitagabend und der halbe Samstag fallen weg, dafür kann man unter der Woche seinem vertrauten Alltag nachgehen. Sprich seinen Sport ausüben, Mittagsschlaf halten, Essen kochen, Essen gehen, Kinobesuche, einkaufen, bügeln, Wäsche waschen, lesen und, und, und… Das ist auch ein bisschen typabhängig. Viele Menschen brauchen diesen Alltag zumindest unter der Woche. Am Wochenende hat man meistens sowieso unterschiedliche Dinge vor, da stört das Studium nicht so sehr den Biorhythmus.

Für euch Leser muss sich das jetzt schrecklich anhören. Ihr würdet jetzt wahrscheinlich sagen: „Vier Jahre ohne richtiges Wochenende? Niemals!!“

Klar mag das manchmal nervig sein und vor allem die Umstellung kann einem sehr schwerfallen. Aber es gibt auch viele positive Aspekte. Viele Wochenend-Studenten haben mir berichtet, dass sie die Zeit an der Uni nach anfänglicher Eingewöhnungsphase genossen haben. Das könnt ihr euch jetzt wahrscheinlich gar nicht vorstellen, oder? Aber so ist es wirklich. Wenn du etwas studierst, was dich interessiert und du coole Leute in deinem Studiengang hast, dann kannst du die zwei Tage wirklich viel Spaß haben! Vor allem mit deinen „Leidensgenossen" in der Uni zu hocken und auch mal über den einen oder anderen Witz zu lachen, kann die Studierzeit wirklich versüßen.

Außerdem ist es echt ein geiles Gefühl, während alle anderen ihren Rausch von der letzten Nacht ausschlafen und sich auf der Couch herumdrücken, selbst schon etwas zu leisten bzw. geleistet zu haben. Wenn du dann aus der Uni kommst, merkst du richtig, wie schläfrig die anderen wirken. Währenddessen hat bei dir das produktive Lernen die Glückshormone Dopamin und Serotonin ausgeschüttet. Das Dopamin weckt in dir wiederum:

- Motivation
- Antrieb
- Aufmerksamkeit
- Interessiertheit, „Anpacken!"
- Lust
- Freude
- Begeisterung
- und Glücksempfindungen

Das Serotonin ist das Hormon für die Stimmung. Es sorgt für das Gefühl der Gelassenheit, Ausgeglichenheit, inneren Ruhe und Zufriedenheit. In Kombination dieser Hormone bist du die Ruhe selbst und mit dir im Reinen. Mit dieser Grundstimmung kannst du dann dein Wochenende genießen und die anderen werden dich beneiden.

Nachteile:

Den großen Nachteil habe ich im oberen Abschnitt schon angesprochen. Man muss sich einfach darüber im Klaren sein, dass das Wochenende für die kommenden zwei bis vier Jahre nur noch beschränkt als Freizeit verfügbar ist. Ich zum Beispiel wollte kein Wochenendstudium machen, da ich liebend gerne mit meiner Freundin oder meinen Jungs Wochenendtrips unternehme. Mal zum Fußball, mal eine Städtetour, mal ein Wellness-Wochenende oder einfach ein Besuch eines weiter entfernten Weihnachtsmarktes. Aus diesem Grund hatte ich mich gegen das Wochenendstudium entschieden. Wobei ich hier natürlich auf den Bachelor eingrenzen muss. Im Master muss zumeist „nur" jedes zweite Wochenende studiert werden. Da schafft man es auch mit einem Wochenendstudium Kurztrips zu machen.

Konzepte im Blickpunkt

FOM Hochschule

Allgemein

Die FOM Hochschule hat ihren Hauptsitz in Essen. Mit rund 28 Hochschulzentren hat sie aber in fast jeder größeren Stadt in Deutschland eine Studienmöglichkeit. Ich habe die FOM für meinen Bachelor besucht und war in Frankfurt eingeschrieben. Die FOM nutzt dafür den Campus der Goethe-Universität, hat jetzt aber auch eigene Räumlichkeiten in Frankfurt. Die Uni ist neben Frankfurt in Aachen, Augsburg, Berlin, Bochum, Bonn, Bremen, Dortmund, Duisburg, Düsseldorf, Essen, Gütersloh, Hagen, Hamburg, Hannover, Kassel, Köln, Leipzig, Mannheim, Marl, München, Münster, Neuss, Nürnberg, Siegen, Stuttgart und Wesel Wuppertal vertreten.

Die FOM bietet ausschließlich Studiengänge für Berufstätige an. Im Fokus der Lehre stehen praxisorientierte Bachelor- und Master-Studiengänge aus den Bereichen Wirtschaftswissenschaften und Ingenieurwesen. Extrem cool, dass seit 2017 die Studiengänge rund um die Pflege mehr Bedeutung bekommen haben und sich der Kernbereich damit auch auf Gesundheit & Soziales erweiterte. Die Studiengänge sind so konzipiert, dass sie parallel zu einer betrieblichen Tätigkeit oder Ausbildung absolviert werden können.

Inzwischen studieren ca. 42.500 Studierende deutschlandweit an der FOM. Das macht sie zu der größten privaten Hochschule Deutschlands. Wie weiter oben beschrieben, zählen nur wenige staatliche Universitäten, wie z.B. die Fernuni Hagen, mehr Studenten als die FOM. Als Wettbewerbsvorteil nennt die FOM vor allem die Präsenzvorlesungen und eine optimale Betreuung der Studierenden durch die persönliche Anwesenheit der Dozenten.[27]

Studiengänge

Wirtschaft und Management:

[27] Vgl. www.fom.de

Bachelor-Studiengänge:

- Banking & Finance | Bachelor of Arts (B.A.)
- Business Administration | Bachelor of Arts (B.A.)
- International Business | Bachelor of Arts (B.A.)
- International Management | Bachelor of Arts (B.A.)
- Marketing & Digitale Medien | Bachelor of Arts (B.A.)
- Kooperations-Studiengang mit Unternehmen

Master- Studiengänge:

- Business Administration | Master of Business Administration (MBA)
- Finance & Accounting | Master of Science (M.Sc.)
- Human Resource Management | Master of Science (M.Sc.)
- Logistik & Supply Chain Management | Master of Science (M.Sc.)
- Management - Ausrichtung Unternehmensmanagement | Master of Arts (M.A.)
- Management - Ausrichtung Kommunales Management | Master of Arts (M.A.)
- Management - Ausrichtung Non-Profit-Management | Master of Arts (M.A.)
- Marketing & Communication | Master of Science (M.Sc.)
- Risk Management & Treasury | Master of Science (M.Sc.)
- Sales Management | Master of Science (M.Sc.)

<u>Wirtschaft & Psychologie</u>

- Betriebswirtschaft & Wirtschaftspsychologie | Bachelor of Science (B.Sc.)
- Wirtschaftspsychologie | Master of Science (M.Sc.)

<u>Wirtschaft & Recht</u>

- Steuerrecht | Bachelor of Laws (LL.B.)

- Wirtschaftsrecht | Bachelor of Laws (LL.B.)
- Unternehmensrecht, Mergers & Acquisitions | Master of Laws (LL.M.)
- Taxation | Master of Laws (LL.M.)

IT Management

- Wirtschaftsinformatik | Bachelor of Science (B.Sc.)
- IT Management | Master of Science (M.Sc.)

Ingenieurwesen

Bachelor-Studiengänge

- Elektrotechnik | Bachelor of Engineering (B.Eng.)
- Elektrotechnik & Informationstechnik | Bachelor of Engineering (B.Eng.)
- Maschinenbau | Bachelor of Engineering (B.Eng.)
- Mechatronik | Bachelor of Engineering (B.Eng.)
- Wirtschaftsingenieurwesen | Bachelor of Science (B.Sc.)

Master-Studiengänge

- Elektrotechnik | Master of Science (M.Sc.)
- Maschinenbau | Master of Science (M.Sc.)
- Mechatronik | Master of Science (M.Sc.)
- Technologie- und Innovationsmanagement | Master of Science (M.Sc.)[28]

Gesundheit & Soziales

[28] Vgl. www.fom.de

Bachelor-Studiengänge

- Angewandte Pflegewissenschaft I Bachelor of Arts (B.A.)
- Gesundheits- und Sozialmanagement I Bachelor of Arts (B.A.)
- Gesundheitspsychologie & Pflege I Bachelor of Arts (B.A.)
- Gesundheitspsychologie & Medizinpädagogik I Bachelor of Arts (B.A.)
- Pflegemanagement I Bachelor of Arts (B.A.)
- Soziale Arbeit I Bachelor of Arts (B.A.)

Master-Studiengänge

- Medizinmanagement I Master of Science (M.Sc.)
- Public Health I Master of Science (M.Sc.)[29]

Ablauf des Studiums

Der Großteil der Studiengänge an der FOM kann per Abendstudium oder per Wochenendstudium absolviert werden. Ich gehe in diesem Kapitel auf das Wochenendstudium ein. Dabei muss man noch mal zwischen dem Bachelor- und dem Masterabschluss differenzieren.

Typischerweise finden die Vorlesung im Bachelorstudium wöchentlich freitags von 18:00 Uhr - 21:15 Uhr und samstags von 08:30 Uhr - 15:45 Uhr statt. Zusammengerechnet sind das jeweils drei Vorlesungen á 3 Std. und 15 Min. Das Studium dauert in den meisten Fächern sieben Semester, also dreieinhalb Jahre inkl. Bachelorarbeit.

Im letzten Semester gibt es zumeist sehr wenige Vorlesungen,

---

[29] Vgl. www.fom.de

damit ausreichend Zeit zum Verfassen der Bachelorarbeit vorhanden ist. Ein Semester endet in der Regel mit der letzten Klausur des Semesters. Die Studienpläne sind so aufgeteilt, dass der Beginn des Wintersemesters auf Anfang September fällt. Offizielles Ende ist dann Mitte Februar und es folgen 14 Tage Semesterferien. Start des Sommersemesters ist Anfang März und offizielles Ende des Semesters ist der 31. Juli. Zusammengerechnet sind es leider nur 6 Wochen, die man offiziell frei hat. Wobei ich dazu sagen muss, dass meistens die letzten Klausuren ein paar Tage früher anstehen oder die ersten Vorlesungen im neuen Semester etwas später starten, sodass die Semesterferien teilweise etwas länger sind, je nach Plan und Dozenten. Aber klar ist, dass es trotzdem mitunter schwierig ist, den Urlaub mit den Semesterferien zu vereinen. Deutschlandweit haben die meisten Arbeitnehmer ca. 30 Tage bzw. 6 Wochen Urlaub an ihrer Arbeitsstelle. Das ist genau die gleiche Anzahl wie die FOM-Studenten Semesterferien haben. Das ist natürlich sehr wenig verglichen mit einem Vollzeitstudium. Aber gut, man muss eben den Stoff auch irgendwie in fast der gleichen Zeit eines Vollzeitstudiums bewältigen.

Solltet ihr euch jetzt schon eingeengt fühlen, dann kann ich euch beruhigen. Ihr müsst nicht zwingend in den Semesterferien Urlaub nehmen. Das ist ja das Coole an einem berufsbegleitenden Studium. Ihr könnt euch das eigenverantwortlich einteilen. Ich, zum Beispiel, wollte in den Schulferien, in der Familien mit ihren Kindern Urlaub machen und alles voll und überteuert ist, nicht auch noch unterwegs sein. So kam der August schon mal nicht in Frage. Die Tage im Februar lagen da dann schon besser. Meinen großen Urlaub habe ich dennoch meistens Anfang September gemacht. Da habe ich mich mal für drei Wochen aus den Vorlesungen verabschiedet und bin danach erholt wieder ans

Werk gegangen. Gerade am Anfang des Semesters konnte man guten Gewissens ein paar Vorlesungen verpassen. Außerdem sind um die Weihnachtszeit, um Ostern und um die Feiertage meistens keine oder nur sehr wenige Veranstaltungen, sodass man da auch häufig frei hat. Nur einmal habe ich es erlebt, dass ein Dozent an einem Brückentag eine Vorlesung gehalten hat (ich kann ihn bis heute nicht leiden).

Das Zusammenspiel zwischen Arbeit und Uni ist schnell erklärt. Wenn du 39 Stunden die Woche arbeitest, machst du dies von Montag bis Freitag und gehst dann Freitagabend und den halben Samstag in die Vorlesung. Viele junge Leute, die ich kennengelernt habe, verzichteten lieber auf etwas Geld für ein Plus an Freizeit. Die haben ihre Arbeitszeit auf beispielsweise 80 % reduziert und sich den Montag freigenommen. Das ist jedem selbst überlassen, aber zu schaffen ist das Studium auch mit einer Vollzeitstelle.

Entschließt ihr euch dafür, die Arbeitszeit zu reduzieren, könnt ihr euer Gehalt in der Regel beim Arbeitgeber in der Personalabteilung ausrechnen lassen. Wegen der Auswirkungen auf Steuern und sonstigen Abgaben bleiben netto nämlich meistens deutlich mehr als 80 Prozent des vollen Lohns übrig. [30]

Bei der Kalkulation darf man jedoch auch nicht vergessen, dass die Uni ebenfalls bezahlt werden muss. An der FOM sind das je Monat ca. 295 €. Insgesamt sind jeweils ca. 42 Monatsraten zu überweisen, macht dann 12.390 € zzgl. einer einmaligen Prüfungsgebühr in Höhe von 300 €.

Die verschiedenen Studiengänge an der FOM ähneln sich vom

---

[30] Vgl. www.fom.de

Ablauf sehr. Damit ihr eine kleine Vorstellung bekommt, welche Themen auf euch am Wochenende zukommen, habe ich mir den Bachelorstudiengang „Soziale Arbeit" herausgesucht und in dieses Kapitel gepackt.

1. SEMESTER

Einführung in die Soziale Arbeit

• Funktionen und Aufgaben der Sozialen Arbeit • Theorien der Sozialen Arbeit • Berufsfelder • Sozialraumorientierung

Aufbau des Gesundheits- & Sozialsystems

• Akteure im Gesundheits- und Sozialwesen: Krankenversicherung, ambulante und stationäre Versorgung, Arzneimittelversorgung • Schnittstellenproblematiken und Herausforderungen

Kompetenz- & Selbstmanagement

• Berufserfolg und -anforderungen • Persönlichkeit • Kompetenzen • Selbstmanagement

Einführung wissenschaftliches Arbeiten

• Ablaufplanung – Selbst-/ Zeitmanagement • Grundlegende Formvorschriften • Wissenschaftliche Struktur

2. SEMESTER

Recht in der Sozialen Arbeit

• Deutsche Rechtsordnung und relevante Bereiche für die Soziale Arbeit • Sozialgesetzgebung • Sozialgesetze • Anwendungsfelder in der Sozialen Arbeit

Grundlagen der Pädagogik

• Pädagogisches Handeln • Lebenslauf und Erziehung • Lebenslauf und Bildung • Sozialisation • Unterricht • Lernen

Grundlagen der Psychologie

• Psychologie im Kanon der Wissenschaften • Allgemeine und biologische Psychologie • Differentielle Psychologie

Sozialmedizin

• Sozialmedizinische Problemfelder • Regulierung der Inanspruchnahme von Versorgungsleistungen • Prävention

3. SEMESTER

Finanzierung & Sozialmarketing

• Sozial-/ NPO-Marketing • Öffentlichkeitsarbeit • Fundraising • Aktuelle Entwicklungen und neue Finanzierungsformen

Soziologie

• Leitkonzepte: Sozialisation, Bildung, Individuum, Gesellschaft • Gesellschaftliche Funktion Sozialer Arbeit und sozialer Probleme • Sozialstrukturanalyse und soziale Ungleichheit

Sozialverwaltung & Sozialpolitik

• Gesellschaftspolitische Grundlagen Sozialer Arbeit • Institutionen und Akteure • Soziale Problemlagen und Konflikte • Aktuelle sozialpolitische Themen

Empirische Forschung im Berufsfeld

• Grundlagen der empirischen Sozialforschung • Datenerhebung, -aufbereitung und -analyse • Präsentation der Forschungsergebnisse • Analyse bestehender Studien in der Sozialforschung

4. SEMESTER

Erziehung & Bildung

• Grundlegende Begriffe und Methoden der Erziehung und Bildung • Anwendung in einzelnen pädagogischen Handlungsfeldern • Analyse sozialer Lebenslagen und typische Interventionsmuster

Ethik im Gesundheits- & Sozialwesen

• Aufgaben und Instrumente der Ethik • Themenbezogene Theorie- und Praxisreflexion • Ethische Verantwortung

Beratung und Begleitung

• Spezifische Prozesse und Schwierigkeiten in besonderen Lebenslagen • Psychosoziale Beratung und Gesprächsführung • Beratungstheorien und Ansätze • Sozialraumorientierung • Empowerment • Handlungsfelder von Beratung und Begleitung

Methoden der Sozialen Arbeit

• Rahmenbedingungen und Grenzen methodischen Handelns • Methoden der Sozialen Arbeit (u.a. Klientenzentrierte Gesprächsführung Mediation, Familientherapie, Streetwork, Supervision, Hilfeplanung)

Auszug aus der Webseite der FOM[31]

[31] Auszug aus https://www.fom.de/studiengaenge/gesundheit-und-soziales/bachelor-studiengaenge/soziale-arbeit-0.html

5. SEMESTER

Kinder- & Jugendhilfe

• Handlungskonzepte und Methoden der Arbeit mit Kindern und Jugendlichen • Arbeitsfelder der Kinder- und Jugendhilfe • Schulbezogene Kinder- und Jugendhilfe/Schulsozialarbeit
• Kinder- und Jugend(hilfe)forschung & Wirksamkeitsanalysen

Suchthilfe

• Medizinische und psychologische Grundlagen • Versorgungssystem und -strukturen, Suchthilfesystem • Interventionsansätze und Methoden • Suchtforschung & Wirksamkeitsanalysen

Behindertenhilfe & Integration

• Lebenssituation von Menschen mit Behinderung in Deutschland
• Theoretische Grundlagen aus Heil- und Sonderpädagogik • Aktuelle Fragestellungen und Entwicklungen (z. B. Teilhabegesetz, Inklusion) • Forschung und Forschungsstrategien

Praxiswerkstatt

• Reflexion der Tätigkeiten, Rolle als angehende/r Sozialarbeiter/in • Einübung in exemplarisches professionelles Handeln mit wissenschaftlicher Anleitung und Auswertung

6. SEMESTER

Vertiefungsrichtung Interkulturelle Soziale Arbeit

Integration & Interkulturalität
• Rechtliche, politische und ökonomische Aspekte • Soziale und pädagogische Aspekte • Kulturelle Aspekte

Internationale Soziale Arbeit
• Historische Ursachen aktueller Entwicklungsverzögerungen • Aufgabenfelder der internationalen Sozialen Arbeit • Akteure der internationalen sozialen Arbeit • Case Studies around the World

Wissenschaftliches Arbeiten (Abschlussarbeit)

• Ablaufplanung • Grundlegende Formvorschriften • Wissenschaftliche Struktur

7. SEMESTER

Case Management im Gesundheits- & Sozialwesen

• Verortung des Fallmanagements
• Steuerungsansätze von Casemanagement (z. B. der DGCC) • Case Management in relevanten Settings wie Klinik, Sozialbereich oder Betrieb

Qualitätsmanagement im Gesundheits- & Sozialwesen

• Aufbau von Qualitätsmanagementsystemen • Qualitätsindikatoren, Qualitätsbericht • Spezifische Systeme

Thesis / Kolloquium

• Schriftliche Abschlussarbeit
• Kolloquium

Hochschulabschluss:
Bachelor of Arts (B.A.)

Studiengang:
Soziale Arbeit

Auszug aus der Webseite der FOM[32]

International School of Management (ISM)

Allgemein

Die ISM – International School of Management hat ihren Sitz in Dortmund, Frankfurt/Main, München, Hamburg, Köln und Stuttgart. Sie ist eine private Hochschule und hat sich auf die Fahne geschrieben, in anwendungsbezogenen Studiengängen Führungsnachwuchs für die international orientierte Wirtschaft auszubilden.

Nebenberuflich können Bachelor- und Master-Studiengänge, aber auch MBA-Programme belegt werden. Auch in Vollzeit bietet die

---

[32] Auszug aus https://www.fom.de/studiengaenge/gesundheit-und-soziales/bachelor-studiengaenge/soziale-arbeit-0.html

Hochschule einige Studienmöglichkeiten an.

Vorteil der ISM ist unter anderem die Internationalisierung der Studienprogramme. Sprich für Studenten oder Studentinnen, die im Ausland arbeiten bzw. auf dem Globalen Markt unterwegs sein möchten und eine Position im Management anstreben, ist ein Studiengang an der International School of Management zu empfehlen. Die Hochschule bemüht sich, alle internationalen Standards einzuhalten. Neben dem Studium an sich ist die Hochschule mit intensiven Fremdsprachentrainings bemüht, dich in der weltweiten Kommunikation zu fördern. Hierzu besteht immer die Möglichkeit, mindestens ein integriertes Auslandssemester oder –modul zu nutzen. Diese finden an einer der 176 renommierten Partnerhochschulen statt. [33]

Ablauf des Studiums

Im Bachelor of Arts (B.A.) in Business Administration in International Management ist beispielsweise ein zweiwöchiges Sprachstudium in Cambridge in England vorgesehen. Optional besteht im 8. Semester die Möglichkeit eines Auslandssemesters, wobei das reguläre Studium nur sieben Semester andauert. Sprich, man würde ein extra Semester machen, dafür aber auch 30 zusätzliche Creditpoints erhalten. In den Semestern bis zum Auslandsmodul (im 4. Semester) ist je ein Studienfach Business English. Grundsprache des Studiums ist aber dennoch deutsch. Wer also noch nicht topfit in der englischen Sprache ist, braucht keine Angst zu haben, dass er dem Unterrichtsstoff nicht folgen kann.

---

[33] Vgl. www.ism.de

Laut Feedback der ehemaligen Studenten ist man nach einem berufsbegleitenden Studium an der IMS sehr gut für das internationale Business gerüstet. Unter anderem auch wegen der Auswahlmöglichkeiten der Schwerpunkt-Fächer in den Studienfächern für globale Märkte und internationale Vergleiche. So lernt man im Management eher die internationalen Rechnungslegungsstandards (IFRS), als die Nationalen in Deutschland (HGB).

Das Studium ist kostenmäßig auf einem ähnlichen Niveau wie die FOM. Die Studiengebühren je Monat betragen 345 € (statt 295 € an der FOM). Hinzu kommt noch eine einmalige Gebühr von 207 € für die Immatrikulation und 300 € Thesis-Gebühren.

Allerdings bietet die ISM besonders "leistungsstarken Studierenden" im Rahmen des berufsbegleitenden Bachelors einen 50-prozentigen Erlass auf die gesamten Studiengebühren an. Was nun aber einen besonders leistungsstarken Studenten ausmacht, konnte mir leider nicht gesagt werden. Hier also noch mal kritisch hinterfragen.[34]

4. Abendstudium

Allgemeines

Das Abendstudium steht eigentlich im Gegensatz zum Wochenendstudium. Während Letzteres auf das Wochenende fällt, findet das Abendstudium unter der Woche statt. Das Modell ist nicht ganz so stark verbreitet. Im Bachelor wird wöchentlich

[34] Vgl. www.ism.de

zwei- bis viermal wochentags studiert. Die Zeiten sind dabei natürlich so gelegt, dass die Studenten problemlos arbeiten und anschließend in die Vorlesung gehen können, und dies in der Zeit von 18.00 Uhr bis 21:15 Uhr. Die Klausuren werden entsprechend auch immer unter der Woche um 18.00 Uhr geschrieben.

⇒ Smarter Rat: Für die Klausuren am besten mit dem Chef absprechen, dass ihr später kommt. Ein Arbeitstag mit acht Stunden und danach noch in die Klausur kann mental doch etwas anstrengend sein. Darunter leidet die Konzentration und am Ende das Prüfungsergebnis. Viele nehmen sich auch einen Tag Urlaub. Mir hat aber ein freier Vormittag völlig gereicht.

In der Praxis aufgekommene Fragen können abends sogleich im Studium thematisiert werden. Andersherum besteht bei diesem Modell die Möglichkeit, die erlernten Studieninhalte direkt am nächsten Tag in die Tat umzusetzen.

Vor- und Nachteile

Vorteile

Das Modell bildet eine tolle Alternative zum Wochenendstudium. Wer keine Lust hat, sich jedes Wochenende aufzuraffen und in die Uni zu gehen, der sollte sich dieses Konzept genauer ansehen. Klar, sind das auch drei Abende unter der Woche, die für Freizeitbeschäftigungen wegfallen. Aber mal ehrlich, was macht ihr nach der Arbeit? Manche werden sich vielleicht sportlich betätigen. Und zum Jahrestag mit eurem Partner/Partnerin werdet ihr vielleicht auch mal etwas Schönes unternehmen. Aber die meiste Zeit kommt man doch - wenn man ehrlich ist - geschafft von der Arbeit nach Hause und wirft sich vor den Fernseher. Das ist in unserer heutigen Gesellschaft die Regel geworden. Also zumindest ich muss einräumen, dass ich bewusst oder unbewusst viel Zeit abends auf der Couch vor der Glotze verbringe. Ereignisreich sind vor allem die Wochenenden und die Urlaube. Nicht aber die Zeit unter der Woche. Hier gerät man oft in den Alltagstrott. Deshalb bin ich der Meinung, dass sich diese Form des Studiums sehr gut mit der Freizeit vereinbaren lässt.

⇒ Smarter Rat: Zeit für Sport

> Da ich absoluter Sport-Fanatiker bin, musste ich auch erstmal sehen, wie ich in der Woche auf mein gewohntes Pensum komme. Zum einen spielte ich im Verein Handball. Trainiert wurde am Dienstag und Donnerstag. Am Wochenende stand ein Spiel an. Es gab nur sehr wenige Ausnahmen, bei denen ich wirklich beide Trainingseinheiten verpasste. Also an einer Einheit konnte ich immer teilnehmen. Zusätzlich suchte ich mir ein Fitnessstudio zwischen meiner Arbeitsstelle und den Räumlichkeiten der Universität. So machte ich um kurz vor fünf Feierabend, ging für eine schnelle Trainings-Session (ca. 40 min) ins Studio, duschte eiskalt und erschien danach pünktlich um 18.00 Uhr in der Uni. Nach dem Sport war ich wieder aufnahmefähig und ausgeglichen.

Den größten Vorteil, den ich in diesem Studium bei mir selbst bemerkt habe, war die Nutzung der Freizeit. Hört sich total banal an. Aber das oben Beschriebene - auf der Couch rumsitzen und nichts tun - gewöhnte ich mir in der Uni-Phase komplett ab. Die drei Tage, an denen man von 7.00 Uhr morgens bis 22:00 Uhr abends aus dem Haus ist, prägen dich nach kurzer Zeit. Und nicht, weil du dich daran gewöhnst und es dir anders nicht mehr vorstellen kannst. Vielmehr willst du die verbleibenden Wochentage extrem schön gestalten und sie einfach nur genießen. Nach kurzer Zeit kam es mir wie Zeitverschwendung vor, nur vor dem TV zu sitzen und mich berieseln zu lassen. Wenn der Fernseher an war, dann ganz gezielt mit einem coolen Film oder einer netten Serie. Aber hauptsächlich plante ich viele schöne Dinge in meiner verbleibenden Freizeit. Automatisch fängt man an, seine Freizeit besser zu planen. Du hast ja nur zwei Tage und da willst du etwas machen, was deine Woche erfüllt. Das war zu dieser Zeit mein absoluter Gamechanger. Das hätte ich vor Beginn des Studiums auch nie für möglich gehalten.

Eigentlich bin ich davon ausgegangen, dass ich nach der Uni und auch am Wochenende so müde und platt bin, dass ich gar nichts mehr unternehmen möchte. Aber es stellte sich genau andersherum dar.

Ebenso verhielt es sich im Übrigen auch mit dem Urlaub. Am Ende galt nur noch: Wenn du schon frei hast, dann musst du das auch nutzen. Am besten mit einer Fernreise. Aber Hauptsache raus aus der gewohnten Umgebung und raus aus dem Alltag.

<u>Nachteile:</u>

Wie schon im Kapitel 3 Wochenendstudium beschrieben, ist die Frage, ob Abendstudium oder Wochenendstudium, typenabhängig. Wenn du einen festen Rhythmus in deinem Alltag hast, den du nicht aufgeben möchtest oder kannst, dann ist das Abendstudium nicht empfehlenswert. Man muss bei diesem Studium einige Kompromisse im Alltag eingehen. Mit einer effektiven Organisation lässt es sich sehr gut meistern, aber es erfordert Planung und auch Absprache mit deiner Familie. Hast du Kinder und/oder eine/n Partner/in zu Hause, dann müssen einige Vereinbarungen getroffen werden. Wer macht den Haushalt, wer holt die Kinder ab, etc. Wenn das gar nicht in deine Welt passt, dann solltest du dich lieber mit einem Wochenendstudium auseinandersetzen.

Ein Nachteil, den ich auch das eine oder andere Mal erlebt habe, ist das Problem mit der Konzentrations- und Lernfähigkeit. Die untypische Zeit zum Lernen von 18.00 Uhr bis 21.00 Uhr bedeutet schon mal eine gewisse Umgewöhnung. Unbestritten fällt einem eine geistige Tätigkeit nach acht Stunden Arbeit nicht gerade leicht. Im Gegenteil, hat man einen harten und vielleicht sogar stressigen Tag hinter sich, ist die Aufnahmefähigkeit sehr begrenzt. Der Kopf ist schon von der Arbeit matsch, man hat extrem viele Dinge im Kopf, die man noch erledigen muss, und dann noch mal drei Stunden Finanzmathematik… Na gute Nacht! Da fällt es einem auch besonders schwer, sich für die Uni aufzuraffen und sich in den Vorlesungssaal zu schleppen. Das sind Phasen, die es hin und wieder gibt, die aber während des ganzen Studiums zu meiner Überraschung doch eher selten aufgetreten sind.

Konzepte im Blickpunkt

FOM Hochschule

Allgemein

Die FOM habe ich weiter oben schon vorgestellt. Um den Unterschied zu dem Wochenendstudium aufzuzeigen, habe ich die gleiche Hochschule zur direkten Vergleichbarkeit nun auch für das Abendstudium ausgewählt. Den allgemeinen Teil könnt ihr dem Kapitel FOM Hochschule entnehmen.

Studiengänge:

Gleiches gilt für die Studiengänge. Diese sind identisch und ihr findet sie im Kapitel FOM Hochschule.

Ablauf des Studiums

Die FOM ist gewillt, eine Vergleichbarkeit zwischen Wochenendstudium und Abendstudium zu gewährleisten. Aus diesem Grund sind die Kosten, die Studiumsdauer und auch die Anzahl der abzuleistenden Stunden dieselben.

Der größte Unterschied besteht also in der zeitlichen Abfolge der Vorlesungen. Diese finden beim Abendstudium an der FOM von Montag bis Freitag statt. Wie bei einem Wochenendstudium werden pro Woche zwischen drei und vier Termine angesetzt. An welchem Wochentag die Vorlesungen stattfinden, kann von Woche zu Woche unterschiedlich sein. Ich hatte damals aber glücklicherweise sehr selten freitags Vorlesungen, da die meisten Dozenten wenig Motivation verspürten, am Freitagabend noch präsent zu sein. Die Vorlesungen finden von 18.00 Uhr bis 21.15 Uhr statt. Auch hier waren die meisten Dozenten recht kulant und haben uns um 21.00 Uhr raus gelassen. Da ich je eine Stunde pendeln musste, bin ich sogar noch etwas früher gegangen, um meinen Zug zu bekommen. Das hat nie ein Problem dargestellt.

Die Klausuren sind zur gleichen Uhrzeit angesetzt wie die

Vorlesungen, allerdings nur zwei Stunden pro Klausur. Wie weiter oben bereits erwähnt, sollte man hier unbedingt mit dem Vorgesetzten eine Vereinbarung treffen, dass nur ein halber Tag gearbeitet werden muss oder man komplett freigestellt wird.

Denn üblicherweise arbeitet man in der Zeit vor den Vorlesungen bzw. den Klausuren. Ein Uni- Arbeitstag könnte also so aussehen, dass man von 8.00 Uhr bis 17.00 Uhr arbeitet und anschließend in die Uni fährt, um von 18.00 Uhr bis 21.00 Uhr zu studieren. Bei einer Klausur kann das ziemlich anstrengend sein, da die Frische im Kopf immer mehr nachlässt je länger der Tag wird. Ich habe einige Klausuren geschrieben, obwohl ich davor acht oder neun Stunden arbeitete. Das habe ich dann nach den ersten beiden Semestern lieber sein lassen. Ich bemerkte einfach die fehlende Leichtigkeit und die Anzahl an Flüchtigkeitsfehlern stieg enorm. Patzer, die ich hätte vermeiden können und Punkte, die ich so einfach liegen ließ. Außerdem ist bei mir gefühlt immer der Worst Case eingetreten: Der Tag ist extrem stressig, man hat viel zu tun und kurz bevor man sich mental auf die Klausur vorbereiten möchte, brennt etwas an und der Stressfaktor erhöht sich um ein Vielfaches. Einmal musste ich sogar von der Arbeit zur Klausur im Vollsprint rennen, damit ich „nur“ wenige Minuten zu spät kam. Ihr merkt, das ist nicht die perfekte Vorbereitung auf eine Klausur.

Die Semesterferien sind wie auch beim Wochenendstudium von Mitte Februar bis Anfang März und von Ende Juli bis Anfang September. Also sechs Wochen auf das Jahr verteilt.

Technisches Studium

Ein Studienkollege aus meinem MBA-Studium absolvierte nebenberuflich seinen Bachelor of Engineering an der Ostbayerischen Technischen Hochschule (OTH Regensburg). Er war sehr angetan von seinem Studium und berichtete, wie es ist, berufsbegleitend ein technisches Studium zu absolvieren.

Er machte den berufsbegleitenden Bachelor in Systemtechnik. Der Studiengang ist an der Fakultät Maschinenbau verortet. Schwerpunktthemen sind dabei Maschinenbau, Mechatronik und Automatisierung, verbunden mit allgemein- und wirtschaftswissenschaftlichen Kompetenzen.

Die zu absolvierenden Module reichen vom Entwurf bis zur Realisierung von Systemen moderner Produkte oder Produktionsanlagen. Das beinhaltet die Konzeption von komplexen Systemen und deren Inbetriebnahme sowie den Erwerb fundierter Kenntnisse, um in Maschinenbau und Anlagentechnik, Elektro- und Informationstechnik, Automatisierungs-, Regelungs- und Simulationstechnik sowie Controlling und Projektmanagement kompetent zu planen, zu beurteilen und zu realisieren.

Zur Methodik werden E-Learning und Präsenzveranstaltungen kombiniert. Der Fokus liegt aber auf den Letzteren, die in den Räumlichkeiten der OTH Regensburg durchgeführt werden. Die Vorlesungen finden freitags von 15.15 Uhr bis 18.30 Uhr und samstags von 08.15 Uhr bis 15.45 Uhr statt. Zusätzlich sind zwei Präsenzwochen pro Semester vorgesehen. Diese sind angesetzt von montags bis freitags zwischen 08.15 Uhr und 15.45 Uhr.

Mein Kommilitone lobte besonders die extreme Praxisnähe. Man muss nicht nur in der Vorlesung sitzen und sich berieseln lassen, sondern kann häufig mit anpacken. Insbesondere die

Praxisphasen wurden für intensive Erfahrungen genutzt. Die gelernten Inhalte konnte er eins zu eins in seinem Unternehmen anwenden, was die Aufnahme des Stoffs begünstigte und damit die Motivation auch für die Theorie deutlich steigerte.

Wie in allen anderen Studiengängen, schließt jedes Modul mit einem Leistungsnachweis wie etwa Klausuren, mündliche Präsentationen oder Studien-/Projektarbeiten ab. Einige Prüfungsleistungen konnte er direkt in seinem Unternehmen erbringen.

Die Regelstudienzeit beträgt neun Semester und die Kosten belaufen sich auf ca. 2.200 € im Semester. Pro Studiengang sind ca. 20 bis 30 Teilnehmer eingeschrieben. Das schafft ein angenehmes Arbeitsklima.

Für das Studium benötigst du nicht zwingend das Abitur. Du hast die Möglichkeit, mit abgeschlossener Berufsausbildung, drei Jahren Berufserfahrung und einem Vorbereitungskurs inkl. Eignungstest die Zulassung zu schaffen. Eine Chance hast du auch bei bestehenden Vorkenntnissen eines Meisters oder Technikers. Mein Kumpel konnte wegen seines Abschlusses als Techniker um ein halbes Jahr verkürzen, da ihm einige Leistungen angerechnet wurden.[35]

5. Vollzeitstudium im Teilzeitmodell

Allgemeines

[35] Vgl. www.oth-regensburg.de

Bei dieser Studienform handelt es sich nicht um ein klassisches nebenberufliches Studium, sondern um ein gewöhnliches Vollzeitstudium. Absolvieren kann man dieses grundsätzlich an jeder Universität bzw. Hochschule. Warum ich das Vollzeitstudium in diesem Buch vorstelle, liegt an einer bestimmten Methode, mit der man dieses Studium bewältigen kann.

Typische Zielgruppe für dieses Studium sind Interessenten, die ihre Ausbildung abgeschlossen haben und in einem Unternehmen festangestellt sind, also schon Berufstätige, die auf ihren Bachelor noch den Master draufsetzen wollen. Das ist die häufigste Anwendungsform für dieses Modell.

Neben dem Vollzeitstudium kann man seine Berufstätigkeit auch in einem Teilzeitmodell wahrnehmen. Grundvoraussetzung ist ein kulanter Arbeitgeber und die Bereitschaft zu extremer Flexibilität im Beruf.

Grundlegend für dieses Konzept sind die unterschiedlichen Arbeitszeiten im Semester und innerhalb der Semesterferien. Im Semester ist die Arbeitszeit meistens auf 30 bis 60 % reduziert. Die Vorlesungen finden vor allem beim Master nicht mehr an jedem Tag bzw. nur an manchen Tagen für wenige Stunden statt. Dadurch wird ermöglicht, nebenher einen Beruf in Teilzeit auszuüben. In den Semesterferien kann dann bei einem flexiblen Arbeitgeber die Zahl der Arbeitstage erhöht werden. Da man keine Verpflichtungen aus dem Studium hat, kann man die Arbeitszeit auf 80 oder 100 % erhöhen. Zu Beginn des nächsten Semesters sind diese Zeiten natürlich wieder zu reduzieren. Dieser Kreislauf bleibt dann bis zum Ende des Studiums bestehen.

Je nach Vereinbarung mit dem Arbeitgeber ist es möglich,

monatlich ein immer gleichbleibendes Gehalt zu erhalten. Sprich arbeitet man im Semester zu 30 Prozent und in den Ferien zu 100 Prozent, kann man durchgehend 65 Prozent verdienen.

Das Modell funktioniert auch bei einem Bachelorabschluss, allerdings ist das etwas komplizierter durch den höheren zeitlichen Aufwand. Hier ist es in der Regel notwendig, noch weiter zu reduzieren.

Vor- und Nachteile

<u>Vorteile:</u>

Die verschiedenen Vorteile durch die Berufserfahrung kennen wir ja schon aus den anderen Konzepten. Was bei diesem Modell herausragend ist, ist die Möglichkeit, an einer normalen Universität bzw. Hochschule zu studieren. Entscheidet man sich für eine staatliche Uni, dann spart man sich die hohen Kosten der privaten berufsbegleitenden Unis oder der kostenpflichtigen Fern-Unis. So ein MBA kostet gerne mal insgesamt um die 20.000 €. Die kann man sich in diesem Modell komplett sparen. Des Weiteren kann der Master an einer renommierteren Hochschule abgeschlossen werden, was dann ggf. im Lebenslauf besser aussieht.

<u>Nachteil:</u>

So wie es sich oben positiv mit den Studienkosten darstellt, so negativ verhält es sich mit dem ausbleibenden vollen Gehalt. Dieses wird durch die Reduktion der wöchentlichen Stundenzahl nicht unwesentlich gekürzt. Zusätzlich bist du bei deinem Arbeitgeber durch die Teilzeitanstellung nicht mehr so präsent und in die dortigen Abläufe einbezogen. Es ist bewiesen, dass Teilzeitkräfte weniger von Beförderungen und guten Boni profitieren wie Vollzeitkräfte.

Ein weiterer Nachteil ist der erhöhte Stressfaktor. Ist ein berufsbegleitender Studiengang schon eine ordentliche Herausforderung, so ist das Vollzeitstudium im Teilzeitmodell noch deutlich anspruchsvoller. In diesem Konzept werden natürlich die Inhalte der Uni für Vollzeitstudenten zugrunde gelegt und sind entsprechend ziemlich tiefgreifend und sehr theoretisch. Rücksicht wird dabei weder von den Kollegen bzw. vom Chef noch von den Dozenten genommen. Die Professoren werden dich behandeln wie jeden anderen Vollzeitstudenten und dir nicht nachsehen, wenn du einen harten Arbeitstag hattest und nicht voll dabei bist. Das ist natürlich bei einem regulären berufsbegleitenden Studium anders. Hier sind die Professoren sensibilisiert und berücksichtigen, dass die Studenten arbeiten.

Problematisch ist auch, den Zeitrahmen für eine Klausurvorbereitung zu finden. Durch die Doppelbelastung von Vollzeitstudium und Job ist es schwierig, sich in Ruhe in die Bibliothek zu setzen und zu lernen. Das Vollzeitstudium ist darauf ausgelegt, sich die Inhalte teilweise selbst zu erarbeiten. Während Vollzeitstudenten unter der Woche an den freien Tagen dafür Zeit haben, verschiebt sich das bei den Vollzeitstudenten im Teilzeitmodell auf das Wochenende. Praktisch ist hierbei, wenn man auf der Arbeit noch etwas Luft zum Lernen oder schreiben einer Hausarbeit hat. Hierauf gehe ich im Kapitel Lernen während der Arbeitszeit näher ein.

Schwierigkeiten bereitet auch die grundsätzliche Machbarkeit des Studiums. Man benötigt schon wirklich einen verständnisvollen Arbeitgeber, der einen dabei unterstützt, ein solches Studium zu absolvieren. Aufgrund der schwankenden Anwesenheiten - durch den Wechsel zwischen Semester und Semesterferien - ist es für den Chef kompliziert, dich mit einem Vollzeitstudium einzuplanen.

Konzepte im Blickpunkt

Das Konzept Vollzeitstudium im Teilzeitmodell ist im Grunde die Kombination eines Vollzeitstudiums mit einem Beruf. Das Modell ist individuell gestaltbar und eher ein Konzept, welches man für sich selbst entwickeln muss bzw. in dem man sich die Einzelteile selbst zusammenbasteln muss. Ein Gesamtpaket wird nicht angeboten.

Das hat Vor- und Nachteile. Der Nachteil besteht darin, dass der Arbeitsaufwand höher ist, als nur die Bewerbungsunterlagen an die Uni zu schicken. Man muss das Ganze koordinieren und mit dem Arbeitgeber absprechen. Der Vorteil ist, dass man bei der Suche nach einer Universität und einem Arbeitgeber die freie Wahl hat. Man muss keine Kooperationen beachten und kann dort studieren und dort arbeiten, wo man möchte. Das macht es jetzt etwas schwierig, ein Konzept hervorzuheben. Denn grundsätzlich gibt es kein solches und die Kombination von Arbeit und Uni ist je Person und Studiengang sehr unterschiedlich. Nichtsdestotrotz möchte ich euch ein Beispiel nicht vorenthalten, damit ihr seht, wie es funktionieren kann.

Goethe-Universität

Als Beispiel habe ich eine Kombination gewählt, die sich eine Freundin zusammengestellt hat. Durch regen wöchentlichen Kontakt mit ihr, habe ich mitbekommen, wie das Modell funktioniert und mit welchen Belastungen es verbunden ist.

Nachdem die besagte Freundin mit einem dualen Studium (inkl. Ausbildung) ihren Bachelor gemacht hatte, wurde sie von ihrem Arbeitgeber fest angestellt. Das freute sie, allerdings wollte sie noch einen Master obendrauf setzen. Die Möglichkeit, einen MBA oder den Master nebenbei zu machen, sagte ihr zwar zu, doch sie hatte Bedenken. Ein guter MBA an einer bekannten Hochschule kostet sehr viel Geld, was für den günstigeren Masterabschluss zwar nicht zutrifft, der aber dafür nicht so anerkannt ist wie ein Abschluss an einer renommierten Universität.

So entschied sie sich für einen untypischen Weg. Durch ihr gutes Standing bei den Chefs ihres Unternehmens verständigten sie sich auf ein besonderes und sehr flexibles Teilzeitmodell. Dieses kombinierte sie mit einem Vollzeitstudium an der angesehenen Goethe-Universität in Frankfurt. Sie machte den Master of Science in Betriebswirtschaftslehre.

Das Wintersemester findet im Zeitraum vom 15.Oktober bis zum 10. Februar statt. Das Sommersemester startet ca. am 15. April und ist Ende Juli abgeschlossen. Nach dem Wintersemester gibt es acht bis neun Wochen Ferien und im Anschluss an das Sommersemester folgen auch noch mal zehn bis elf Wochen Ferien.

Diese Semesterplanung hat sich meine Freundin zu Nutze gemacht, indem sie mit ihrem Arbeitgeber einen vorteilhaften

Deal aushandelte. Sie vereinbarte mit dem Chef, ihre Arbeitszeit auf 60 % zu reduzieren. Die Teilzeit splittete sie aber auf. Während der Vorlesungszeit arbeitete sie zu 40 Prozent. Wie sie diese auf die Woche verteilte, war ihr überlassen. Dazu prüfte sie die Semesterpläne, sobald diese herauskamen und plante die Arbeitstage nach den Vorlesungen ein. So hielt sie es in jedem Semester. Die knapp 5 Monate Ferien nutzte sie zum Aufstocken ihrer Arbeitszeit auf 100 Prozent. So arbeitete sie dann Vollzeit in den Semesterferien und während des Semesters in Teilzeit auf einer sehr überschaubaren Stundenbasis.

Das war natürlich nur möglich, weil ihr Chef hinter ihr stand und der Arbeitsanfall im Büro es zugelassen hat. Nicht jeder kann so flexibel mal 100 Prozent und mal 40 Prozent arbeiten. Aber es gibt häufig Verhandlungsspielraum, und wenn der Chef Potenzial in dir sieht, dann wird er auch einiges dafür tun, dass du bleibst.

Die Freundin ist mit dem Modell sehr gut gefahren. Natürlich wäre es einfacher gewesen, Vollzeit zu studieren und sich nach Möglichkeit bei den Eltern einzuquartieren und einen kleinen Nebenjob anzunehmen. Also, was waren die Vorteile?

Ein entscheidender Punkt: die geringeren Kosten und das höhere Gehalt. Es erklärt sich von selbst, dass die Freundin deutlich mehr in einem Teilzeitjob (nach abgeschlossener Ausbildung und Studium) verdient hat, als würde sie neben dem Studium nur einen niedrig bezahlten Minijob ausüben. Aber auch im Vergleich zu Vollzeitbeschäftigten, die einen Master berufsbegleitend absolvieren, gibt es einen wichtigen Vorteil. Die Vollzeitbeschäftigten verdienen mehr, allerdings sind auch die Studienkosten wesentlich höher. Der Semesterbeitrag an der Goethe-Uni beträgt 357,60 €. Das sind monatlich 59,60 €. Im

Gegensatz dazu belaufen sich beispielsweise an der FOM die monatlichen Belastungen auf ca. 300 €. Bei einem MBA sind wir schnell bei 700 € oder 800 €. Hinzu kommt die Steuerersparnis durch eine niedrigere Einstufung bei der Einkommensteuer. Übrigens ist mit der Teilzeitstelle auch die Krankenversicherung abgedeckt. Und wird zur Hälfte vom Arbeitgeber gezahlt.

Vorteil Nummer zwei ist wieder die Qualität und das Ansehen der Universität. Bei dem Vollzeitstudium kann man sich eine sehr gute Universität aussuchen oder eine Universität, die genau den gewünschten Themenschwerpunkt als Fachrichtung oder Vertiefung anbietet. Und es lässt sich nicht abstreiten, dass das Niveau an einer renommierten Universität in einem Vollzeitstudium höher ist als bei einem Abendstudium. Wer also in seinem Studium sehr tief ins Detail gehen möchte oder einen besonders hohen Wert auf die Aussagekraft seines Lebenslaufs legt, der sollte über ein Vollzeitstudium im Teilzeitmodell nachdenken.

Mit der Höhe des Niveaus der Uni steigt auch der Arbeitsaufwand. Das kann gerade in den Klausurphasen, die teilweise auch in die Semesterferien fallen, zu einer hohen Lernintensität und damit zu erhöhtem Stress führen. Die besagte Freundin kam recht gut damit klar, allerdings konnte sie nach getaner Arbeit auch noch die verbleibende Arbeitszeit zum Lernen oder für Hausarbeiten nutzen. [36]

6. Studium im Block

[36] Vgl. www.uni-frankfurt.de/de

Allgemeines

Das Modell unterscheidet sich noch mal von den beiden Varianten Abendstudium und Wochenendstudium. Es bietet die dritte Möglichkeit, ein offizielles berufsbegleitendes Studium zu absolvieren. Unterscheidungskriterium ist auch hier wieder der zeitliche Ablauf des Studiums. Das Abendstudium wird unter der Woche am Abend durchgeführt, das Wochenendstudium freitags und samstags und das Blockstudium im Block. Für die Blockmodelle gibt es wiederum verschiedene Möglichkeiten. Sie unterscheiden sich durch unterschiedlich getimte Blöcke. Ein neues und modernes Konzept findet man teilweise im MBA Studium. Die Vorlesungen sind einmal im Monat von Donnerstag bis Sonntag terminiert. In anderen Blockveranstaltungen trifft man sich einmal im Semester für mehrere Wochen und lernt hierbei intensiv. Die zweite Variante ist schwierig umzusetzen, da für jedes Semester eine Freistellung oder die Nutzung des Jahresurlaubes notwendig ist.

Vor- und Nachteile

<u>Vorteile:</u>

Eine ausgewiesene Stärke dieses Modells besteht darin, dass man während des Zeitraums eines Blockes mit großer Intensität arbeiten kann. Man kann sich nachhaltig, kontinuierlich und konzentriert mit der anstehenden Thematik en bloc auseinandersetzen und muss sich währenddessen nicht mit anderen Dingen beschäftigen. Dadurch prägt sich das vermittelte Wissen deutlich besser ein. Nach einem Block kann man die gelernten Inhalte wieder mit in die Arbeit integrieren, sich aber auch wieder total auf die Arbeit und den auszuübenden Job fokussieren. Das Studium ist erstmal im Hinterkopf und beiseitegeschoben, bis dann der nächste Block wieder beginnt. Vorteil Nummer eins ist also dadurch gegeben, dass man sich ausschließlich auf einen einzigen Bereich konzentrieren kann. Man muss nicht die ganze Zeit zweigleisig fahren. Immer beides im Kopf zu haben, kann nämlich ganz schön anstrengend sein. Hat man dies schon für die Arbeit gemacht, hat man jenes für die Abendvorlesung vorbereitet?

Zu den Besonderheiten der längeren Phase, in der man sich mit nur einer Thematik auseinandersetzt, kommt noch ein weiterer Aspekt hinzu. Die Gespräche mit den Kommilitonen und deren Einfluss. In einem Block ist man mehrere Tage mit seinen Unikollegen zusammen. Infolge der dadurch entstehenden Gemeinsamkeiten und Berührungspunkte kommt es in der Gruppe häufig zu angeregten Diskussionen. Teilweise werden sogar nach der Vorlesung noch manche Inhalte hitzig diskutiert. Dabei beschäftigt sich das Gehirn natürlich weiterhin und intensiver mit dem jeweiligen Thema. Dadurch kann das Gedankengut in viel größerem Umfang abgespeichert werden. Oft versteht man einen Sachverhalt auch erst richtig, wenn man ihn mit anderen bespricht. In einer Wochenendvorlesung oder einer Abendveranstaltung ist man geschafft von dem langen Tag und man will einfach nur noch nach Hause. Noch weiter über die Uni zu reden, würde einer mentalen Zerstörung gleichkommen. Am Abend oder am Wochenende versucht man möglichst schnell und wirksam abzuschalten und die Uni-Themen zu verdrängen. Im Blockunterricht ist das Gegenteil der Fall. Hier treffen sich die Leute des Öfteren zum Essen oder zu einem Bier. Hier ergeben sich natürlich rasch Gespräche rund um die Uni, die mitunter sehr interessant sein können. Das wiederum trägt dazu bei, die anderen Sorgen, die einem beispielsweise an der Arbeitsstelle belasten, ruhen zu lassen und sich mit anderen Themen auseinanderzusetzen. Durch diese klare Trennung ist der Stresspegel merklich geringer als bei herkömmlichen nebenberuflichen Studiengängen und der Lerneffekt deutlich höher.

Positiv ist auch, dass man nicht innerhalb des unmittelbaren Umfeldes agieren muss, sondern ortsunabhängig. Bei einem normalen Studium könntest du wohl kaum sehr weit von deinem Wohnort oder deiner Arbeitsstelle entfernt studieren. Bei zwei Stunden für die Hinfahrt wärst du alleine vier Stunden mit der Fahrerei beschäftigt. Dann noch acht Stunden arbeiten und drei Stunden Uni am Abend. Das schafft man zeitlich nicht. Also ist man bei der Wahl der Hochschule beschränkt. In einem Blockmodell geht das viel einfacher. Da man immer nur ein paarmal im Semester in die Uni muss, spielt die Fahrzeit eine untergeordnete Rolle. Meinen MBA machte ich in Deggendorf (in der Nähe von Regensburg) und arbeitete in Frankfurt. Die einfache Fahrt dauert mit dem Zug oder mit dem Auto ca. 4,5 Stunden. Das nahm ich wegen des tollen Konzeptes und der guten Inhalte aber gerne in Kauf. Ich musste ja nur einmal im Monat hinfahren. Das war in Ordnung. Hätten die Vorlesungen alle zwei Wochen stattgefunden, dann hätte ich mich nicht für das Studium entschieden.

<u>Nachteile:</u>

Das Modell ist derzeit kaum verbreitet. Auf dem Markt findet man nur wenige für sich passende Studiengänge. Wenn überhaupt, dann eigentlich nur bei einigen MBAs. Hier sehe ich ganz klar das Bildungsministerium und auch die Hochschulen in der Pflicht, mehr solcher Veranstaltungen anzubieten. Das Modell gerät immer mehr in den Fokus, und erfreut sich großer Beliebtheit bei den Studenten.

Hinzu kommt, dass die angebotenen MBAs extrem ins Geld gehen. Bei 700 € im Monat beginnt ein solches Studium. Nicht unbedingt ein Zuckerschlecken. Aber es gibt ja glücklicherweise ein paar Möglichkeiten, die man zur Kostenreduktion nutzen kann.

Ein weiterer Nachteil ist auch hier die erforderliche Flexibilität. Entweder man muss für ein Blockstudium eine günstige Vereinbarung mit dem Chef treffen (Freistellung/Bildungsurlaub/Überstunden) oder man muss in den sauren Apfel beißen und kostbare Urlaubstage opfern. Die fehlen dann wiederum zum Ausspannen und Erholen. Da können die zwei Jahre ziemlich anstrengend werden.

Konzepte im Blickpunkt

Technische Hochschule Deggendorf (THD)

Allgemein

Deggendorf ist eine kleine Stadt in Niederbayern mit gut 30.000 Einwohnern. Die Stadt liegt zwischen Passau und Regensburg und ist etwa 150 km von München entfernt. Die technisch versierte Hochschule mit aktuell (2019) ca. 6.000 Studenten ist noch relativ jung und wurde im Jahre 1994 gegründet. Sie liegt direkt an der Donau.

Trotz des "jugendlichen" Alters machte sich die bayerische

Hochschule mit einer sehr modernen Infrastruktur und einer starken Ausrichtung auf Innovation einen guten Namen. Die Hochschule ergattert regelmäßig Platzierungen in der Spitzengruppe des deutschlandweiten CHE-Hochschulrankings. In BWL und Ingenieurwesen stand sie sogar auf Platz zwei bzw. eins.

Mit ca. 60 internationalen Hochschulpartnerschaften und zusätzlichen Kontakten zu diversen Unternehmen in der ganzen Welt hat sich Deggendorf als weltoffener Hochschulstandort positioniert.

Die Fakultäten der Hochschule sind:

- Angewandte Naturwissenschaften und Wirtschaftsingenieurwesen
- Angewandte Wirtschaftswissenschaften
- Bauingenieurwesen und Umwelttechnik
- Elektrotechnik, Medientechnik und Informatik
- Maschinenbau und Mechatronik
- Angewandte Gesundheitswissenschaften

Die Hochschule ist keine klassische Institution für berufsbegleitende Studiengänge. Allerdings bietet sie sehr interessante MBA´s und Masterprogramme neben dem Beruf an. Diese sind nicht nur sehr beliebt und sehr gut von den Studenten bewertet, sondern teilweise auch auf bestimmte Nischen spezialisiert, sodass Studenten aus ganz Deutschland angereist kommen. Bei Akkreditierung der MBA´s durch die FIBAA wurde die hochschulpolitische Netzwerkarbeit besonders hervorgehoben.[37]

---

[37] Vgl. www.th-deg.de

Studiengänge:

Ich stelle euch in diesem Unterkapitel kurz das Studienangebot der THD begrenzt auf die berufsbegleitenden Master und Master of Business Administration vor.

- MBA General Management
- MBA Health Care Management
- MBA Unternehmensgründung und -führung
- Master Management
- Master Public Management (mit Verwaltungs-Hochschule Hof)
- Master Risikomanagement und Compliance Management (mit TÜV SÜD Akademie und RiskNet)

Die vorher angesprochenen Nischen sind hier wiederzufinden. Gerade die beiden Studiengänge Risikomanagement und Compliance Management und Unternehmensgründung und –führung sind sehr speziell und werden entweder nur an wenigen anderen Hochschulen in Deutschland oder eben gar nicht angeboten.[38]

Ablauf des Studiums

Ich werde euch kurz den Ablauf des Studiengangs Unternehmensgründung und –führung erläutern. Ich selbst habe nach meinem Studium an der FOM nach einem Master gesucht, auf den ich wirklich Lust hatte. Und da kam bei mir ein Thema hoch, für das ich mich brennend interessiere:

---

[38] Vgl. www.th-deg.de

Unternehmensgründungen und die damit einhergehende Digitalisierung und Innovation.

So machte ich mich auf die Suche nach einem Masterstudiengang in dieser Richtung. Doch leider ging ich dabei ziemlich leer aus. Im Großraum Frankfurt fand ich keine geeignete Uni, welche Studienfächer in diesem Bereich anbot (natürlich mit der Begrenzung berufsbegleitend). Deutschlandweit gab es ein paar Möglichkeiten in Berlin, München, Aachen oder Leipzig. Doch da ich meinen Job in Frankfurt behalten wollte, waren auch diese Studienorte kaum geeignet. Nur ein Konzept fixte mich bei meiner Recherche sofort an, eben das der THD in Deggendorf. Zwar kannte ich Deggendorf nur vom Autobahnschild, aber den MBA fand ich bei meiner Suche als erstes. Und das Blockmodell der Uni überzeugte mich. Kein klassisches Modellmit 4 Wochen Unterricht am Stück, sondern jeden Monat einmal von Donnerstag bis Sonntag. Neben dem coolen Konzept sprachen mich auch die Inhalte extrem an. Unter anderem machte die ganze Unigruppe am Ende des Studiums für eine Woche einen Trip ins Silicon Valley, um die Atmosphäre der Gründungsszene hautnah zu erleben.

Letztendlich entschied ich mich für diesen Studiengang. Er war besonders gut mit dem Job kombinierbar. Ich arbeitete ganz normal 100 Prozent und war im Monat an zwei Tagen nicht an der Arbeitsstelle (Donnerstag und Freitag). Ich hatte extrem viel Glück und einen sehr guten Chef, der mir die beiden Tage sogar als „Weiterbildungstage" anrechnete. Viele meiner Kommilitonen werden für diese Tage einfach unbezahlt freigestellt (was bei zwei Tagen nicht die Welt ausmacht), müssen Urlaub nehmen oder bekommen dafür Bildungsurlaub.

Ich reiste meistens mittwochs an, da ich ca. 4,5 Stunden mit dem Zug nach Deggendorf unterwegs war. Es gibt einige Hotels, Pensionen und Studenten-Buden, welche über das verlängerte Wochenende angemietet werden können. Studiert wurde dann recht intensiv von Donnerstag bis Sonntag. Meistens von 8.30 Uhr bis 18.00 Uhr, wobei sonntags meistens gegen 16.00 Uhr Schluss war. Extrem cool finde ich die sehr kleinen Gruppen, in denen studiert wird. Die maximale Teilnehmerzahl ist auf 15 Personen begrenzt (sollten sich aber mehr anmelden, werden diese meistens auch angenommen). Das macht aus der Vorlesung eher einen ausgeprägt praxisnahen, mit regen Diskussionen angereicherten, Unterricht. Auch von dem Großteil der Dozenten war ich sehr begeistert.

Das Blockmodell lädt, wie schon oben beschrieben, dazu ein, noch etwas mit den Kommilitonen zu unternehmen. Da man von Donnerstag bis Sonntag in Deggendorf festsitzt und üblicherweise auch keine Bekannten dort hat, verabredet man sich automatisch mit den anderen Studenten. Bei mir im Kurs kommen neun Studenten nicht aus der direkten Umgebung und pennen entsprechend auch in Deggendorf. Das hilft beim Kennenlernen und fördert die Gruppendynamik. So hat sich inzwischen eine eingeschweißte Truppe entwickelt und man freut sich auf die „verlängerten Wochenenden". Auch weil man mal komplett aus seinem Alltagstrott rauskommt und anderen Gedanken nachgehen kann.

Das überzeugende Konzept, die trefflichen Studieninhalte, die kompetenten Dozenten und die kleinen Kursgruppen haben leider auch ihren Preis. Der Semesterbeitrag beläuft sich auf 4.398 € (ca. 780 € im Monat) + jeweils 52 € Studentenwerksbeitrag. Hinzu kommen eine einmalige Verwaltungsgebühr in Höhe von

1.150 € und die Aufwendungen für den Auslandsaufenthalt (Flug, Hotel, Lebenshaltungskosten). Insgesamt kostet der MBA knapp 20.000 €. Natürlich nicht wenig Geld für ein Studium, allerdings sind MBAs grundsätzlich ziemlich teuer und es gibt auch einige Tipps, wie man etwas Geld zurückbekommen kann (siehe Kapitel 3 - „Kostenübernahme“ oder Kapitel VI – „Steuertipps“). Meiner Meinung nach gibt es keine bessere Investition für die berufliche Zukunft. Das Studium lohnt sich!

7. Fernstudium vs. Präsenzstudium

Die Vor- und Nachteile der einzelnen Studiengänge wurden oben bereits angeführt. In diesem Kapitel will ich noch mal explizit die Unterschiede zwischen dem Fernstudium und dem Präsenzstudium darstellen. Bestimmt habe ich einige von euch Lesern schon überzeugt, ein berufsbegleitendes Studium zu beginnen. Lediglich mit der Entscheidung zwischen einem Fern- und einem Präsenzstudium habt ihr noch ein Problem. Deshalb habe ich nachfolgend die wesentlichen Unterschiede herausgearbeitet und hoffe, ihr könnt auf dieser Grundlage zu einem vernünftigen Ergebnis kommen.

Vorlesungen

Im Präsenzstudium haben wir die klassische Vorlesung. Die Studenten sitzen in einem großen Hörsaal und lassen sich von dem Dozenten etwas zu einem Fachgebiet erläutern. Die Vorlesungen finden in regelmäßigen Abständen statt und am Ende des Semesters gibt es entweder eine Klausur, eine Hausarbeit oder eine Präsentation, um die Inhalte abzufragen. Inwieweit die Studenten die Vorlesungen besuchen, liegt hauptsächlich an ihnen selbst, teilweise aber auch an den Dozenten. Sollte man bei dem Vorgetragenem Probleme beim Verständnis des Stoffes haben, gibt es grundsätzlich die Möglichkeit, in die Diskussion zu gehen und sich Inhalte erneut erklären zu lassen. Im Hörsaal ist man von Gleichgesinntem umgeben. Bei einem halbwegs akzeptabel zusammengesetzten Kurs gilt das Gebot Geben und Nehmen. Versteht man etwas nicht, kann man immer auch den Nachbarn fragen. Andersherum hat ein Kommilitone mal ein Problem, dann solltest du ihm ebenfalls helfen.

Die Fernuni unterscheidet sich von Grund auf von den im vorigen Abschnitt erläuterten Abläufen. Vorlesungen im klassischen Sinn gibt es hier nicht. Die „Vorlesung" ist nicht an einen Hörsaal gebunden. Sie kann jederzeit und von überall gestartet werden. Der Stoff wird über Studienhefte, Onlinekurse und -vorlesungen vermittelt. Prüfungsleistungen werden mit Studienarbeiten, Onlinetests oder Klausuren in kurzen Präsenzphasen erbracht. Die Kommunikation mit den Dozenten und Kommilitonen erfolgt per Online-Chat oder Video-Chat.

Die Frage, welches Modell besser ist, kann schlicht nicht beantwortet werden. Die Mehrheit schließt von vornherein ein Fernstudium aus, da es vielen nach eigener Aussage an Selbstdisziplin mangelt. Wenn dies der Fall ist, hast du in der Tat auf der Fernuni nichts verloren und wirst sang und klanglos scheitern. Deshalb spreche ich hier in aller Deutlichkeit an, dass du ohne Engagement und eigenständigem Lernen nicht bestehen kannst. Im Gegensatz zu vielen anderen glaube ich aber, dass Selbstdisziplin sehr wohl erlernbar ist. Ich hasse im Übrigen diesen Spruch: "...das kann ich nicht". Diese vier Worte sind heutzutage ständig zu hören. Egal in welchem Zusammenhang.

Dabei haben die Leute zu 90 % einfach keinen Bock und probieren erst gar nichts aus. Und als Ausrede muss dann herhalten, man könne es halt nicht. Dann berufe ich mich lieber auf einen Spruch von Richard Branson: „Geht nicht, gibt's nicht." Um Selbstdisziplin zu erlernen, ist es notwendig aus der eigenen Komfortzone herauszukommen. Es muss nur einige Male der Schweinehund überwunden und die eigene Willensstärke unter Beweis gestellt werden. Dann kommen das Vertrauen und die Selbstdisziplin ganz von alleine. Schafft man diesen Umschwung, kann die Fernuni einige Vorteile bieten:

- Zeitliche Flexibilität – Familie, Arbeit, Freizeit und Studium, kann gut kombiniert werden, da die Lernzeiten frei eingeteilt werden können.
- Örtliche Flexibilität – Laptop und Internet. Mehr brauchst du in deinem virtuellen Hörsaal nicht.
- Effizientes Lernen – Eigenes Tempo, keine unnötigen Pausen, keine Unterbrechungen, produktivste Tageszeit.

Aber den Vorteilen einer Fernuni stehen ebenso viele Vorteile eines Präsenzstudiums entgegen:

- Präsenz eines Dozenten – Thema wird vom Dozenten ansprechend vermittelt, u.a. mit Praxisbeispielen, höhere Aufnahmefähigkeit durch akustische Wahrnehmung.
- Kommunikation mit anderen Kommilitonen – Fachfragen können untereinander diskutiert und beantwortet werden. Durch coole Kollegen kann die Zeit in der Uni angenehmer gestaltet werden. Entsprechend erleichtert es den Entschluss, in die Vorlesung zu gehen.
- Praxisrelevante Hinweise – Fragen aus dem Berufsalltag können mit in die Vorlesung gebracht und besprochen werden. Nützliche Hinweise vom Dozenten oder von Kommilitonen können folgen.

Welche Form des Lernens dir besser gefällt, musst du natürlich selbst entscheiden. Schau dir die Vorteile auf beiden Seiten an. Ich kann es nur wiederholen, es ist die Frage, was für ein Typ du bist.

➔ Vorteil: Unentschieden

Kosten

Die Aufwendungen für ein Fernstudium sind deutlich geringer als bei einem nebenberuflichen Präsenzstudium. Ein Bachelorstudium an der Fernuni Hagen kostet beispielsweise zwischen 1.800 € und 2.400 €, ein Master sogar nur 700 € bis 1.200 €. Nehmen wir als Referenz die FOM als Präsenzstudium hinzu, kostet hier vergleichsweise der Bachelor um die 12.000 € und auch der Master liegt zwischen 12.000 € und 13.000 €. Der preisliche Unterschied ist wirklich enorm. Das heißt aber nicht, dass die FOM den zehnfachen Gewinn macht. Es ist vielmehr auf den größten Kostenfaktor von Universitäten zurückzuführen. Das sind die Dozenten. Die Fachkräfte und Professoren erhalten hier natürlich ein sehr stattliches Gehalt. Da die privaten Universitäten wie die FOM nur geringe staatliche Gelder erhalten, müssen die Kosten der Lehrkräfte zu einem großen Teil von den Studenten mitfinanziert werden. Die Fernuni hat diese hohen Auslagen nicht. Sie erstellt einmal in sehr guter Ausführung Studienhefte für einen Studiengang und lässt diese Unterlagen drucken und binden. Diese werden selbstverständlich ab und an geprüft und aktualisiert. Und zusätzlich müssen die Dozenten für die wenigen Präsenzphasen bezahlt werden, wenn auch nicht in dem Maß wie bei einem Präsenzstudium.

➔ Vorteil: Fernuni

Klausurvorbereitung:

Den Lernstoff muss man sich in der Fernuni selbst beibringen. Versteht man ein Thema nicht, so kann man zwar in den verschiedenen Chats Fragen stellen, aber ob man diese dann so hundertprozentig beantwortet bekommt, ist eher fraglich. Die Skripte sind verständlich aufgebaut, steht man aber einmal auf dem Schlauch, kann man nicht seinen Sitznachbar bitten, das Ganze in anderen Worten noch mal zu erläutern. Die Klausuren selbst richten sich stark nach dem Input aus den Skripten. Vor der Prüfung werden die Themen aber selten selektiert.

Im Präsenzstudium hast du es hier etwas komfortabler. Die Klausuren beziehen sich zumeist wesentlich auf die vorangegangenen Vorlesungen. Das heißt, der Dozent grenzt aus seinem Skript meistens einen Teil aus und hebt die besonders wichtigen Dinge hervor.

Es ergeben sich folgende Vorteile im Präsenzstudium:

- Sozialer Druck – frühzeitiges Lernen, untereinander pushen.
- Klausur Eingrenzung – auf der Tonspur werden häufig klausurrelevante Themen hervorgehoben oder Themenblöcke ausgeschlossen.
- Gemeinsames Lernen mit anderen Studenten.

➔ Vorteil: Präsenzstudium

Zeitaufwand:

Im Präsenzstudium müssen die Vorlesungen besucht werden. Der zeitliche Aufwand dafür ist leicht zu berechnen. Beispielsweise drei Stunden pro Vorlesung, das alle drei Tage, auf das Semester aufaddiert und mit acht (Semestern) multipliziert. So hat man den Aufwand für die Präsenzphase. Die ist für jeden Studenten im Präsenzstudium gleich. Schwieriger wird es dann bei dem Abschätzen der Nachbereitung der Vorlesung, bei der Klausurvorbereitung und bei der Erstellung von Studien- und Gruppenarbeiten. Diese Zeiten unterscheiden sich massiv, da sie sehr individuell geprägt sind. Dabei spielen verschiedene Faktoren eine Rolle. Ein entscheidendes Kriterium ist natürlich die Lernbereitschaft bzw. die Aufnahmefähigkeit, die übrigens wiederum von der Motivation, vom IQ und den Vorkenntnissen abhängt. Aber darauf näher einzugehen, würde jetzt zu weit führen. Die drei anderen Faktoren zur Ermittlung der zeitlichen Belastung sind Organisations- bzw. Zeitmanagement, die Zielsetzung und die Herangehensweise an das Studium. Beide werde ich im Laufe des Buches nochmal ausführlich aufgreifen. Durch die individuellen Faktoren ist es verdammt schwierig, für ein Studium eine zeitliche Aufwandseinschätzung zu treffen. Man kann nur sehr ungenaue Durchschnittswerte berechnen. Die sind aber eher erschreckend als hilfreich. Hätte ich die Aufwandszahlen vor meinem Studium gekannt, hätte ich wahrscheinlich nie angefangen. Aber ich kann euch beruhigen. Es ist nicht annähernd so schlimm, wie es einem zunächst vorkommt.

Allerdings ist die Einschätzung bei dem Fernstudium noch komplizierter. Während beim Präsenzstudium zumindest die Vorlesungszeiten messbar und zählbar sind, besteht das

Fernstudium komplett aus individuell stark beeinflussten Werten. Klar kann man auch hier abschätzen, wie lange durchschnittlich ein Leser für ein Studienheft braucht, das ist dann aber im besten Fall ein sehr schwammiger Richtwert.

Ich glaube, beim Zeitaufwand kommt es am meisten auf die richtige Organisation und auf die Herangehensweise und Zielsetzung an. Wer Bock darauf hat, ein Studium mit minimalem Aufwand durchzuziehen, der ist mit einem Präsenzstudium besser beraten (dazu mehr im Kapitel zur Herangehensweise). Wer ein Studium mit wenig zeitlichem Aufwand vorzieht, dafür aber trotzdem möglichst viel Wissen erwerben möchte, sollte sich für ein Fernstudium entscheiden, verbunden mit der Bereitschaft, ein sehr hohes Maß an Disziplin aufzubringen.

➔ Vorteil: Unentschieden

Fazit: Welche der beiden Möglichkeiten die Bessere ist, kann nicht objektiv beurteilt werden. Jede der Varianten hat ihre Vor- und Nachteile. Ich hoffe aber, mit der vorliegenden Darstellung Eure Entscheidung einen Tick leichter zu machen.

8. Abendstudium vs. Wochenendstudium

Habt ihr bereits eine Wahl getroffen? Wollt ihr ein Präsenz- oder ein Fernstudium? Diejenigen, die sich für ein Fernstudium entschieden haben: Glückwunsch. Ihr könnt auf direktem Weg zum nächsten Kapitel. Diejenigen, die ein Präsenzstudium präferieren: Sorry! Für euch steht die nächste Entscheidung an!

Und zwar möchte ich euch die Wahl zwischen einem Abend- und

einem Wochenendstudium erleichtern. Dieses Mal stehen andere Kriterien zur Entscheidungsfindung zur Auswahl. Die Kosten sind in beiden Fällen gleich. Art, Aufbau der Vorlesungen und Zeitaufwand weichen ebenfalls nicht voneinander ab. Auch gestaltet sich die Klausurvorbereitung identisch.

Wo also liegen die Unterschiede? Grundsätzlich gesehen geht es bei dieser Frage darum, wie ich meine Freizeit strukturiere bzw. überhaupt mein alltägliches Leben organisiere. Beginnen wir zunächst mit dem naheliegendsten Punkt: Wie verbreitet sind die Studiengänge? Im wirtschaftlichen wie auch im technischen Bereich ist das Vorkommen von Wochenendstudiengängen deutlich höher. Das hat den Vorteil, dass sie eine größere Fächerauswahl aufweisen und auch in Kleinstädten Studiengänge angeboten werden. Bei Abendstudiengängen gestaltet sich dagegen die Suche schon etwas schwieriger. Aber gerade in größeren Städten hat man doch eine breite Auswahl an Fachrichtungen und findet in den meisten Fällen auch etwas für sich. Es ist möglich, dass das Studium im Sommer- und Wintersemester beginnt. Viele Hochschulen bieten die Abendveranstaltungen jedoch nur einmal im Semester an.

Nun kommen wir auch schon zum Eingemachten: die Integration des Studiums in dein Leben. Blöd gefragt: Was tut dir weniger weh? Verzichtest du lieber auf Freizeit unter der Woche? Oder hast du kein Problem, etwas von deinem Wochenende abzuzwacken? Bist du nach der Arbeit noch aufnahmefähig? Oder brauchst du das Wochenende zum Ausspannen? Ich zähle ganz kurz die Betrachtungsweisen auf:

Unter der Woche	Wochenende

Freies Wochenende	Freier Feierabend
Anwendung des Gelernten am Folgetag	Intensive Studienzeit an zwei Tagen
Aufnahmefähigkeit	Aufnahmefähigkeit

Eigene Abbildung

Die erste Entscheidung betrifft die Zeit, in der das Studium stattfindet. Davon kann in hohem Maße der Erfolg deines Studiums abhängen. An dieser Stelle möchte ich unserem noch mit vielen Mängeln behafteten Bildungssystem zugutehalten, dass inzwischen mehrere Varianten und Optionen des berufsbegleitenden Studiums zur Verfügung stehen. Hier die richtige Auswahl für die eigenen Bedürfnisse zu treffen, ist extrem wichtig. Durch die passende Entscheidung kann sich die manchmal auch anstrengende Zeit deutlich angenehmer anfühlen. Hierfür solltest du erstmal in dich selbst hineinhören und dich fragen, was dir wirklich wichtig ist. Wie gestaltest du deine Freizeit? Woran erinnerst du dich am liebsten? Zu welcher Zeit sammelst du Kraft für die Arbeit? Lege dafür dieses Buch weg und denke einfach mal kurz darüber nach. Und zwar am besten jetzt sofort!

Hast du eine Tendenz? Tipptopp. Dann gehe nun weiter und stelle dir konkret vor, was ist, wenn im Worst Case eine dieser Zeiten, also das Wochenende oder die Nachmittage bzw. Feierabende ersatzlos wegfallen und einfach nicht mehr zur Verfügung stehen? Sprich: du kommst nach der Arbeit nach Hause, isst etwas und gehst dann direkt ins Bett. Auf der anderen Seite vergegenwärtige dir, die Nachmittage komplett nutzen zu können, dafür aber nach einer Arbeitswoche nur noch einen Tag frei zu haben. Versuche es dir intensiv vorzustellen. Erst das eine und dann das andere. Was fühlt sich für dich schlechter an? Welcher Gedanke stößt dir mehr auf?

Eines vorweg: das ist nur der Worst Case. So schlimm wird es mit Sicherheit nicht. Du wirst auch in der Uni deinen Spaß haben und deutlich erholter und erfüllter nach dem Studium zurückkommen als beispielsweise von der Arbeit. Aber diese Methode hilft dir bei der richtigen Wahl.

Wenn du dich jetzt immer noch nicht entscheiden konntest, welche Variante die für dich geeignetere ist, hier noch ein paar Gedanken zu den beiden Studiengängen.

Freies Wochenende:

- 2,5 freie Tage von Freitag bis Sonntag. Erholung an einem Stück.
- Wochenendtrips sind möglich.
- Geburtstagsfeiern sind häufig am Wochenende. Die können wahrgenommen werden.
- Familienbesuche in der ferneren Umgebung können gut am Wochenende unternommen werden. Die Fahrt unter der Woche würde sich zeitlich nicht lohnen.
- Im Sportverein, wie z.B. beim Fußball, finden die Spiele (also das was Spaß macht) zumeist am Wochenende statt.

- „Frühjahrsputz", der eigene Umzug wird meistens an einem Wochenende gemacht. Beim Abendstudium kann man die Wohnung ordentlich auf Vordermann bringen und hat dann meistens immer noch genug Zeit zum Relaxen.
- Je nach Familienstand muss man das Ganze natürlich auch mit Frau oder Mann absprechen. Verbringt man mit dem Partner/ der Partnerin eher Zeit am Wochenende oder eher unter der Woche? Das Gleiche gilt für die Kinder.

Freier Feierabend:

- Täglichen Routinen kann nachgegangen werden.
- An Vereinssport mit festen Terminen kann zuverlässiger teilgenommen werden. Der tägliche Rhythmus kann eingehalten werden.
- Die täglichen Hausarbeiten können eher unter der Woche an einem freien Abend ausgeführt werden. Beim Abendstudium wird das gerne mal etwas vernachlässigt (gerade bei den Jungs).
- Auch hier spielt wieder die Familie eine wesentliche Rolle. Gibt es Verpflichtungen, die man unbedingt täglich erledigen muss? Wie beispielsweise Kinder von der Schule abholen oder Ähnliches? Oder sind Aufgaben, die zu bestimmten Zeiten auszuführen sind, extrem wichtig? Wie Kinder ins Bett bringen? Oder das Abendessen mit dem Partner oder der Partnerin?

Aufnahmefähigkeit und Lernbereitschaft

Bei der Aufnahmefähigkeit und Lernbereitschaft habe ich auf eine direkte Gegenüberstellung verzichtet, sondern eher grundsätzlich beschrieben, von welchen Faktoren die Aufnahmefähigkeit abhängt. Bei der Entscheidung, welches Studium für einen selbst die beste Alternative ist, sollte man die Lernfähigkeit nicht komplett außer Acht lassen. Auch diese Einordnung ist natürlich extrem typenabhängig. Viele Menschen können morgens außergewöhnlich gut arbeiten oder lernen. Sie sind zu dieser Zeit am produktivsten und können sich am besten konzentrieren. Demensprechend nehmen sie auch am meisten Stoff auf. Dann gibt es als Gegenstück die Morgenmuffel. Die sind morgens eher gerädert und träge und können zu dieser Tageszeit noch keinen klaren Gedanken fassen. Bei denen geht es dann erst nach dem Mittagessen los. Besonders leistungsfähig sind sie abends bzw. in der Nacht. Man kann diese Abläufe in sogenannten Lernkurven darstellen. Auf einem Diagramm sieht man folglich wann durchschnittlich die produktivsten Zeiten am Tag sind.

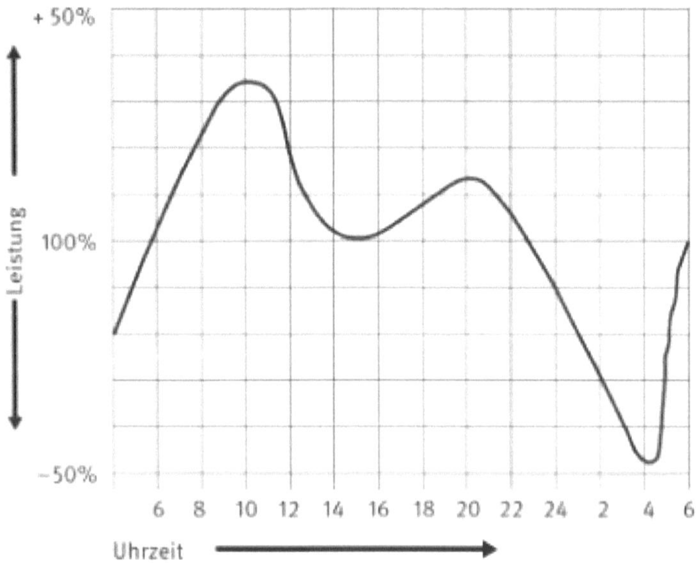

Auszug aus dem Buch: Das Einmaleins des Zeitmanagements von

Lothar J. Seiwert[39]

Das Thema Lernen wird ausführlich im Kapitel X „Lerntechniken" beschrieben. Aber schon mal so viel: Das Diagramm zeigt die durchschnittliche Lernkurve eines Menschen. Bei jedem Einzelnen verschiebt sich diese Lernkurve je nach Biorhythmus. Dabei spielen Pausen, Schlafenszeiten und Hormone eine entscheidende Rolle. Ich persönlich vermute, dass man die sogenannten Lernkurven auch selbst bestimmen bzw. verschieben kann, darauf aber näher einzugehen würde jetzt zu weit führen.

Um jedenfalls die Phase der individuellen höchsten Leistungsfähigkeit zu ermitteln, kann man einen Test durchführen. Dafür sollte man mindestens einen gewöhnlichen Wochenablauf genauestens protokollieren. In der Regel fertigt man dafür ein Stunden-Protokoll am Ende des Tages an. Möglichst detailliert ist dann zu beschreiben, was man in der jeweiligen Stunde gemacht hat, wie man sich dabei gefühlt hat und wie produktiv und auf welchem geistigen Level man war. Auch die Pausen und die Mahlzeiten sollten recht genau dargestellt werden. Am Ende der Woche kann dann anhand des Protokolls eine eigene Lernkurve erstellt werden.

Nach dieser Einschätzung hat man zumindest ein weiteres Instrument, um zu entscheiden, welche Art des Studiums besser geeignet ist. Dabei ist unbedingt zu beachten, dass ein Abendstudium durchaus auch dann in Frage kommen kann, wenn man morgens seine produktivste Zeit hat. Ich habe

---

[39] Auszug Seiwert, L

beispielsweise meine ertragreichste Phase in den frühen Morgenstunden. Habe aber trotzdem vier Jahre ein Abendstudium absolviert und es gepackt. Das liegt daran, dass ich abends immer noch so aufnahmefähig bin, dass es für eine Berieselung durch einen Dozenten reicht. Morgens hingegen setze ich meine höchste Produktivität lieber für die Arbeit oder auch für Studienarbeiten ein. Um diese zu erledigen, bedarf es allerdings einer sehr hohen Disziplin: Ich bin morgens extra früher aufgestanden, um erstmal eine Stunde an der Studienarbeit zu schreiben, bevor es dann mit der Arbeit weiterging.

Ist man abends allerdings komplett raus und geistig quasi gar nicht mehr anwesend, dann sollte man sich überlegen, ob das Abendstudium wirklich die richtige Option ist, oder ob nicht ein Wochenendstudium die bessere Option wäre.

Wie gesagt, man sollte die Lernkurve nicht überbewerten, aber doch berücksichtigen! Für die Lerntechniken zum Beginn des Studiums ist es sowieso sehr hilfreich und man hat sich die Arbeit schon vor Studienbeginn gemacht.

IV. TIPPS ZUM UMGANG MIT DEM ARBEITGEBER

So, die Vorstellung der einzelnen Studienangebote war jetzt vermutlich etwas trocken. Ich hoffe dennoch, dass ich euer Interesse wecken konnte und ihr nun eure Entscheidung leichter treffen könnt. Habt ihr inzwischen Blut geleckt und wollt gerne studieren, aber euer Arbeitgeber steht euch im Weg? Oder wollt ihr, dass er einen Teil der Kosten übernimmt? Dann solltet ihr unbedingt dieses Kapitel lesen! Weder das eine, noch das andere ist euer Ziel? Dann solltet ihr es trotzdem lesen. Ich denke, die nachfolgenden Tipps werden euch im Verlauf des Studiums auf jeden Fall weiterhelfen.

1. Der Umgang mit dem Arbeitgeber

Ein Studium neben der Arbeit erfreut zu 99 Prozent deinen Chef. Ich habe dazu im ersten Kapitel bereits einige Begründungen genannt. Weiterbildung ist immer gut. Auch wenn das noch nicht bei jedem Chef in Deutschland angekommen ist. Wenn die Weiterbildung jedoch neben der Arbeit erfolgt, ist das ein Sechser im Lotto für (fast) jeden Chef. Es gibt ja immerhin leider noch eine kleine Restgröße, die sich nicht um die eigenen Mitarbeiter scheren oder sich gar von ihnen bedroht fühlen, sie könnten ihm seine Position streitig machen. Eins vorweg: Eine solche Person hat auf einer Führungsebene nichts verloren und gehört sofort abgesetzt. Da ich weiß, dass es nicht so einfach geht, sehe ich zwei Möglichkeiten für dich. Nummer eins: Du sagst es ihm einfach gar nicht oder gehst extrem sparsam mit Informationen um und weihst ihn nur beiläufig ein. Immerhin ist das Studium deine ganz persönliche Freizeitgestaltung und da kann dir niemand reinreden. Wenn du rechtzeitig das Büro verlassen musst, dann begründest du das deinem Chef gegenüber mit einem privaten Termin. Und für das Lernen kannst du dir im Zweifel frei nehmen. Wirklich empfehlenswert ist die Form aber nicht. Ich bin der Meinung, man sollte den Chef in einem Vier-Augen-Gespräch, egal wie schräg er sein mag, in das Vorhaben einweihen. Also Nummer zwei: Offene Kommunikation. Oft stellt sich in solchen Gesprächen der Boss als doch kein allzu großer Drache dar und er sieht das berufsbegleitende Studium positiver als gedacht. Merkt man im Gespräch, dass der Chef doch wenig Begeisterung zeigt und eine ablehnende Haltung einnimmt, dann solltet ihr einige Gründe parat haben, warum ihr das Studium machen wollt, was es dem Unternehmen langfristig bringt und dabei an seine Menschlichkeit appellieren. Für Ersteres gibt es immer Argumente. Sogar wenn ihr gerade im Kindergarten arbeitet und ein Physikstudium beginnen wollt. Teile des Gelernten können mit Sicherheit auch im Kindergarten eingebracht werden und den Kindern spielerisch/bildlich Grundlagen der Physik vermitteln. Oder ihr argumentiert wie folgt: „…nebenbei zu studieren wird für mich eine große persönliche Weiterentwicklung zur Folge haben, die sich positiv auf die Kollegen sowie die Kinder auswirken wird.“. Um das Verständnis des Chefs hervorzurufen, ist es sinnvoll, ihn in deine Lage zu versetzen. Ein beliebter Satz, der Wunder wirkt: „Was würden Sie in meiner Lage tun?“. Das weckt seine/ihre Empathiefähigkeit.

Für das Gespräch, egal was man erreichen will, sollte man sich mindestens eine Stunde vorbereiten. Mindestens! Ich plane für diese Art von Gesprächen sogar mehr Zeit ein. Immerhin könnten sie sich entscheidend auf die nächsten (Berufs-) Jahre auswirken.

Bei deinen Überlegungen solltest du erstmal eine Einschätzung über deinen Chef treffen. Wie verstehst du dich mit ihm? Was hat er für Werte? Wie könnte er reagieren? Und dann bereitest du dich anschließend darauf vor, was du mit dem Gespräch erreichen willst. Also die Ziele des Gesprächs. Unten beschreibe ich einige Forderungen / Wünsche detaillierter, die du gegenüber deinem Chef stellen kannst. Dabei solltest du immer auch den Nutzen des Unternehmens und den deines Vorgesetzten hervorheben. Hast du deine Ziele und die Argumentation vorbereitet, solltest du dir alternative Ziele überlegen. Es ist empfehlenswert, sich ein Minimal- und ein Maximalziel zu setzen. Auf Letzteres solltest du während des ganzen Gesprächs hinarbeiten. Erst wenn die Widerstände zu groß sind, kannst du deine Ansprüche langsam zurückschrauben. Viele machen aber den Fehler, zu schnell ihr Minimalziel preiszugeben. Darauf stürzen sich natürlich die Vorgesetzten und versuchen dieses dann noch weiter runterzuhandeln. Eröffnest du deinem Boss zuerst das Maximalziel, oder eine Alternative die er als unattraktiver empfindet, wird er sich mit größerem Wohlwollen deinem Minimalziel zuwenden. Mit hoher Wahrscheinlichkeit wird er sich also an den Anker, den du ihm bietest, festklammern.

2. Entwicklungsplan

Ein Entwicklungsplan ist eine systematische Planungshilfe für die Zukunft. Im Personalwesen kann er die Grundlage für die Entwicklung der Mitarbeiter bilden. Der Entwicklungsplan ist ein gängiges Tool der Personalabteilung, um eine Vereinbarung zwischen dem Arbeitnehmer und dem Arbeitgeber bzw. dem direkten Vorgesetzten zu treffen. Die Vereinbarung soll deine in der Zukunft liegenden Entwicklungsschritte im Unternehmen festlegen. Die Planung kann auf drei, fünf oder sogar zehn Jahre angelegt werden. In der Regel wird der Entwicklungsplan in Zusammenarbeit mit deinem direkten Vorgesetzten erstellt. Du kannst dabei deine Wünsche und Ziele kommunizieren. Teil deines Entwicklungsplans sollte eine Zielstelle sein. Die muss nicht unbedingt konkret sein und kann beispielsweise auch lauten „Projektleiter eines eigenen Teams". Von der Zielstelle solltest du deinen Vorgesetzten auf jeden Fall überzeugen. Sie ist die Endstufe des Entwicklungsplans. In der Spanne vom jetzigen Zeitpunkt bis zu der Zielstelle können jetzt Maßnahmen festgelegt werden.

Die erste Maßnahme könnte eine sechswöchige Hospitation in einem benachbarten Team sein - einer wichtigen Schnittstelle (Win-win-Situation): Du siehst mal etwas Anderes und kannst Connections aufbauen, dein Chef hat mit dir jemanden, der in Zukunft die Kommunikation mit den Kollegen übernehmen kann und der weiß, wie der Hase im Nachbarteam läuft.

Als zweite Maßnahme könnte in Frage kommen, mehr Aufgaben mit höherer Verantwortung zu übernehmen. Angenehme Folge: ein kleiner Gehaltssprung (Win-win-Situation).

Dritte Maßnahme im darauffolgenden Jahr: Beginn eines Studiums mit dem Schwerpunkt Projektmanagement (Win-win-Situation): Du ziehst dein Studium mit Bachelor- und Masterabschluss durch und bekommst evtl. einen Teil bezuschusst oder zumindest ein paar Tage zum Lernen. Der Chef baut mit dir theoretisches Projektmanagement-Know-how auf, das seinen Projekten weiterhelfen kann.

Vierte Maßnahme: Wechsel in ein Projektteam, mit kleinem

Gehaltsanstieg (Win-win-Situation): Du bekommst Abwechslung in der täglichen Arbeit und entwickelst dich gehaltstechnisch und fachlich weiter, dein Chef kann dich nun im wichtigen Projektgeschäft einsetzen und du kannst deine theoretisch erworbenen Kenntnisse einbringen.

Fünfte Maßnahme: Nach 2 Jahren Projektarbeit übernimmst du die Stellvertretung des Projektleiters. Im Urlaub musst du ihn jetzt vertreten und auch den wichtigen Meetings beiwohnen. On top bekommst du noch eine Schulung „Präsentationstechniken" aufgebrummt, dafür aber auch mehr Gehalt (Win-win-Situation): Wieder mehr Gehalt und mehr Verantwortung für dich. Dein Chef führt dich langsam heran und sein überlasteter Projektleiter hat nun etwas Unterstützung bei der Planung etc.

Sechste Maßnahme: Du schließt deinen Bachelor mit Schwerpunkt Projektmanagement ab und hast ausreichend praktische Erfahrung im Projekt gesammelt und dich bewiesen. Du erhältst wie vereinbart die Stelle als Projektleiter. Dein Chef ist natürlich happy, dass er einen fähigen und jungen Projektleiter aus dem Nachwuchsbereich aufbauen konnte.

So, oder so ähnlich kann ein Entwicklungsplan erstellt und gelebt werden. An den Maßnahmen, die ich euch aufgezeigt habe, seht ihr, dass beide Parteien ihre Interessen gut darstellen können und jede Handlung mit etwas Weitsicht eine Win-win-Situation darstellen kann. Natürlich ist nicht jeder für die Projektleitung geeignet, aber auch das muss kein Hindernis bedeuten. Entwicklungspläne können für jeden Bereich gestaltet werden. Auch ist es möglich, eine Spezialisten-Karriere zu fördern. Des Weiteren sollte der Chef auch quantitative Ziele für euch festlegen. Damit sind zählbare Ergebnisse gemeint. Hier müssen ein oder mehrere vom Chef festgelegte Ziele erreicht werden, um die nächste Stufte der Entwicklungsleiter zu erklimmen. Beispielsweise wird erwartet, dass du ein Ausbildungskonzept für jedes Team entwickelst, um eine Stufe weiter zu kommen. Das ist ein Ziel, welches dein Chef am Ende des Jahres nachvollziehen kann. Wurde ein Konzept entwickelt? Ja oder Nein. Bei Nein kann er dann sagen: „Nee sorry, dass wird nix mit dem nächsten Schritt auf dem Entwicklungsplan. Du hast die Ziele leider nicht erreicht".

So hat der Vorgesetzte die Sicherheit, dass nicht jeder automatisch mehr Gehalt bekommt, sondern nur mit entsprechender Leistung. Die Mitarbeiter haben ein Ziel vor Augen, was ja bekanntlich Wunder bewirken kann. Die Motivation, dieses zu erreichen, ist natürlich enorm.

Leider sind Entwicklungspläne in Unternehmen die Ausnahme. Sie sind nur in ganz speziellen Situationen vorhanden. Teilweise stellt es ein Versäumnis der Personalabteilung oder der Führungskräfte dar. In Deutschland hat man leider Schwierigkeiten Zusagen zu treffen aus Angst vor dem Ungewissen. Obwohl das eigentlich Quatsch ist. Wenn ich als Unternehmen in einer wirtschaftlichen Krise stecke, dann komme ich aus den meisten Verpflichtungen des Entwicklungsplans wieder heraus. Traue ich meinem Mitarbeiter den Schritt der Entwicklung nicht zu, dann gebe ich ihm trotzdem die Chance, aber setzte die Ziel geschickt, sodass ich ihn messbar bewerten kann, ob er für die nächste Stufe geeignet ist. Man ist von so einigen Mitarbeitern überrascht, wenn man ihnen Verantwortung überträgt und klare Ziele setzt.

Die Nachteile eines fehlenden Entwicklungsplans wirken sich

aber nicht nur auf Mitarbeiter aus. Klar, als Angestellter braucht man Ziele und auch eine Perspektive. Sonst stagniert man und gibt sich nicht mehr so viel Mühe oder denkt über einen Wechsel nach. Das Unternehmen verpasst aber auch einige Chancen. Natürlich geht zum einen Effizienz und dementsprechend auch Arbeitsergebnisse durch das fehlende Engagement der Mitarbeiter verloren. Zum anderen müssen gute Mitarbeiter in wichtigen Positionen durch teure externe Kräfte ersetzt werden. Das kann man verhindern, indem man junge Mitarbeiter mit Entwicklungsplänen an die Aufgaben heranführt. Darüber hinaus spart es der Führungskraft eine Menge Zeit und vor allem Nerven. Um den Entwicklungsplan zu erstellen genügt es, sich ein einziges Mal intensiv und gründlich mit der Perspektive des Mitarbeiters zu beschäftigen. Dafür sollte man sich auf jeden Fall ausreichend Zeit nehmen. Es ist davon auszugehen, dass die nächsten Jahre für den Mitarbeiter relativ ruhig verlaufen werden. Zu besprechen ist dann vor allem der Status quo, verbunden mit der Bewertung der Ziele und ob der nächste Schritt des Plans verfolgt werden kann.

Ohne Entwicklungsplan sieht das schon anders aus. Es ist inzwischen gesetzlich vorgeschrieben, dass jedes Jahr mindestens ein Zielvereinbarungsgespräch bzw. Zielerreichungsgespräch stattfinden muss. In diesen Gesprächen geht es dann ums Eingemachte. Die Mitarbeiter wollen Forderungen durchsetzen, mehr Gehalt, mehr Verantwortung, andere Aufgaben. Der Chef versucht die Forderungen einzugrenzen und muss evtl. dem Mitarbeiter erklären, dass er mit der gebrachten Leistung nicht zufrieden war. Und das mit jedem Mitarbeiter, jedes Jahr, wenn nicht sogar öfter. Auch ich habe damals nach meiner Ausbildung in der untersten Stufe des Bankentarifs angefangen, habe aber bereits höherwertigere Tätigkeiten ausgeführt. Damals hörte ich das erste Mal von Entwicklungsplänen und bat meine Personalabteilung und meine damalige Chefin um einen konkreten Plan. Leider kam ich damit nicht durch, da es kein Standard in meiner Bank war. Also hatte ich alle drei Monate einen Termin mit meiner Chefin. Wir debattierten jedes Mal über eine Höhergruppierung im Tarifbereich oder eine Anpassung der Berufsjahre. Es ging immer um Gehaltserhöhungen, neue Aufgaben, zusätzliche Weiterbildungen oder Verantwortungsübertragungen. Nachdem ich mit meiner Chefin verhandelt hatte, konferierte sie mit der Personalabteilung. So kam dann meistens ein Kompromiss zustande, den sie wieder mit mir erörtern musste. So lief es ca. drei Jahre lang ab. Danach waren alle Möglichkeiten auf meiner derzeitigen Stelle ausgeschöpft. Deshalb wechselte ich - nach entsprechender Bewerbung - in eine andere Abteilung der Bank. Das hört sich jetzt vermutlich total geldgeil an und klingt so, als hätte ich mein damaliges Team nach Strich und Faden ausgenutzt. Deshalb zur Klarstellung: Ich hatte dort eine sehr gute Zeit und schätze meine damalige Chefin und Personalvertreterin noch heute. Aber ich denke auch, es ist legitim, dass für einen Berufsanfänger das Geld eine große Rolle spielt und man möglichst schnell Karriere machen möchte. So war es zumindest bei mir. Meine Motivation und Anerkennung zog ich größtenteils aus meinem Gehalt bzw. aus meinen Beförderungen. Und ich bin froh, dass es so war, sonst wäre ich heute nicht da, wo ich jetzt bin - auch wenn ich heute über diesen Punkt anders denke.

Ich bin überzeugt davon, dass ein fester Entwicklungsplan den Beteiligten deutlich Zeit und viele Diskussionen erspart. Den Plan hätte ich damals einmal verhandelt (vermutlich zu schlechteren Konditionen wie ich sie letztendlich hatte) und diesem dann zugestimmt. Danach wäre Ruhe eingekehrt. Und mit einem gescheiten Plan hätten die Kollegen mich sogar in ihrer Abteilung behalten und mir dort nach Ablauf einer gewissen Zeit eine andere Stelle angeboten. Bei meinem Nachfolger erstellten sie dann auch tatsächlich einen Entwicklungsplan und er arbeitet noch heute dort.

Solltet ihr also von eurem Arbeitgeber ein Studium finanziert bekommen, sprecht ihn konkret auf einen Entwicklungsplan an. Vielleicht gibt es ja schon einen in deinem Unternehmen. Und wenn nicht, kannst du ihn auch gerne in deinem Unternehmen etablieren oder zumindest einen für dich aufsetzen und mit deinem Chef darüber verhandeln. Gute Vorlagen findet ihr im Internet.

3. Kostenübernahme

Die Kosten für ein nebenberufliches Studium spielen eine wichtige Rolle im Entscheidungsprozess. In der Regel musst du für sie aufkommen und sie können gerade bei einem MBA enorm hoch sein. Neben Stipendien, Steuerrückzahlung und Studentenkredit gibt es aber noch eine weitere Methode, nicht auf allen Auslagen sitzen zu bleiben. Gemeint ist die Umlegung eines Teils der Kosten auf den Arbeitgeber.

Denn grundsätzlich kann dieser enorm von deinem Studium bzw. deiner Weiterbildung profitieren. Er steigert nicht nur deine Motivation, sondern fördert seinen eigenen Mitarbeiter fachlich und persönlich. Das Erlernte kann dieser dann wieder in das Unternehmen einbringen und so helfen, es zu pushen. Eigene oder aufgestiegene Mitarbeiter bringen auch meistens deutlich größere Vorteile als solche, die extern dazukommen. Natürlich bringen die auch neue Ideen und Methoden mit in das Unternehmen, was auch sehr wichtig sein kann. Intern geförderte und protegierte Mitarbeiter kennen dafür das Unternehmen in- und auswendig, sie wissen um die Eigenheiten, den Markt und die Kunden. Daher kann es für den Erfolg eines Unternehmens sehr förderlich sein, dich als Mitarbeiter bei deinem Studium zu unterstützen. Aber leider hat sich diese Erkenntnis bei vielen Führungskräften in Deutschland noch nicht richtig durchgesetzt. Sie sehen eher die Kosten und nicht die Vorteile, die es dem Mitarbeiter, aber eben auch dem Unternehmen bringt. In Amerika ist das anders. Dort ist es üblich, dass ein Beschäftigter auch mal zehn Weiterbildungen in einem Jahr absolviert.

Ihr müsst euren Chef überzeugen, indem ihr das Gespräch mit ihm sucht. Am besten geht ihr von einem einstündigen Termin aus. Kalkuliert eine Vorlaufzeit von einer Woche ein, denn ihr solltet euch gründlich auf den Termin vorbereiten. Schließlich kann es um sehr viel Geld gehen – je nach Wahl des Studiums.

In der Vorbereitung solltest du dich zunächst mit einer gründlichen Recherche befassen. Welche Form des Studiums kommt für dich in Frage (hier sind dir die oberen Kapitel hoffentlich eine gute Hilfe), welche Fachrichtung interessiert dich, welche Universität oder Hochschule hat dein Studienfach im Angebot? Am besten sind immer mehrere Alternativen. Ich hatte beispielsweise bei meiner Verhandlung bzgl. des Masters zwei Möglichkeiten ins Auge gefasst: zum einen ein Studiengang im Blockmodell, einmal im Monat von Donnerstag bis Sonntag, also zwei Arbeitstage (mein Favorit) und zum anderen einen Vollzeitstudiengang, bei dem ich auf 50 Prozent hätte reduzieren müssen. Für die Führungskraft ist die Umstellung auf Teilzeit ein größerer Akt. Es müssen die Formalien geregelt, Aufgaben verteilt und evtl. sogar eine neue Teilzeitkraft eingestellt werden, was wiederum schwierig ist, da du ja nach zwei Jahren wieder zu 100 Prozent zurückkommen möchtest. Sprich, die Chance, den Vorgesetzten zu der anderen Alternative zu bewegen, ist relativ hoch. Gute Voraussetzungen!

Habt ihr eure Alternativen eingegrenzt und am besten schon einen Favoriten gewählt, so solltet ihr euch nun gründlich überlegen, welche Inhalte ihr in das Unternehmen einbringen und welche Position ihr damit besetzen könntet. Im Klartext: Worin liegt der Vorteil eures Studiums für das Unternehmen und für den Arbeitgeber? Das ist das Wichtigste! In den Gesprächen sollte es primär darum gehen. Es ist nicht förderlich, wenn ihr eine Stunde davon redet, was es euch persönlich bringen würde. Der Fokus muss auf dem Nutzen des Unternehmens, der Abteilung und des Teams liegen.

Der Entwicklungsplan ist ein gutes Tool, um dem Chef aufzuzeigen, welche Vorteile ihm deine Weiterentwicklung bringen könnte. Wie ihr im Kapitel davor schon gemerkt habt, bin ich ein Fan von diesen Plänen. Ihr habt die Möglichkeit, eine Vorlage zu erstellen und den Plan im Termin zu präsentieren. Dabei haltet ihr handschriftlich fest, was besprochen wurde. Ein Punkt des Plans sollte das erwünschte Studium sowie die mit dem Chef vereinbarten Weiterentwicklungen im Unternehmen sein. Durch die Schriftform hat man natürlich etwas in der Hand, was den Vorgesetzten an die getroffene Vereinbarung erinnert.

Habt ihr die Alternativen gut verkauft, geht es jetzt um eure Erwartungen für das Gespräch. Was ist das Ziel, dass ihr erreichen wollt? Wie schon beschrieben, benötigt ihr ein Minimal- und ein Maximalziel. Und im Gespräch solltet ihr unbedingt auf das Letztere pochen. In meinem persönlichen Fall waren das nicht nur die Kosten für das MBA-Studium, sondern auch die Fahrtkosten und die Studientage, die auf den Donnerstag und Freitag fielen, und die als Arbeitstage deklariert werden sollten.

Habt ihr den Eindruck, dass das Gespräch festgefahren ist und ihr nicht weiterkommt, solltet ihr nicht gleich das Minimalziel vorschlagen, sondern von den Forderungen peu à peu zurückweichen. Als Erstes z.B. von den Studientagen, die als Arbeitszeit angerechnet werden sollen. Als Ausgleich dafür können dann zumindest fünf Bildungsurlaubstage pro Jahr zugebilligt werden. Also immer noch eine günstige Option in der Hinterhand haben!

Sind die Verhandlungen beendet, ist in großen Unternehmen noch ein Formular auszufüllen. Hierin ist die „Übernahme der Kosten für Weiterbildung“ geregelt. Üblicherweise werden bei diesen Firmen Beträge von einem Drittel, zwei Drittel oder 100 Prozent der Kosten gezahlt. Aber auch hier gibt es etwas Besonderes zu beachten. Denn das Geld wird in den meisten Fällen als „Geldwerter Vorteil" behandelt und entsprechend auf den Bruttolohn aufgeschlagen. Angenommen, du kommst in den Genuss, 100 Prozent deines Studiums finanziert zu bekommen (z.B. 12.000 €). Dann werden diese auf deinen Bruttolohn addiert und du musst dafür ganz normal Steuern und Sozialversicherungsbeiträge entrichten. In dieser Größenordnung wären es knapp 6.000€, die du an das Finanzamt zahlen müsstest.

Steuerfrei werden diese Beträge nur dann ausgezahlt, wenn das Studium als betrieblich notwendig ausgewiesen wird. Dann wird es nicht als Geldwerter Vorteil behandelt und man würde es ohne Versteuerung ausgezahlt bekommen. Hierauf lassen sich jedoch nur wenige Unternehmen bzw. Chefs ein, da sie dann an eurer Stelle die Auslagen versteuern müssten.

Aber auch wenn die Steuern abgehen, so gibt es doch noch eine Chance, euch einen Großteil davon wieder zurückzuholen. Dazu mehr im Kapitel VI.

4. Zeitausgleich

Es gibt verschiedene Möglichkeiten, die privaten zeitlichen Aufwände für das Studium zu minimieren. Vieles ist mit einer effizienten Arbeitsweise und einem guten Lernsystem zu schaffen. Die praktischste und einfachste Methode ist es, einen Teil der Freizeit in Arbeitszeit umzuwandeln. Dafür gibt es verschiedene Methoden, die ich jetzt gerne kurz vorstellen möchte.

Freistellung

Beginnen wir mit der optimalen Lösung, die vermutlich die wenigsten erreichen können. Das ist die Option, die tatsächliche Vorlesungszeit in Arbeitszeit umzuwandeln. Dies ist im Grunde, gerade bei einem Bachelorstudium, unmöglich. Wenn ihr einen gutwilligen Arbeitgeber habt, könnt ihr aber beispielsweise im MBA-Studium Vorlesungszeiten als Arbeitszeit deklariert bekommen. Das ist möglich bei einem Studium im Blockmodell, wenn zum Beispiel Tage unter die Woche fallen und manche Tage aufs Wochenende. Die Tage, die auf Werktage fallen, können vom Arbeitgeber vergütet werden. Sprich, dein Unternehmen bezahlt dich dafür, dass du im Studium sitzt und lernst. Sehr geil! Wie kann es dazu kommen: Die Weiterbildung muss, wie auch schon im vorigen Kapitel erwähnt, „betrieblich notwendig" sein. Dein Arbeitgeber sieht den MBA also als eine Art externe Weiterbildung an, die der Förderung deiner Person dient und dich auf deine Zielposition vorbereiten soll. Miterlebt habe ich es bisher nur bei Absolventen eines MBAs, eines Fernstudiums oder eines Zertifikatsstudiengangs, die maximal zwei bis drei Präsenztage im Monat beanspruchen. Ich wurde beispielsweise während meines MBAs einmal im Monat für zwei Tage freigestellt und der Samstag und Sonntag ging auf meine eigene Freizeit. Das war ein guter Kompromiss. Ich musste nicht an meinen Jahresurlaub bzw. die Überstunden gehen und für den Arbeitgeber waren zwei Seminartage im Monat kein Beinbruch, während ich nützliche Sachen für den Job lernte.

Also nochmal: Wenn ihr eine realistische Chance haben wollt, dann braucht ihr zwingend einen Entwicklungsplan. Denn eine Freistellung könnt ihr nur erlangen, indem ihr das Erreichen des Studiums an ein Ziel des Unternehmens koppelt.

Wenn ihr auf eurer Arbeitsstelle die Möglichkeit habt, etwas von „Zuhause" aus zu erledigen, dann könnt ihr mit eurem Chef verhandeln, dass ihr die zwei Tage als Arbeitszeit angerechnet bekommt, dafür aber morgens und abends in die Mails schaut. Damit könnt ihr sie/ihn zumindest etwas besänftigen. Andererseits kann man sich dann leider nicht zu 100 Prozent auf das Studium konzentrieren und ist mit einem Teil der Gedanken auf der Arbeit.

Lernen während der Arbeitszeit

Mit etwas Mut kann man mit dem Boss darüber verhandeln, ein wenig Uni-Kram auf der Arbeit zu erledigen. Natürlich nur, wenn gerade nicht so viel zu tun ist. Ich persönlich bevorzuge die Variante, den Chef diesbezüglich ehrlich zu fragen und alles transparent zu machen. Es kommt aber immer ein Stück weit auf die Situation des Einzelnen an. Ist beispielsweise das Verhältnis zu dem Vorgesetzten angespannt und man hat wenig Lust auf den aktuell ausgeübten Job, kann ich sehr gut nachvollziehen, dass man dem Chef nicht die Lernpläne auf der Arbeit offenlegt. Ich hatte bisher immer mein eigenes Aufgabengebiet und wenn ich damit fertig war, störte es keine Menschenseele, dass ich etwas für die Uni machte. Im Grunde konnte ich damals fast jede Hausarbeit auf der Arbeitsstelle in etwas ruhigeren Minuten schreiben und musste nur sehr wenig zu Hause erledigen. Ein Kommilitone hat den ganzen Stoff für die Klausuren in der Spätschicht gelernt. Nachts war es häufig recht ruhig und statt Filme mit seinen Kollegen zu schauen, hat er sich nebenbei auf die Klausuren vorbereitet. Dafür konnte er seine Freizeit dann mit seiner Frau verbringen. Bei einer gemeinsamen Projektarbeit konnte ich mich immer darauf verlassen, seine Ergebnisse und Ausarbeitungen in der Nacht zu bekommen.

Auf das Thema „Lernen auf der Arbeit" gehe ich aber noch mal detaillierter im nächsten Kapitel ein. Wie ihr schon rausgehört habt, gibt es auch die Variante, das Lernen dem Arbeitgeber nicht transparent zu machen.

Anrechnung von Bildungsurlaub

Eine einfachere und gängigere Methode bietet sich in der Option des Bildungsurlaubs. Dieser ist eine fünftägige bezahlte Freistellung des Arbeitgebers für einen Urlaub mit Bildungshintergrund. Jeder Arbeitnehmer hat darauf ein Recht. Sprich ihr könnt euren Jahresurlaub zusätzlich um fünf Tage erweitern. Der Haken besteht darin, dass der Bildungsurlaub vom Gesetzgeber offiziell als solcher deklariert werden muss. Das heißt, die jeweilige Organisation, die den Urlaub anbietet, ist verpflichtet, ihr Angebot prüfen zu lassen, um offiziell als Bildungsurlaub bezeichnet und abgerechnet werden zu können. Das Problem: Vorlesungen (und alles andere rund um die Uni) werden nicht automatisch als anspruchsberechtigt anerkannt. Wenn sich aber der Arbeitgeber daran nicht stört, kann der Bildungsurlaub dennoch für solche Zwecke genutzt werden, ohne dass darauf aber Rechtsansprüche bestehen.

Allerdings können Hochschulen ganz offiziell ihr berufsbegleitendes Angebot für eine geringe Gebühr bei der zuständigen Landesbehörde zertifizieren lassen. Die jeweilige Universität muss die Anerkennung ihrer Studiengänge je nach Gesetzeslage bei dem jeweiligen Bundesland beantragen. Macht sie das nicht, fehlt dir als Student die gesetzliche Grundlage, für dein Studium freigestellt zu werden. Angeblich ist dieses Verfahren zwar nicht sehr teuer, jedoch formal aufwändig, weshalb viele Hochschulen sich diese Mühe nicht machen.

Im Gegensatz zu der jetzt geschilderten Länderregelung, ist im Bund der Prozess etwas umständlich. Wird die Hochschule nämlich von Teilnehmern aus verschiedenen Bundesländern besucht, muss sie einen Extraantrag bei dem jeweiligen Bundesland stellen. Daher bieten nur wenige Hochschulen diesen Service an. Am besten erfragt ihr das vor dem Start eures Studiums an der betreffenden Hochschule. Also erstmal, ob sie überhaupt zugelassen ist und zweitens, ob sie auch im Bundesland eures Wohnsitzes zertifiziert ist. Wenn dies nicht der Fall ist, könnt ihr auch ruhig mal nachfragen, warum sie die Zulassung nicht beantragt hat, da es sich doch um wirklich kein sehr kostenintensives Verfahren handelt.

Viele nebenberuflich Studierenden nutzen den Bildungsurlaub entweder für Vorlesungen unter der Woche, Seminarreihen oder zur Klausurvorbereitung.

⇒ Smarter Rat: Bildungsurlaub übertragen.

Habt ihr den Bildungsurlaub im Vorjahr nicht genutzt, so könnt ihr diesen auf das nächste Jahr übertragen und in diesem dann zehn Tage Bildungsurlaub nehmen. Im Normalfall kann das bei der jeweiligen Personalabteilung beantragt werden. -> Wichtig: Es muss in dem ablaufenden Kalenderjahr beantragt werden, wo ihr keinen Bildungsurlaub genommen habt.

Reduzierung der Arbeitszeit

Einen anderen Verhandlungsgegenstand stellt die Arbeitszeit dar. Gerade große Unternehmen legen immer mehr Wert auf eine gute Vereinbarkeit von Beruf und Privatleben. Mit stichhaltiger Begründung schafft man es in großen Unternehmen häufig, mit dem Chef erfolgreich über eine Arbeitszeit-Reduktion zu sprechen. Viele nebenberuflich Studierende gehen auf 80 oder 90 Prozent herunter, um neben dem Studium und der Arbeit weiterhin über ausreichend Freizeit zu verfügen.

Verschiedene Teilzeitmodelle lassen eine flexible Ausgestaltung zu. Die prozentualen Anteile können zum einen für die tägliche Reduzierung der Arbeitszeit sorgen. Bei einer 40-Stunden-Woche verringert sich die Arbeitszeit bei 80 Prozent von 8 Stunden täglich auf 6,4 Stunden. Kommst du also um 08:00 Uhr morgens auf die Arbeit, darfst du bei regulärer Arbeitszeit mit 30-minütiger Mittagspause um 16:30 Uhr nach Hause gehen. Bei dem Teilzeitmodell mit 80 Prozent wäre bereits um 14:50 Uhr Feierabend.

Die andere Variante besteht darin, die prozentuale Reduktion nicht anteilig auf die Tage zu verteilen, sondern einen Tag weniger zu arbeiten. Das geht bei 80 Prozent natürlich am besten. So kannst du beispielsweise Montag bis Donnerstag normal arbeiten (also bis 16:30 Uhr) und hast dafür den Freitag komplett frei (vor allem für Pendler deutlich lukrativer). Aber auch für 90 Prozent gibt es seit kurzem ein ähnliches Modell. Es muss an vier Tagen die Woche gearbeitet werden, dafür müssen die verbleibenden Stunden an den restlichen Tagen nachgeholt werden. Du hättest also beispielsweise den Freitag frei, dafür würdest du an den anderen Tagen jeweils eine Stunde länger arbeiten. Hinzu kommt dann noch eine 15-minütige Pause, die gemäß Gesetz nach neun Stunden zu den 30 Minuten hinzukommt. Sprich von Montag bis Donnerstag würdest du von 08:00 Uhr bis 17:45 Uhr arbeiten und am Freitag hättest du frei.

Überstunden & unbezahlter Urlaub

Wenn keine der genannten Optionen in der Führungsriege Anklang findet, kann immer noch eine letzte Karte gespielt werden. Mit dieser Möglichkeit kommt man am Ende eigentlich immer durch, da es dem Chef nichts kostet. Er räumt euch lediglich mehr Flexibilität ein. Eine Option sind Überstunden. Diese ganz offiziell zu genehmigen, fällt nicht jedem Arbeitgeber leicht. Trotzdem solltest du es in jedem Fall auf einen Versuch bei deinem Chef ankommen lassen. Überstunden haben für beide Seiten Vorteile. Du arbeitest regulär und der Vorgesetzte braucht sich keinen Kopf darum zu machen, dass er dich bezahlt, ohne dass du dafür eine Arbeitsleistung erbringst. Denn du erledigst über den Monat verteilt deine Aufgaben. Häufig fallen innerhalb eines Monats auch sehr ungleichmäßig Tätigkeiten an. In intensiveren Phasen bleibst du zur Freude deines Chefs länger und rettest die Welt.

Die erarbeiteten Stunden kannst du dann wunderbar für dich nutzen. Beispielsweise kannst du in einem Abendstudium vor deiner Vorlesung früher Feierabend machen, damit du vor der Uni noch etwas Zeit für Sport hast. Oder du nutzt es für den Freitag, um nach einer anstrengenden Woche mit Studium und Job ein verlängertes Wochenende genießen zu können.

V. STUDIENKREDITE UND FÖRDERUNGEN

Ein Knackpunkt eines berufsbegleitenden Studiums stellt häufig die Geldfrage dar. Hohe Studiengebühren, hohe Lebenshaltungskosten und/oder geringeres Gehalt bringen Studenten häufig in finanzielle Schwierigkeiten.

Neben der Möglichkeit, vom Arbeitgeber gefördert zu werden oder an einer Hochschule/Universität ohne Studiengebühren berufsbegleitend zu studieren, können auch Förderungen oder gar Studienkredite in Anspruch genommen werden.

1. BAföG

Jeder hat vermutlich schon mal den Begriff BAföG gehört. Aber was hat es damit eigentlich auf sich? Erstmal ist es eine Abkürzung für Bundesausbildungsförderungsgesetz, welches die staatliche Unterstützung von Ausbildung und Studium darstellt. Das „BAföG" wie wir es kennen, ist die sich aus dem Gesetz ergebende Förderung.

In der Regel gilt das BAföG für Vollzeitstudenten, deren Eltern nicht über ausreichend finanzielle Mittel verfügen, den Kindern ihren Lebensunterhalt zu bezahlen. Daher ist es für den Großteil der berufsbegleitenden Studenten nicht relevant. Allerdings habt ihr ja gelernt, dass auch ein Vollzeitstudium (Bachelor oder Master) mit einer Teilzeitstelle besucht werden kann. Hier kann tatsächlich ein Zuschuss aus dem BAföG möglich werden. Entweder mit Prüfung des Einkommens eurer Eltern oder aber mit „elternunabhängigem BAföG". Elternunabhängiges BAföG kann beantragt werden, wenn du seit deinem 19ten Lebensjahr fünf Jahre gearbeitet hast und dabei mindestens 780 € brutto im Monat verdient hast. (Beispiel: Nach drei Jahren berufsintegriertem Bachelor-Studium und zwei Jahre Berufserfahrung)

Altersgrenze für BAföG (Bachelor): Beginn des Studiums vor Beendigung des 30. Lebensjahres. Altersgrenze für BAföG (Master): Beginn des Studiums vor Beendigung des 35. Lebensjahres.

Das BAföG besteht im Normalfall zu 50 % aus einem Zuschuss und den anderen 50 % aus einem unverzinslichen Staatsdarlehen. Die Höhe der Förderung richtet sich nach den Berechnungsvorschriften des Bundes und hängt stark vom eigenen Einkommen und dem Einkommen der Eltern ab.

Ob ihr für BAföG in Frage kommt, könnt ihr gut und einfach bei „Studis Online" mit dem BAföG Rechner überprüfen. https://www.bafoeg-rechner.de/

Einen Antrag stellt ihr über die offizielle Seite. www.bafög.de

2. Meister-BAföG bzw. Aufstiegs-BAföG

Das sogenannte „Meister BAföG" stammt gar nicht aus dem BAföG, sondern aus dem Aufstiegsfortbildungsförderungsgesetz. Das Aufstiegsfortbildungsförderungsgesetz (AFBG) ist ein Förderinstrument für die berufliche Fortbildung/Weiterbildung in allen Branchen. Es kann für den Erstausbildungsabschluss (also Studienabbrecher, Abiturienten, etc.) genutzt werden, aber auch für Bachelorabsolventen. Masterabsolventen haben jedoch keinen Anspruch auf Förderung nach dem AFBG. Eine Altersbegrenzung gibt es hierbei nicht.

Generell gelten Fernlehrgänge, Vollzeitmaßnahmen und Teilzeitmaßnahmen zu den förderungsfähigen Weiterbildungen. Beispielsweise werden Abschlüsse zum Meister, Industriemeister, staatlich geprüftem Techniker, Fachwirt, Erzieher oder auch zum IT-Projektleiter bezuschusst.

Gefördert werden grundsätzlich Lehrgangs- und Prüfungsgebühren bis zu 15.000 €, Materialkosten für ein Meisterstück bis zu 2.000 € und, bei einer Vollzeit-Weiterbildung, Kosten für den Lebensunterhalt und die Kinderbetreuung bis zu 776 € (plus 189 € für Kranken- und Pflegeversicherungszusatz, 235 € für Ehe und Lebenspartner und 235 € je Kind).

Die Förderung besteht grundsätzlich in Form eines Zuschusses (40 %) und eines zinsgünstigen KfW Darlehens (60 %). Einen Flyer zur genauen Berechnung und Aufteilung des Zuschusses findet ihr auf der untenstehenden Webseite: https://www.aufstiegs-bafoeg.de/de/was-wird-gefoerdert-1698.html

3. Aufstiegsstipendium

Das für nebenberuflich Studierende relevanteste Stipendium ist das „Aufstiegsstipendium“. Auch diese Förderung wird mit staatlichen Mitteln finanziert und wird durch die „Stiftung Begabtenförderung berufliche Bildung - Gemeinnützige Gesellschaft mbH“, abgekürzt SBB, durchgeführt.

Voraussetzung ist eine abgeschlossene Berufsausbildung und

zwei Jahre Berufserfahrung und ein offizieller Bachelor- oder Masterabschluss (bzw. Staatsexamen oder ähnliches). Gefördert werden Vollzeit-Studierende wie auch Teilzeit-Studierende. Das Stipendium ist einkommensunabhängig und es werden 833 € im Vollzeit-Studium und ca. 225 € im Teilzeit-Studium bezuschusst.

Die SBB vergibt ca. 1.000 Stipendien pro Jahr. Bei Erfüllung der Voraussetzungen hat man eine realistische Chance von eins zu vier, zumindest laut Angaben des Anbieters. Voraussetzung ist unter anderem ein Motivationsschreiben und eine saubere Aufbereitung aller anderen geforderten Dokumente (Lebenslauf, Bescheinigungen, etc.). Das Auswahlverfahren findet in drei Stufen statt. Stufe eins ist die Online Bewerbung, Stufe zwei ist ein Kompetenz-Check, ein Fragebogen mit Fragen zu deiner sozialen Kompetenz und Stufe drei ist ein persönliches Gespräch zum Werdegang sowie Ambitionen zum Studium.

Alles Weitere findest du hier: https://www.sbb-stipendien.de/aufstiegsstipendium.html

4. Weiterbildungsstipendium

Ebenfalls von der SBB ins Leben gerufen ist das „Weiterbildungsstipendium“. Im Gegensatz zum oben genannten „Aufstiegsstipendium“ werden hier keine offiziellen Studiengänge, sondern Weiterbildungen gefördert.

Personen mit abgeschlossener Berufsausbildung sollen in ihrer weiteren beruflichen Qualifizierung unterstützt werden. Bis zu 8.100 € fördert das Stipendium fachliche Lehrgänge, wie den Techniker, den Handwerksmeister, den Fachwirt, oder aber auch fachübergreifende Weiterbildungen wie EDV-Kurse, Persönlichkeitsseminare oder Intensivsprachkurse. Auch Weiterbildungen in speziellen Berufen können gefördert werden. Gerne gefördert werden Menschen mit Gesundheitsfachberufen.

5. Deutschlandstipendium

Auf das Deutschlandstipendium kann sich jeder begabte und leistungsstarke Student elternunabhängig bewerben und bekommt bei positivem Zuspruch ca. 300 € im Monat als Zuschuss. Das Geld ist nicht BAföG wirksam und kann so on Top dazu kommen. Der Antrag wird über die Hochschule oder Universität gestellt.

6. Auslandsstipendien:

Auch wenn ihr berufsbegleitend studiert, könnt ihr per Sabbatical oder unbezahlten Urlaub ein Auslandssemester einlegen. Wer im Ausland studieren möchte (sei es auch nur ein Auslandssemester oder ein Auslandspraktikum) sollte immer ein Stipendium in Betracht ziehen. Denn hier ist eine Förderung sehr wahrscheinlich.

Starten wir mit dem Auslands-BAföG. Das BAföG funktioniert im Ausland wie auch im Inland. Wer also in der Heimat nach dem BAföG gefördert wird, der wird auch im Ausland entsprechende Zuschüsse erhalten. Der Unterschied besteht lediglich in der Berechnung, wann gefördert wird. Denn meistens sind die Kosten für ein Auslandssemester/-studium deutlich höher und somit erhöht sich die Chance auf ein BAföG.

Nach dem BAföG stammen die bekanntesten Stipendien aus dem Erasmus-Programm der Europäischen Union. Ursprünglich gefördert werden Auslandsaufenthalte (Auslandssemester/Praktika) im europäischen Ausland. Inzwischen gibt es aber auch Partnerschaften und Kooperationen mit dem europäischen Ausland. Neben den finanziellen Zuschüssen gibt es aber auch weitere Gründe ein Auslandssemester oder Praktikum über Erasmus abzuwickeln. In der Regel fallen keine Studiengebühren an, Prüfungsleistungen im Ausland werden in deiner Hochschule in Deutschland anerkannt und Erasmus bietet einen gewissen Support für die Organisation des Auslandsemesters.

Die Förderung liegt bei ca. 300 € und 450 € im Monat. Für ein Auslandspraktikum sind es in den Programmländern zwischen 100 € und 105 € mehr. Bei den Reisen in Partnerländer erhältst du bis zu 700 €. Gefördert werden alle Studenten von Unis, welche am Erasmusprogramm teilnehmen. Nur Bachlor-Studenten müssen ihr erstes Studienjahr bereits absolviert haben.

Solltet ihr über ein entsprechendes Studium nachdenken, empfehle ich eine sehr enge Abstimmung mit Erasmus und der eigenen Uni. Ich habe jetzt schon einige Fälle mitbekommen, wo Studienfächer doch nicht anerkannt wurden oder es kleinere organisatorische Anstrengungen mit Erasmus gab. Es heißt zum Beispiel, dass Prüfungsleistungen anerkannt werden. Trotz Anerkennung der Prüfungsleistungen, kann sich dennoch die Studienzeit verlängern. Häufig müssen wichtige Klausuren bzw. Pflichtmodule aus dem verpassten Semester nachgeholt werden oder die Anzahl der Creditpoints ist im Auslandssemester nicht hoch genug. Hier also auf jeden Fall hinterher sein und gut informieren (am besten schriftlich).

7. Stipendien für besondere Leistungen/ Engagements

Für besonders engagierte Studenten, für Studenten in besonderen Fachgebieten oder für Studierende welche in speziellen Projekten tätig sind, werden Zuschüsse von verschiedenen Förderern zugeschrieben.

Grundsätzlich passen die Förderer ihr Fördervolumen dem BAföG an, wobei der komplette Betrag als Zuschuss gewährt wird. Hinzu kommt teilweise Büchergeld im Wert von bis zu 300 € im Monat. Das ist aber von Stipendium zu Stipendium unterschiedlich.

Eine Chance für ein Stipendium haben besonders gesellschaftlich engagierte Menschen. Beispielswese vergeben manche Stiftungen Stipendien, welche politisch motiviert sind. So hat jede Partei eine „Parteinahe Stiftung“. Um Stipendiat an einer der Stiftungen zu werden, sollte man sich über die Werte und Ziele der Partei/Stiftung informieren. Ggf. habt ihr zum Beispiel eine bessere Chance auf ein Stipendium als (aktives) Mitglied der Partei. Folgenden Stiftungen und Parteien sind verknüpft:

- CDU - Konrad-Adenauer-Stiftung
- CSU - Hanns-Seidel-Stiftung
- SPD - Friedrich-Ebert-Stiftung
- Die GRÜNEN - Heinrich-Böll-Stiftung
- FDP - Friedrich-Naumann-Stiftung für die Freiheit
- LINKE - Bundesstiftung Rosa Luxemburg

Neben den parteinahen Stiftungen gibt es auch konfessionsnahe Einrichtungen für Stipendien:

- Evangelisch - Evangelisches Studienwerk e.V. Villigst
- Katholisch - Cusanuswerk
- Jüdisch - Ernst Ludwig Ehrlich Studienwerk
- Muslimisch - Avicenna-Studienwerk

Zu guter Letzt gibt es in Deutschland noch die „Hans-Böckler-Stiftung“ (Gewerkschaftsnah), „Stiftung der Deutschen Wirtschaft“ (Arbeitgeber-, Unternehmernah) und die „Studienstiftung des deutschen Volkes“ (Empfehlung von Schul-Rektor oder Professor notwendig, oder Auslandsaufenthalt im Studium) [40]

Das Erasmus-Programm gilt üblicherweise von 3 bis zu 12 Monaten. Perfekt also für ein Auslandssemester und Auslandspraktikum. Für die Finanzierung von kompletten Auslandsstudiengängen wendet man sich besser an andere Institutionen wie der „Haniel-Stiftung“

Wem das noch nicht reicht, der bekommt eine nette Übersicht über verschiedene Einrichtungen für Stiftungen im Spiegel oder auf der Stipendiendatenbank DAAD.

8. Stipendien für beeinträchtigte Menschen

Neben den Stipendien für hochbegabte, gibt es auch Förderungen für Menschen, welche aufgrund schwerwiegender Erkrankungen/Beeinträchtigungen besonders erschwerte

[40] Vgl. https://www.studis-online.de/StudInfo/Studienfinanzierung/stipendien.php

Bedingungen vorfinden. So vergibt die „Stiftung Darmerkrankungen“ Stipendien für Menschen mit Darmerkrankungen, die „Uni Köln“ fördert Menschen mit schwerwiegenden chronischen Erkrankungen, die „Karl und Charlotte Spohn Stiftung“ unterstützt zwei erblindete Menschen im Jahr, das „Graeme Clark Stipendium“ wird an Gehörlose und Ertaubte vergeben, der „luftsprung campus“ und die „Google Europe Scholarship for Students with Disabilities“ fördern grundsätzlich Studierende mit Behinderung oder einer langfristigen Beeinträchtigung.

9. KfW Darlehen - Studienkredit

Bevor ein Kredit in Anspruch genommen wird, solltet ihr auf jeden Fall die Möglichkeiten eines Stipendiums ausloten. Ist für euch keines möglich oder wollt ihr es mit einem Kredit ergänzen, so kommt am ehesten der Studienkredit der KfW Bankengruppe in Frage. Die KfW kann einen besonders günstigen Kredit anbieten, da sie staatlich gefördert und beauftragt wird.

Ausgezahlt werden zwischen 100 € und 650 €, wobei ein kleiner Teil für die Zinsen direkt abgezogen wird. Grundsätzlich wird der Kredit über die Regelstudienzeit mit einem Puffer bis zu einem Jahr ausgezahlt. Sprich, drei Jahre für den Master, 5 Jahre für den Bachelor, 7 Jahre für das Medizin Studium. Dabei gilt, je älter man ist, desto weniger Zeit wird dir gegeben, dass Studium abzuschließen.

Der Kredit ist erhältlich für Studierende im Erst- oder Zweitstudium, im Master, in der Promotion oder im Teilzeitstudium an einer staatlichen oder staatlich anerkannten

Hochschule in Deutschland. Gewährt wird der Kredit allen Interessenten, welche bei Studienbeginn unter 45 Jahre alt sind.

Die Rückzahlungspflicht beginnt nach dem Studium, ca. 6 bis 18 Monate nach der letzten Auszahlung. Der effektive Jahreszins lag bis zum 31.03.2020 bei 3,95 %. Auch bei diesem Kredit steht man vor der Qual der Wahl. Festverzinslich (z.B. auf 10 Jahre, dafür bis zu 0,4 Prozent teurer) oder variabel verzinslich (richtet sich nach Leitzins, bis zu 0,4 % günstiger, aber man trägt das Risiko einer Zinssteigerung).

In der Tilgungsphase zahlt ihr das Darlehen in monatlichen Raten, den sogenannten Annuitäten, bestehend aus Zins und Tilgung, innerhalb von maximal 25 Jahren (beziehungsweise bis zum 67. Lebensjahr) zurück. Dabei gilt eine Mindestrate von 20 €. Alle weiteren Infos findet ihr auf der Webseite der KfW.

10.KfW Darlehen - Bildungskredit

Ähnlich wie der bekannte Studienkredit bietet die KfW auch noch einen kleineren, günstigeren Bildungskredit an. Dabei belaufen sich die monatlichen Auszahlungen auf 100, 200 oder 300 €, welche einem maximal zwei Jahre gewährt werden. Es sollen die Lebenshaltungskosten während der Ausbildung, Zusatz-, Ergänzung-, Aufbaustudium oder Praktikum finanziert werden.

Besonders daran ist, dass keine Sicherheiten notwendig sind und eine Einmalzahlung einer Teilsumme möglich ist.

Der effektive Jahreszins beträgt 0,62 %. Die Rückzahlung beginnt vier Jahre nach der ersten Auszahlung. Die monatliche Rate aus Zins und Tilgung beträgt immer 120 €.

11. Bildungsfonds

Der Bildungsfonds stellt eine Alternative zum Studienkredit dar. Ein Fond ähnelt einer Eigenkapitalfinanzierung. Während man bei einem Studienkredit der Bank eine fixe Rückzahlung schuldet, gewährt man dem Kapitalgeber bei dem Fond einen Anteil an seinem Gewinn. Das ist in diesem Fall das zukünftige Einkommen. Eine Bildungsfonds-Finanzierung hat also den „Vorteil", dass sie einkommensabhängige Rückzahlung aufweisen. Verdient eine Person nach dem Studium viel, zahlt sie auch mehr zurück. Verdient eine Person nach dem Studium wenig, so muss sie auch weniger zahlen. Hört sich erst mal fair an, denn das Risiko, wie gut man nach einem Studium verdient, trägt somit der Kapitalgeber. Aber: Kein Kapitalgeber übernimmt freiwillig Risiko, wenn sich das nicht lohnt. Deshalb bin ich kein besonders großer Fan von den Bildungsfonds. Nach meinem Studium will ich viel lieber selber die Verantwortung für meine weitere Karriere tragen. Außerdem ist die Wahrscheinlichkeit sehr groß, dass man insbesondere nach einem berufsbegleitenden Studium drauf zahlt sehr hoch, da das Gehalt größtenteils schon recht hoch ist. Weitere Informationen zu Bildungsfonds findet ihr hier: https://bildungsfonds.de/

VI. STEUERTIPPS

1. Wie bekomme ich durch mein Studium Geld zurück?

Zunächst ein kurzer Exkurs in die Grundlagen. Einen gewissen Teil deines Einkommens wird der Staat in Form der Lohn- oder Einkommensteuer für seine Zwecke verwenden. Die zu zahlende Einkommensteuer ergibt sich durch Anwendung des Einkommensteuertarifes auf das zu versteuernde Einkommen als Bemessungsgrundlage. Versteuert wird nicht dein ganzer Bruttolohn, weil einige pauschale Abzüge geltend gemacht werden.

Ein Beispiel:

30.000 € Bruttoarbeitslohn (jährlich)

– 1.000 € Arbeitnehmerpauschale (Werbungskosten)

– 4.720 € Vorsorgepauschale (bruttolohnabhängig)

– 36 € Sonderausgabenpauschale

= 24.244 € zu versteuerndes Einkommen

Am Ende eines jeden Jahres kann mithilfe einer Steuererklärung diese Bemessungsgrundlage nachträglich angepasst werden. Das ist der Fall, wenn deine jährlichen Aufwendungen höher sind als die vorgegeben Pauschalen. Sind im vergangenen Jahr also mehr Kosten für deine Arbeit (Werbungskosten) als 1000 € angefallen, dann kannst du die Differenz steuerlich absetzen. Sprich, die Ausgaben deines Studiums verringern dein zu versteuerndes Brutto Einkommen. Das Finanzamt setzt erstmal zur Berechnung deiner monatlich fälligen Steuer nur die Pauschalen an. Alles was darüber hinaus geht, musst du dir mit deiner Einkommenssteuererklärung zurückholen. Dabei wird dann das wahre zu versteuernde Bruttoeinkommen (also abzgl. aller wirklich angefallenen Werbungskosten, Vorsorgekosten oder Sonderausgaben) errechnet. Die Differenz von dem, was von deinem Gehalt abgezogen wurde und dem was hätte abgezogen werden müssen, wird für das Jahr aufsummiert und auf dein Konto überwiesen. So, das zunächst zur vereinfachten Darstellung der Grundlagen.

Nun speziell zum Studium: Studiert man klassisch, also direkt nach dem Abitur (ohne Ausbildung etc.) gilt es als Erststudium. Die Kosten eines Erststudiums können bis maximal 6.000 € im Jahr als Sonderausgaben abgesetzt werden. Diese müssen vor allem in dem Jahr, in dem sie anfallen, abgegolten werden.

Studenten im Master-, im zweiten Bachelor-Studium oder diejenigen im ersten Bachelor Studium aber mit vorher abgeschlossener Berufsausbildung können grundsätzlich alle Studienkosten als vorweggenommene Werbungskosten geltend machen. Das hat den Vorteil, dass zum einen alle Kosten eingefordert werden können (ohne Begrenzung) und dass diese – sofern du während des Studiums keine oder nur geringe Einkünfte hast – kumuliert über die Studienjahre als Verlust vortragen werden können. Das nennt man Verlustvortrag. Die Kosten, die dir im Zweitstudium entstehen, kannst du also nach deinem Studium vom vermutlich höheren Einkommen abziehen.

Folgende Gruppen dürfen ihre Kosten für das Studium als Werbungskosten ansetzen:

- Studenten im Erststudium nach abgeschlossener Berufserstausbildung
- Studenten, die berufsbegleitend studieren
- Studenten im Zweitstudium (dazu zählt auch der Master)
- Doktoranden

Wir als berufsbegleitende Studenten können also eigentlich immer die Kosten als Werbungskosten deklarieren.

Die folgenden Kosten für das Studium können jährlich abgesetzt werden

- Studiengebühren
- Anmeldegebühren
- Prüfungsgebühren
- Fahrtkosten
- Hotelkosten oder ein Zweithaushalt
- Tages- bzw. Übernachtungspauschale (Übernachtungspauschale nur, wenn keine Hotelrechnung eingereicht wird)
- Arbeitsmittel (Fachzeitschriften, Bücher, Manuskripte und Fotokopien, Computer, Software, Laptoptasche, Büromaterial wie Stifte, Papier, Aktenordner, Textmarker, Büromöbel wie Schreibtisch, Bürostuhl, Schreibtischlampe und Regale)
- Arbeitszimmer
- Seminare
- Studienfahrten

Insbesondere für nebenberuflich Studierende birgt die Steuererklärung einen nicht zu unterschätzenden Vorteil, der die effektiven Studienkosten enorm reduziert. Setzt man alle Kosten an und hat zusätzlich noch einige andere Aufwendungen, kann die Ersparnis einen wesentlichen Anteil des Studiums decken. Bei Studiengebühren von ca. 300 € im Monat kann man bei einem durchschnittlichen Gehalt fast die Hälfte durch Steuerrückerstattungen wiederbekommen.

⇒ Smarter Rat: Es bietet sich an, während des Studiums „Arbeitsmittel“ wie Laptop etc. neu zu beschaffen, da man hier einen netten Anteil wieder zurückbekommt.

Seid ihr bereits am Studieren und habt nicht gewusst, welche Vorteile eine Steuererklärung mit sich bringt, braucht ihr euch keinen Kopf zu machen. Grundsätzlich kann diese auch rückwirkend für bis zu vier Jahre erstellt und abgegeben werden.

2. Erstellung und Abgabe der Steuererklärung

Es gibt drei Wege, die Steuererklärung zu erstellen und abzugeben. Eingereicht wird sie üblicherweise über das offizielle Portal des Finanzamtes „Elster“

Hierfür muss man sich für das ElsterOnline-Portal anmelden und die Daten entsprechend eintragen. Die Steuererklärung wird elektronisch an das zuständige Finanzamt geschickt. Eine gesondert unterschriebene Steuererklärung muss nicht eingereicht werden, dafür aber in der Regel die Belege. Theoretisch ist es auch möglich, die Steuererklärung per Hand zu erstellen (Bögen ausdrucken und handschriftlich ausfüllen), würde ich aber keinem Menschen mehr empfehlen.

Eine andere Möglichkeit ist die Weitergabe der Arbeit an einen

Dritten. In der Regel ist das der Steuerberater oder eine Einrichtung wie der Lohnsteuerhilfeverein oder ein Internetunternehmen wie taxbutler. Hier müssen die Belege von dir zusammengesucht werden und den Rest macht der Anbieter. Sehr bequem, muss aber natürlich entlohnt werden. Der fachkundige Steuerberater ist ziemlich teuer. Entweder er lässt sich einen gewissen Prozentsatz von der zurückerstatteten Steuer auszahlen oder er berechnet seinen üblichen Stundensatz. Die anderen Institutionen, die sich auf Steuererklärungen spezialisiert haben, sind deutlich günstiger. Bei sehr komplexen Sachverhalten ist jedoch ein Steuerberater besser geeignet, weil hier eine individuelle Beratung möglich ist.

⇒ Smarter Rat: Solltet ihr Mitglied einer Gewerkschaft sein, oder überlegen dort einzutreten, so informiert euch über deren Steuerhilfen. Hier wird euch von ehrenamtlichen Mitarbeitern kompetent weitergeholfen. Zusätzliche Kosten fallen nicht an, da diese mit dem Gewerkschaftsbeitrag abgegolten sind.

Die dritte Option zu Erstellung und Abgabe einer Steuererklärung bilden Steuersparprogramme. Empfehlenswert sind:

- Smartsteuer (Web-basiert)
- SteuerSparErklärung
- QuickSteuer
- TAXMAN
- WISO Steuer-Sparbuch

Bei diesen Programmen wird man durch die jeweiligen Bögen der Steuererklärung geführt und mit reichlich Tipps ausgestattet. Ich selbst nutze „SteuerSparErklärung" und bin damit sehr zufrieden. Allerdings muss ich zugeben, dass ich die anderen Programme noch nicht ausprobiert habe. Ich habe deshalb nicht gewechselt, weil man in dem jeweiligen Programm immer die alte Version weiterbenutzen und einige Angaben übernehmen kann. Ein Programm kostet jeweils um die 50 €, wobei diese 50 € bei der Steuererklärung angesetzt werden können. ;-)

3. Monatlicher Freibetrag

Die Steuererklärung wird von Privatpersonen üblicherweise einmal jährlich erstellt und abgegeben. Das hat meines Erachtens den netten Vorteil, dass mit einem Schlag ein größerer Betrag auf deinem Bankkonto erscheint, den man nicht unbedingt eingeplant hatte. Hast du jetzt aber im Monat generell zu wenig Geld übrig, da z.B. Studiengebühren, Miete etc. ziemlich hoch sind und einen großen Teil deines Gehaltes auffressen, so kannst du dir einen individuellen Freibetrag einrichten. Dabei wird die Arbeitnehmerpauschale (Werbungskosten) in Höhe von 1.000 € angepasst. Sprich: Dieser pauschal Betrag kann bei Bedarf erhöht werden. Dadurch verringert sich die Bemessungsgrundlage für die Steuer und dir steht jeden Monat mehr Netto- vom Brutto-Gehalt zur Verfügung.

Das gilt nur für steuerlich absetzbare Kosten (s. oben), die regelmäßig entstehen und in Summe mehr als 600 €im Jahr betragen. Ein kleines Beispiel:

Gehen wir davon aus, dass deine Studiengebühren 300 € im Monat betragen. Diese 300 Euro können von deiner monatlichen Steuerbemessungsgrundlage abgezogen werden. So hast du je nach individuellen Steuersatz einen höheren Netto Betrag zur Verfügung.

Welchen geldlichen Vorteil du monatlich erzielst, kommt immer auf deine individuellen Verhältnisse und die Lohnsteuerklasse an. Schätzungsweise sind es ca. 150 €, die dir monatlich mehr zur Verfügung stehen.

Beantragen musst du den Freibetrag über das Formular „Antrag auf Lohnsteuer-Ermäßigung 20XX“ vom Bundesfinanzministerium.

Der Freibetrag muss übrigens jährlich neu beantragt werden. Auch das macht man wieder über die Formulare vom BMF. Hier kann aber auch das Formular "Vereinfachter Antrag auf Lohnsteuer-Ermäßigung" ausgewählt werden. Hier sind deutlich weniger Angaben zu machen.

4. Abschreibung

Arbeitsmittel, die eine Höhe von 487,90 € brutto Anschaffungskosten überschreiten (z. B. Computer, Drucker) können nicht, wie sonst, sofort und in voller Höhe in der Steuererklärung als Werbungskosten geltend gemacht werden. Sie müssen entsprechend ihres Wertverlusts über mehrere Jahre abgeschrieben werden. Den Betrag der Wertminderung im jeweiligen Jahr (also die Abschreibung) kann man dann als Werbungskosten steuerlich geltend machen.

Für verschiedene Kategorien gibt es durchschnittliche Nutzungsdauern, aus denen sich dann der Abschreibungssatz (AfA-Satz pro Jahr) errechnet. Den muss man mit den Anschaffungskosten multiplizieren. Das Ergebnis kann dann für das entsprechende Jahr angesetzt werden. Im Anschaffungsjahr ist noch eine zeitanteilige Abschreibung (gerundet auf volle Monate) vorzunehmen.

Gegenstand/ Kategorie	Nutzungsdauer	AfA-Satz (pro Jahr)
Computer, Laptop, Tablet, Peripheriegeräte	3	33,33 %
Fotokopierer	5	20 %
Faxgerät	6	16,66 %
Aktenvernichter	8	12,5 %
Büromöbel	13	7,7 % [41]

Die Anschaffungskosten werden übrigens in den meisten Steuer-Programmen automatisch berechnet. Man muss nur die Anschaffungskosten und den Gegenstand/Kategorie klassifizieren.

5. Befüllung der Steuererklärung mit dem Steuerspar-Programm

Da die meisten Leser des Buches an einem sog. Zweitstudium

[41] Stand 2019

interessiert sind, werde ich bei untenstehendem Beispiel, die Kosten für das Studium als Werbungskosten deklarieren. Sprich, die Kosten sind unbegrenzt absetzbar. Im Fall eines Erststudiums müsstet ihr sie als Sonderausgaben absetzen und das nur bis zu 6.000 €.

Werbungskosten werden auf der Anlage N der Steuererklärung angegeben. Die Werbungskosten müssen insgesamt 1.000 € übersteigen, da das Finanzamt bei jedem Arbeitnehmer automatisch 1.000 € berücksichtigt.

Steuerabrechnung für 2018:

	Einkommen-steuer	Solidaritäts-zuschlag	Kirchen-steuer ev	Summe
Festzusetzende Steuer	80,00	0,00	7,20	
ab Steuerabzug vom Lohn	-7.412,00	-407,57	-666,98	
Erstattung	7.332,00	407,57	659,78	8.399,35
Im Jahr 2018 auszuzahlende Arbeitnehmer-Sparzulage				40,00
Erstattung vom Finanzamt				**8.439,35**

Berechnung des zu versteuernden Einkommens

**Verweise zu den Anlagen finden Sie am Ende dieses Dokuments*

	€		€
Einkünfte aus nichtselbstständiger Arbeit:			
Arbeitslohn lt. »Anlage N« Seite 1	28.884,00		
ab Werbungskosten (*1)	-10.159,00		
Einkünfte aus nichtselbstständiger Arbeit	18.725,00		18.725,00
Einkünfte aus Vermietung und Verpachtung (*2)	-3.666,00		-3.666,00
Summe der Einkünfte = Gesamtbetrag der Einkünfte			**15.059,00**
Beschränkt abziehbare Sonderausgaben:			
Vorsorgeaufwendungen (nach Günstigerprüfung: Rechtslage ab 2010)			
Gesamte Altersvorsorgeaufwendungen	6.359,15		
davon werden 86% berücksichtigt	5.469,00		
ab AG-Anteil gesetzliche Rentenversicherung / Zuschüsse	-2.529,00		
Abzugsfähige Altersvorsorgeaufwendungen	2.940,00	2.940,00	
Gesamte sonstige Vorsorgeaufwendungen (Kürzung gesetzliche Krankenversicherung um 4% berücksichtigt)	3.423,00		
Begrenzung der Aufwendungen auf	1.900,00	1.900,00	
Abzugsfähige Vorsorgeaufwendungen gesamt		4.840,00	-4.840,00
Unbeschränkt abziehbare Sonderausgaben:			
Gezahlte Kirchensteuer		667,00	
Summe unbeschränkt abziehbare Sonderausgaben		667,00	-667,00
Einkommen = zu versteuerndes Einkommen			**9.552,00**

Auszug aus der Steuersparerklärung 2019

Im oben dargestellten Beispiel könnt ihr eine Berechnung der Steuern sehen. Die Werbungskosten werden von der gezahlten Steuer abgezogen. In diesem Beispiel werden fast die gesamten gezahlten Steuern im Jahr 2018 wieder zurückerstattet, bei relativ geringen Einnahmen. So steht es erstmal in der Steuererklärung. Natürlich ist das dem Finanzamt viel zu wenig. Deshalb musst du die Kosten in den sogenannten „Anlagen“ weiter runterbrechen. Wir konzentrieren uns auf die „Anlage N“, unsere Werbungskosten. Zunächst werden übergreifend die Werbungskosten, wie im untenstehenden Schaubild, aufgesplittet.

Aufstellung der Werbungskosten zu den Einkünften aus nichtselbstständiger Arbeit

Seite 7

	€	€
Weg zwischen Wohnung und erster Tätigkeitsstätte (vgl. Anlage)		1.458,00 »
Aufwendungen für Arbeitsmittel inkl. Berufskleidung		
Arbeitsmittel (vgl. Anlage)	470,00 »	
Berufskleidung (vgl. Anlage)	14,00 »	
Summe Arbeitsmittel inkl. Berufskleidung	484,00	484,00
Aufwendungen für Fachliteratur inkl. Telekommunikationskosten		
Fachliteratur (Fachbuch)	177,00 »	
Telekommunikationskosten (vgl. Anlage)	240,00 »	
Summe Fachliteratur inkl. Telekommunikationskosten	417,00	417,00
Fortbildungskosten (vgl. Anlage)		7.784,00 »
Weitere Werbungskosten		
Kontoführungsgebühren (pauschal)	16,00 »	
Summe weitere Werbungskosten (gerundet)	16,00	16,00
Summe der Werbungskosten (gerundet)		10.159,00

Auszug aus der Steuersparerklärung 2019

Uns interessiert die Kategorie Fortbildungskosten, welche mit Abstand den höchsten Posten darstellt. Auch diese Darstellung muss tiefer gelegt werden. Die Fortbildungskosten aus dem oberen Schaubild enthalten die Kosten, die wir für das Zweitstudium im Jahr 2018 auf uns nehmen mussten.

Einfach ist es bei den offensichtlichen Kosten. Die Studiengebühren, Prüfungsgebühren, andere Arbeitsmittel, Literatur, Büromaterial, betriebene Webseiten, Fotokopien und Bindung von Hausarbeiten und ähnlichem können hier eins zu eins angesetzt werden.

	Betrag	gerundet
Fortbildungskosten 4. Semester	4.398,00	4.398,00
Schreibwaren, Fotokopien, Bürobedarf	89,03	90,00
Arbeitsmittel	177,00	177,00
Betreiben Website (Uni Projekt)	135,00	135,00
Summe dieser Aufwendungen (gerundet)		4.800,00

Auszug aus der Steuersparerklärung 2019

Gleiches gilt für die Fahrtkosten. Da wir meistens im berufsbegleitenden Studium kein Semester Ticket bekommen, können wir die Fahrtkosten bei der Steuererklärung absetzen. Entweder kann das Bahnticket selbst angegeben werden oder aber die Fahrt mit dem Auto per Kilometerpauschale (hier kann Hin- und Rückweg angesetzt werden). In diesem Beispiel wurden Fahrten von Frankfurt nach Deggendorf angeben. Eine weite Strecke, dafür aber nur selten aufgrund der Block-Veranstaltungen.

Reisekosten: Technische Hochschule Deggendorf, Dieter-Görlitz-Platz 1, 94469		
Die Fortbildung dauerte vom 01.01.2017 bis zum 31.12.2018.		
Betriebswirtschaftsstudium		
Fahrtkosten		
Fahrtkosten mit der Reisekostenpauschale		
4 Fahrt(en) x 800 km x 0,30 €/km mit dem Pkw	960,00	
Summe der Reisekostenpauschale	960,00	960,00

Auszug aus der Steuersparerklärung 2019

Bei den „Block-Veranstaltungen" können zusätzlich auch Übernachtungen und Verpflegung abgerechnet werden. So kann anhand einer Original-Rechnung oder eines pauschalen Betrages die Aufwendungen der Nacht erstattet werden. Gleiches gilt für Verpflegungskosten.

Verpflegung und Übernachtung		
Verpflegungspauschbeträge		
Reisen mit Übernachtung		
4 Anreisetag(e) x 12,00 € pro Tag	48,00	
10 Tag(e) mit genau 24 Stunden x 24,00 € pro Tag	240,00	
4 Abreisetag(e) x 12,00 € pro Tag	48,00	
Summe	336,00	336,00
Unterkunftskosten		
Pausch. Betrag Übernachtungen a 20 €	360,00	
Summe Übernachtungskosten	360,00	360,00

Auszug aus der Steuersparerklärung 2019

Bei einem studiumsbedingten Auslandsaufenthalt können zusätzlich extra Studiengebühren, Fahrtkosten (z.B. Flüge, Nahverkehr, etc.), Übernachtungen und Verpflegung abgerechnet werden. Egal ob Auslandssemester, Praktikum oder kürzere Aufenthalte.

Reisekosten: Kalifornien/USA

Die Fortbildung dauerte vom 16.03.2018 bis zum 07.04.2018.
Im Rahmen des Studiums absolvierten wir das Sillicon Valley Programs in Kalifornien

Fahrtkosten		
Fahrten mit öffentlichen Verkehrsmitteln		
Flugticket	705,07	
Summe der Fahrten mit öffentlichen Verkehrsmitteln	705,07	705,07
Verpflegung und Übernachtung		
Verpflegungspauschbeträge		
Reisen mit Übernachtung		
1 Anreisetag(e) x 34,00 € pro Tag	34,00	
8 Tag(e) mit genau 24 Stunden x 51,00 € pro Tag	408,00	
1 Abreisetag(e) x 34,00 € pro Tag	34,00	
Summe	476,00	476,00

Auszug aus der Steuersparerklärung 2019

Für jede Einzelposition möchte das Finanzamt Belege sehen. Sprich, die Flugtickets, Hotelrechnungen, Immatrikulations-Bescheinigung, Vorlesungsplan, etc.

Die Gesamtsumme der aufgeführten Kosten ergibt am Ende die „Fortbildungskosten", welche in diesem Fall 8.152 € beträgt. Hätte man keine anderen Werbungskosten, würde man die Pauschale von 1.000 € abziehen und käme dann auf eine Steuererstattung von 7.152 €. Da klingelt die Urlaubskasse!

VII. HERANGEHENSWEISE

Ein ganz entscheidender Punkt im Studium wird für dich die Herangehensweise sein. So selbstverständlich das klingt, so wenige machen sich darüber vor bzw. während des Studiums ernsthafte Gedanken. Bei den meisten kommt die Erkenntnis erst in der Nachbetrachtung. Ich möchte dazu beitragen, dies zu vermeiden. Dadurch kannst du einiges in deinem Studium verändern und ersparst dir viel Stress oder Unzufriedenheit.

Ich unterscheide zwischen drei Herangehensweisen. Diese haben nichts mit einer bestimmten Lern-Technik zu tun, sondern mit der Einstellung, wie man das Studium angeht (Die Lerntechniken folgen im Kapitel X – „Lerntechniken“ bzw. im Kapitel XI – „Tipps und Tools zum Studieren“). Der Sachverhalt bezieht sich auf alle Arten des Studiums bzw. der Weiterbildung.

Aus den drei Methoden solltet ihr eine auswählen, die euch am meisten zusagt und mit den im übernächsten Kapitel vorgestellten Tools verknüpfen.

1. „Bulimie-Lernen“

Das Unterkapitel soll hier auf keinen Fall despektierlich klingen und diese schreckliche Krankheit verharmlosen. Doch in meinem Studium und in meinen Interviews war es in diesem Zusammenhang der gängige Begriff, unter dem jeder die besagte „Lernmethode“ kennt. Deshalb habe ich ihr ein Kapitel in meinem Buch gewidmet.

Das Bulimie-Lernen bezeichnet sehr umgangssprachlich eine

Lernmethode im Studium. Vermutlich sogar die derzeit gängigste. Folgender Ablauf beschreibt relativ gut dieses Vorgehen: Du prügelst dir kurz vor der Klausur im Grunde den ganzen Lernstoff des Semesters innerhalb von wenigen Tagen ins Gedächtnis, schreibst die Klausur, trinkst zur Feier des Tages ein paar Bier, bestehst die Arbeit mittelmäßig und vergisst im Grunde den ganzen gelernten Inhalt direkt nach der Prüfung wieder.

Eine Wahrheit, die mich vier Jahre meines Erst-Studiums begleitete. Hört sich übel an? Ganz so schlimm ist es auch wieder nicht. Und glaub mir, es kommt häufiger vor als du denkst. Das fängt ganz harmlos an: Bist du zum Beispiel jemand der etwas Druck braucht, um sich wirklich an den Tisch zu setzen und produktiv zu werden? Genau so begann es auch bei mir. Während des ersten Semesters erledigte ich nur das Nötigste (obwohl ich mir etwas anderes vorgenommen hatte). Ich schob es immer weiter hinaus, bis ich an den Punkt gelangt war, wo es sich einfach nicht mehr aufschieben ließ. 14 Tage vor den Klausuren lernte ich dann relativ intensiv. Ich schaffte die ersten Klausuren mit ganz passablen Noten und in meinem Unterbewusstsein wuchs die Erkenntnis, dass nur die letzten Tage vor den Klausuren wichtig und die Zeit davor vernachlässigbar waren. So ging ich teils bewusst, teils unbewusst immer seltener in die Uni und verschärfte somit den Effekt des Bulimie-Lernens. Quasi ein Teufelskreis.

Ich bin da kein Einzelfall. Ich kenne viele, die ähnlich denken und eine gleiche Herangehensweise an den Tag legen. Gerade bei berufsbegleitenden Studiengängen - während du noch arbeitest und versuchst jede freie Minute zu nutzen und zu genießen - verfällst du leicht in diese Gewohnheit. Im Grunde ist es keine wirkliche Lernstrategie, sondern vielmehr die Einstellung zu deinem Studium. Denn grundsätzlich beginnt alles mit der einfachen Frage: Für was studiere ich? Die meisten würden jetzt sagen: um meinen Abschluss zu machen und mich weiterzubilden. Aber ihr solltet euch noch weiter mit diesem Gedanken auseinandersetzen.

Wie ihr euch genau damit beschäftigen sollt, erkläre ich euch im nachfolgenden Kapitel. Die oben beschriebene Zielsetzung nutzte ich für mein Erststudium. Etwas hinzulernen und den Bachelorabschluss in der Tasche haben. Mehr wollte ich gar nicht. Und ehrlich gesagt war den „Bachelor in der Tasche haben" mein oberstes Ziel. Ich wollte auf der Arbeit nach oben kommen und die besser bezahlten Stellen waren leider nicht ohne Studium zu erreichen. Wenn ich es so betrachte, war das Bulimie-Lernen grundsätzlich auch die richtige Methode für mich. Denn sie hat einen ganz klaren Vorteil: Sie ist extrem effizient. Ich war selten in der Vorlesung, lernte verhältnismäßig wenig und schaffte trotzdem den Abschluss. Du kommst also mit dem geringstmöglichen Aufwand zu deinem Ziel (für alle BWL´ er: das Minimalprinzip ;-)). Im Erststudium gab es Zeiten, in denen mein Motto lautete „Vier gewinnt" (im Andenken an das Zwei-Personen-Strategiespiel). Sprich ich lernte teilweise auf Lücke und hoffte damit auf eine gute Note zu kommen. Auch auf diese zweifelhaften Strategien werde ich im Kapitel X – „Lerntechniken" eingehen.

Das Ganze hat natürlich den großen Nachteil, dass das Gelernte lediglich im Kurzzeitgedächtnis abgespeichert wird. Folglich vergessen wir einen Großteil des Lernstoffs nach der Klausur wieder - nehmen inhaltlich also leider nicht viel mit. Sprich, das Gelernte bleibt nicht hängen und wandert nicht in das Langzeitgedächtnis. Ich kann das bezeugen. In einem vierjährigen

Studium hätte ich extrem viel mitnehmen können oder auch müssen. Aber mir ging es einzig um den Abschluss und fachlich habe ich nur wenige Erkenntnisse mitgenommen. Klar kann man sich an ein paar Themen erinnern (wie das Minimalprinzip), aber aus vier Jahren ist erschreckend wenig hängen geblieben. Vermutlich ist es die Kombination aus der Lernmethode und dem fehlenden Praxisbezug. Denn wie so häufig in der Wirtschaft kann man das vermittelte Wissen leider nur sehr selten oder in begrenztem Rahmen anwenden. Vor allem in großen Unternehmen wird man meistens als Studienabsolvent in kleinen Teilbereichen eingesetzt, die dann allenfalls eine geringe Schnittmenge mit dem Studium aufweisen.

Hinweis: Solltet ihr mit der Bulimie-Technik liebäugeln: Ich habe meine Erfahrungen speziell aus dem BWL Studium in diesem Kapitel beschrieben. Bei anderen Studiengängen müsst ihr teilweise unbedingt in die Vorlesungen gehen, gerade wenn es sich um Maschinenbau oder ein naturwissenschaftliches Studium handelt. Man muss immer individuell entscheiden, was das Mindeste ist, was man tun muss, um das Studium zu bestehen. Mitunter ist das auch von Fach zu Fach verschieden. Manchmal ist z.B. das Skript so schlecht, dass der Besuch der Vorlesung oder die Aneignung anderer Literatur zu dem jeweiligen Thema unbedingt notwendig ist. Aber wie gesagt, dazu mehr in Kapitel X – „Lerntechniken".

2. Strebsames Lernen

Nun kommen wir von einem Extrem zum anderen. Während sich von dem Bulimie-Lernen eher die Faulen und Freizeit-Liebenden ansprechen lassen, ist das strebsame Lernen eher den Fleißigen und extrem Ambitionierten unter uns vorbehalten. Auch das ist eine verbreitete Lernmethode, die aber häufiger in Vollzeit-Studiengängen vertreten ist. Dennoch habe ich auch einige nebenberuflich Studierende kennengelernt, die äußerst ambitioniert waren. Die Strategie dahinter ist im Grunde das genaue Gegenteil des Bulimie-Lernens. Die ausgesprochen fleißigen Studenten verpassen in der Regel keine einzige Vorlesung. Wenn es doch mal passiert, dann sind sie extrem nervös, löchern die Kommilitonen mit Fragen und ordern Mitschriften zur verpassten Vorlesung. Am besten gleich mehrere, damit sie vergleichen können, ob etwas vergessen oder falsch verstanden wurde. Üblicherweise arbeiten sie nach jeder Vorlesung den Stoff nach. Entweder direkt im Anschluss daran oder am folgenden Wochenende. Es werden Zusammenfassungen geschrieben, fleißig markiert und Aufgaben gelöst. Alle anderen Termine werden entweder abgesagt oder nur verkürzt wahrgenommen. Der richtige Stress beginnt aber vor den Klausuren. Vier bis sechs Wochen davor starten die großen Lernsessions. Erstmal alleine, dann in Gruppenarbeit. Ihr fragt euch wieso in Gruppenarbeit? Die Begründung: Wenn man jemandem etwas erklärt, strukturiert man dabei seine Gedanken und kann sich den Lernstoff besser merken.

Nach der Klausur sind sie dann meistens sehr angespannt und befürchten die Klausur in den Sand gesetzt zu haben, nur um dann am Ende eine 1,0 oder 1,3 zu bekommen. Wenn sie eine Klausur in den Sand setzten, dann meistens mit einer katastrophalen 1,7. Darüber sind sie wirklich tief traurig und geben bei der nächsten Prüfung noch mehr Gas.

Ich gehörte leider nie zu dieser strebsamen und ordentlichen

Gruppe. Im Gegenteil, mit meinem Motto „Vier gewinnt", welches ich des Öfteren durch den Vorlesungssaal rief, erntete ich meistens nur verständnislose Blicke und mitleidiges Kopfschütteln.

Das habe ich jetzt natürlich etwas drastisch dargestellt, aber es geht daraus hervor, welches Lernprinzip hier angewendet wird. Gegen diese Methodik ist absolut nichts einzuwenden. Auch wenn heutzutage der „Streber" verpönt ist, finde ich es absolut legitim, alles für das Studium in die Waagschale zu werfen und die Inhalte des Studiums regelrecht aufzusaugen.

Allerdings geht das "Strebsame-Lernen" bei vielen mit einer gewissen Verkrampfung einher. Mit den eigenen Ansprüchen steht man sich selbst im Weg, weil der selbsterzeugte Druck in Stress ausartet. Und ein dauerhafter Stresslevel birgt hohe Risiken. Da sollte man extrem vorsichtig sein. Zum Thema Stress habe ich mich noch mal ausführlich im Kapitel VIII – „Stressfaktor (berufsbegleitendes-) Studium" ausgelassen. Nur so viel: Stress ist äußerst ungesund und du musst versuchen, positiv an das Studium heranzugehen und dich nicht selbst zu Geiseln.

Durch großen Druck sinkt bei vielen die geistige Aufnahmefähigkeit und die Konzentration - man bewirkt häufig also genau das Gegenteil: Man lernt, aber es bleibt nichts hängen. Für das Absolvieren der Klausur gilt genau das Gleiche. Die meisten kennen es aus der Schule. Je wichtiger die Klausur für einen selbst oder die Eltern war, desto nervöser wurde man und es schlichen sich einige Leichtsinnsfehler ein oder es kam sogar zum totalen Blackout.

Um die Lernmethode „Strebsames-Lernen" also richtig anzuwenden, solltest du darauf achten, dass du positiv gestimmt und mit Spaß an das Lernen herangehst und somit keinen negativen Stress erzeugst. Es ist super, wenn du extrem ambitioniert bist, aber tue es trotzdem mit einer gewissen Gelassenheit. Du machst das Studium für dich und für keinen anderen.

Auch für dich als strebsamen Studenten sind trotz oder gerade wegen des vielen Lernens ausreichend Erholungsphasen ganz wichtig. Gönne dir zumindest nach allen Klausuren einen kleinen Urlaub zum Abschalten. Eine sehr strebsame Bekannte von mir meinte zu meinem Vorschlag, doch direkt nach den Klausuren in die Ferien zu fliegen, dass sie nach der Klausur viel zu aufgewühlt und angespannt sei und deshalb keinen Urlaub machen könne. Aus meiner Sicht der falsche Ansatz. Es tut gut, mal die vier Wände und all die Skripte und Universitätsbücher hinter sich zu lassen. Dafür muss man auch nicht weit weg fahren. Es genügt ein kleines Ferienhaus in Deutschland oder eine Übernachtung bei Freunden in einer anderen Gegend.

3. Kontinuierliches Lernen

Die dritte Alternative bildet das kontinuierliche Lernen. Es ist im Grunde die perfekte Mischung aus dem Bulimie- und dem strebsamen Lernen. Ziel bei dieser Herangehensweise ist das „dranbleiben". Es spiegeln sich verschieden Aspekte wider. Der erste Schritt dieses „dranbleibens" ist natürlich der regelmäßige Besuch der Uni. Um etwas mitzunehmen und zu lernen ist die Anwesenheit in den Vorlesungen essenziell. Und ihr ahnt es, natürlich hilft es, nicht nur körperlich anwesend zu sein, sondern auch geistig. Nur so ist es möglich, den Stoff aufzunehmen, zu verstehen und ggf. Rückfragen zu stellen, wenn es einen darüber hinaus interessiert oder man etwas nicht begriffen hat.

Auf der Grundlage dieses Verhaltens sind bereits die ersten Bausteine gelegt. Im nächsten Schritt geht es um die kontinuierlichen Lernphasen. Keine Angst, ihr sollt jetzt nicht jede Vorlesung nacharbeiten und nicht jeden Tag etwas lernen. Mein persönlicher Tipp ist dennoch: Arbeitet die Teile des Skriptes noch mal durch, die ihr nicht verstanden habt oder die euch besonders interessieren. Sinnvoll ist auch, sich genügend Zeit für ein in der Universität angeschnittenes Thema zu nehmen, indem ihr euch zuhause damit beschäftigt und mit weiterer Literatur vertieft. Ihr müsst immer bedenken, dass ihr das Ganze für euch macht und Neues dazulernen möchtet.

Du denkst jetzt vermutlich: „Das nimmt man sich doch immer vor und am Ende klappt es doch nicht". Da bist du nicht der Einzige! Aber auch dazu habe ich eine paar Gedankengänge anzubieten:

Erstens: Es liegt nur an dir selbst, ob du es schaffst mit Kontinuität am Ball zu bleiben oder wieder ins Bulimie-Lernen zu verfallen! Das musst du dir einfach bewusst machen. Es liegt an deiner eigenen Selbstdisziplin. Jeder, wirklich jeder, kann es packen.

Zweitens: Um wirklich außerhalb der Prüfungsphase den Stoff durchzugehen und sich auch mal abseits der Uni mit einer Materie näher zu beschäftigen, die nicht prüfungsrelevant ist, brauchst du eine gewisse Leidenschaft für bestimmte Themen. Sprich, um diese Herangehensweise umzusetzen, müsst ihr euch zwingend einen Studiengang suchen, auf den ihr super viel Bock habt! Macht ihr das Studium nur für euren Abschluss, dann macht dieses Kapitel für euch keinen Sinn. Ihr schafft es nicht, die Lernmethode damit durchzuziehen. Es sein denn, ihr seid extrem disziplinierT und wollt gute Noten haben. Aber auch dann wird es euch viel Überwindung kosten, was wiederum Stress auslöst und negative Folgen nach sich ziehen kann.

Meine ganz persönliche Einschätzung: Das kontinuierliche Lernen ist wirklich die beste Lern-Methode. Sucht nach eurer eigenen Passion. Sucht, woran ihr Spaß habt, und zieht es durch. Es liegen Welten zwischen der Motivation, die man für einen Abschluss an den Tag legt und der, für die man brennt. Das kann ich sehr gut bei mir feststellen. Die ersten vier Jahre meines Bachelors habe ich, wie schon oben beschrieben, nur für den Abschluss gelernt und habe mich durch das Studium gekämpft. Ich bereue nichts. Es war gut, dass ich es gemacht habe und ich hatte trotz der eher geringen Motivation eine tolle Zeit und am Ende auch einen mittleren bis guten Abschluss. In meinem Masterstudiengang ist es aber komplett anders. Ich habe lange gesucht und mich letztendlich für ein Studium mit dem Schwerpunkt „Unternehmensgründung" entschieden. Seit etwa sieben Jahren beschäftige ich mich mit dem Thema und habe alle erdenklichen Bücher dazu gelesen. Um mir nun noch ein Basis-Skillset anzueignen, beschloss ich einen MBA zu machen. Da die Auswahl begrenzt ist, nahm ich sogar den langen Anfahrtsweg von Frankfurt nach Deggendorf in Kauf. Und tatsächlich spielt für mich der Studienabschluss eine untergeordnete Rolle. Für mich sind die dort vermittelten Themen enorm spannend und ich beschäftige mich in den Uniphasen (1 x monatlich von Donnerstag bis Sonntag) intensiv mit der Materie. Zwar habe ich, ehrlich gesagt, für die erste Klausur („Grundlagen der Unternehmensgründung") auch nicht sehr weit im Voraus angefangen zu lernen, da ich den Inhalt zweitrangig fand. Dafür habe ich mir andererseits für manche Hausarbeiten extrem viel Zeit genommen und sie kontinuierlich weitergeschrieben. Ein tolles Gefühl, die Hausarbeit ohne jeglichen Druck fertig schreiben zu können. Nebenbei habe ich begonnen, einen eigenen kleinen Online-Shop aufzubauen, bei dem ich die gelernten Methoden anwenden kann. Zwar waren die Noten der Klausur nicht überragend, dafür aber einige Hausarbeiten. Und worauf es mir persönlich ankommt: Ich habe viel dazugelernt!

Also merkt euch, wenn es euer Ziel ist, am Ende des Studiums wirklich viel Wissen angeeignet zu haben, dann sucht etwas, was euch Spaß macht und auch wirklich befriedigend ist.

⇒ Smarter Rat: Hausarbeiten lassen sich fantastisch kontinuierlich schreiben. Fangt einfach an, euch täglich (ohne Ausnahme) eine Stunde hinzusetzen und mit der Hausarbeit zu starten. Diese eine Stunde kann man ohne weiteres in den Tagesablauf integrieren und so habt ihr die Hausarbeit im Handumdrehen runtergeschrieben.

VIII. STRESSFAKTOR (BERUFSBEGLEITENDES-) STUDIUM

1. Stress im Studium

Zahlreiche Studien haben Stresshormone in unserem Körper und deren Auswirkungen untersucht und ihren negativen Einfluss belegt. Er entsteht durch innere und äußere Reize oder Belastungen. Dadurch kommt es bei Stress zu einer erhöhten Konzentration von Adrenalin, Noradrenalin oder Cortisol im Blut (Aktivierung). In der Literatur wird zwischen Eu-Stress und Dis-Stress unterschieden. Die lateinische Vorsilbe Dis bedeutet „schlecht" und die griechische Vorsilbe Eu „gut". Den Definitionen entsprechend müssen wir also zwischen gutem und schlechtem Stress unterscheiden. Eu-Stress im Studium würde also bedeuten, dass er nicht als Belastung empfunden wird. Sollst du zum Beispiel eine Hausarbeit schreiben und schaffst es in der vorgegebenen Zeit und erledigst dies mit größter Freude und Leidenschaft, so wirst du den Zeitdruck nicht als strapazierend, überfordernd oder als nervig empfinden. Im Gegenteil, du bist mit Euphorie dabei und als Folge davon werden nach jeder Einheit Dopamin, Serotonin und Endorphine (Glückshormone) im Gehirn ausgeschüttet, die Zufriedenheit und Wohlbefinden auslösen.

Den gegenteiligen Effekt hat der Dis-Stress. Es ist negativ besetzt. Sind wir davon beeinflusst, kann dies dazu führen, dass wir die gleiche Aufgabe, die wir unter Eu-Stress positiv bewältigen bei einer Herangehensweise, die von Druck, Unwillen und

Überforderung geprägt ist, mit einem Gefühl der Unzufriedenheit abschließen. Eben weil wir unter dem Eindruck von Dis-Stress stehen. Muss man also unter enormen Zeitdruck - nur noch wenige Tage bis zur Fertigstellung und keine Lust auf das Thema - eine Hausarbeit schreiben, dann kann Eu-Stress schnell zu Dis-Stress führen. Auch nach Beendigung der Arbeit werden keine Glückshormone ausgeschüttet. Man hat lediglich im Hinterkopf, wie viel man noch erledigen muss und ist unzufrieden über das bereits Geschriebene, da unter Zeitdruck die Qualität leidet. Es überwiegen die negativen Gefühle wie Anspannung, Druck, Gereiztheit, Ängste oder Aggression. Ein weiterer ungünstiger Effekt besteht in der Abnahme der Aufmerksamkeit und der Leistungsfähigkeit.

Dis-Stress kann durch verschiedene Gründe hervorgerufen werden. Häufige Ursachen sind Zeitmangel, Termindruck, Schlaflosigkeit, Konflikte, finanzielle Probleme (Schulden, Geldmangel), Mobbing, Angst, (zu) große Verantwortung, Krankheiten, einschneidige Erlebnisse, soziale Isolation aber auch Perfektionismus.

Der negative Stress ist vermutlich nicht gänzlich zu vermeiden. Allerdings sollte dringend darauf geachtet werden, ihn nicht zu einem Dauerzustand werden zu lassen. Dis-Stress ist ungesund! Vor allem, wenn er dauerhaft anhält. Ihr kennt vermutlich alle die akuten Auswirkungen von Stress in Form von Migräne, Bauchkrämpfen, Schlaflosigkeit, Appetitlosigkeit, Heißhunger oder von Anfälligkeit für Erkältung und Grippe. Doch das sind eher die kurzfristigen Folgen. Langfristig können Schäden an den Blutgefäßen entstehen, oder durch eine Schutzreaktion des Körpers kann es zu unnatürlichen muskulären Anspannungen kommen, was wiederum zu Rückenschmerzen führen kann. Es können Herz- Kreislaufbeschwerden wie Schwindel, Bluthochdruck, Herzrasen oder Atembeschwerden auftreten. Zum Stressabbau neigt der Körper häufig zum Zähneknirschen, wodurch die Zähne beschädigt werden. Ist eine Stressreaktion chronisch, dann kann es zur sogar zur Insulinresistenz und damit zu Diabetes, zu einem erhöhten Demenz-Risiko, einem erhöhten Risiko für Brust- und Prostatakrebs und zu weiteren Krankheiten führen. Dies ist lediglich eine Aufzählung an Reaktionen des Körpers auf zu langanhaltenden Stress. Ich habe explizit auf drastische Erkrankungen hingewiesen, um deutlich zu machen, wie schädlich Stress wirklich ist.

Schritte wie ihr Stress aus dem Studium eingrenzen könnt:

Leute, eine gute Nachricht! Den ersten inoffiziellen Schritt habt ihr gemacht, indem ihr dieses Buch gelesen habt! Hier sind die nächsten Tipps, wie ihr gezielt Stress im nebenberuflichen Studium vermeiden könnt. Je mehr Vorschläge ihr befolgt, desto besser:

1. Sucht euch das Zeitmodell aus, das zu euch passt
2. Sucht euch die Fachrichtung aus, auf die ihr wirklich Bock habt!
3. Sucht euch eine gute Uni/FH aus
4. Entscheidet euch für die richtige Herangehensweise
5. Wendet ein paar der vorgestellten Tools an (Kapitel IX)
6. Baut Erholungsphasen ein, z.B. Urlaub und nutzt eure Freizeit richtig (nicht nur Couch und Fernsehen – siehe Kapitel 2 Freizeitgestaltung)
7. Genießt den Augenblick

2. Stressabbau und Ausgleich zum Studieren

Wie überwinde ich meine Prüfungsangst

Ich habe mit vielen Freunden und Bekannten über ein berufsbegleitendes Studium gesprochen. Viele interessieren sich sehr für die Möglichkeit, ihre Karriere voranzutreiben, aber trauen sich das Studium nicht zu. Der Grund ist meist, weil sie Prüfungsangst haben und nicht daran glauben, diese zu bewältigen. Damals konnte ich relativ wenig dagegen setzen. Ich wusste einfach nicht, wie man mit Prüfungsangst umgehen kann. Im Rahmen der Recherchen für dieses Buch beschäftigte ich mich intensiv mit dem Thema und möchte es euch nun vorstellen:

Es gibt verschiedene Wege und Möglichkeiten. Wenn du massive Prüfungsangst hast, probiere am besten alle aus. Eines aber vorweg: Es gibt keinen Schalter im Kopf, um deine Ängste einfach auszuschalten oder zu löschen. Man muss sich mit ihnen auseinandersetzen und ihnen entgegentreten.

Die erste Möglichkeit befolgt das Prinzip des Positiv-Thinking. Schreibe alle negativen Gedanken zu Prüfungen auf, die deine Haut kribbeln, den Bauch verkrampfen und den Körper erzittern lassen. Am besten in Form einer Tabelle mit zwei Spalten. Was macht dir Angst? Wovor fürchtest du dich bei Prüfungen? Danach überlegst du dir zu jeder Sorge einen positiven Aspekt, also welche Lösung oder Umformulierung möglich wäre und schreibst sie in die zweite Spalte. Das könnte wie folgt aussehen:

Negativ	Positiv
Ich werde nie rechtzeitig mit dem Lernen anfangen und	Ich organisiere mich gut und werde mir drei Wochen Zeit

total unter Zeitdruck kommen	zum Lernen einräumen
Ich verpeile bestimmt die Abgabe- und Prüfungstermine	Durch meinen Kalender lasse ich mich vier Wochen vor der Klausur erinnern.
Die Prüfungsfragen werden viel zu komplex und detailliert sein!	Ich bereite mich gut auf die Prüfungsfragen vor und kann Probeaufgaben zur Übung lösen
Ich bekomme bestimmt einen Blackout	Ich bin gut vorbereitet und bei einem Blackout trinke ich einen Schluck Wasser und nehme kurz gedanklich etwas Abstand von der Prüfung
Der Prüfer hasst mich und wird mich durchfallen lassen!	Der Prüfer ist objektiv und ich werde ihn mit meiner Leistung überzeugen

Eigene Abbildung

Diese Liste solltest du bei dir führen und immer wieder durchlesen. So kannst du es schaffen, deine negativen Gedanken zu Positiven umzuformulieren.

Eine andere Methode, mit der du die Angst überwinden kannst, stellt das WorstCase- Szenario dar. Dazu solltest du dir auch Stift und Block holen und aufschreiben, was das schlimmste mögliche

Übel ist, das eintreten kann. Mal es dir in Gedanken aus und notiere es. Du vergeigst die Klausur? Okay, und was dann? Du fällst ein zweites und ein drittes Mal durch? Okay! Du schaffst das Studium nicht? Okay!

Mal dir die Szenen ganz genau aus. Wenn du alles aufgeschrieben hast, leg das Blatt zur Seite und schaue es dir nach einiger Zeit noch mal an. Überlege dir wirklich, ob es ein Weltuntergang wäre, wenn es so eintreten würde. In einer Klausur eine 4 zu schreiben, in einer Klausur durchzufallen oder das Studium abbrechen zu müssen, ist es einfach nicht wert, eine solche Angst Panik zu entwickeln. Es ist natürlich unerfreulich, aber noch lange keine Tragödie.

Freizeitgestaltung

Während meines Abendstudiums war mir meine Freizeitgestaltung unglaublich wichtig und von dieser Zeit profitiere ich in mancher Hinsicht noch heute. Zunächst ganz unterbewusst, dann immer bewusster hatte sich damals bei mir die Erkenntnis breitgemacht, meine Freizeit besser nutzen zu müssen, als die Jahre davor. Ein einschneidendes Erlebnis hatte ich an einem spätsommerlichen Wochentag im September, im ersten Monat meines Studiums. Meine Kumpels trafen sich am Dienstag direkt nach der Arbeit am See und beschlossen, anschließend zu grillen und ein paar kühle Bier zu trinken. Zu dieser Zeit saß ich bei ca. 28 Grad Celsius im Vorlesungssaal und hörte mir die Grundzüge des Vertragsrechtes an, bei einem Dozenten, dessen Vortrag nicht hätte monotoner sein können. Nicht wirklich begeistert von der Vorlesung bekam ich alle

Aktivitäten in der „WhatsApp“-Gruppe mit und schaute mir wehleidig die Bilder meiner glücklichen Freunde an.

Mit solchen Situationen umzugehen war teilweise hart, aber sie prägten mich in der Hinsicht, dass ich zu den Zeiten, an denen ich keine Uni hatte, mir meinen Tag so angenehm gestaltete wie irgend möglich. Und so lernte ich, einen „normalen Arbeitstag“ zu genießen. Um vier oder fünf Feierabend zu haben, bedeutete für mich eine Menge Freizeit. Diese nutzte ich plötzlich ganz anders als noch wenige Monate zuvor. Während ich sonst häufig nach der Arbeit noch etwas TV schaute, traf ich mich jetzt häufig mit Freunden, der Familie und fuhr auch mal nach der Arbeit für einen Abend in eine andere Stadt. Auch war ich häufiger in anderen Restaurants oder Bars. Ich war deutlich experimentierfreudiger und konnte meine wenige freie Zeit viel besser genießen.

Im Nachhinein kann ich sagen, dass die geänderte Freizeitgestaltung mir viel Kraft gegeben hat, mit der Doppelbelastung aus Studium und Arbeit fertig zu werden. Die vielseitigere Nutzung und der damit verbundene Genuss meiner Freizeit halfen mir, mit dem Stress sehr gut umzugehen bzw. erst gar nicht so viel davon aufkommen zu lassen.

Urlaub

Meine große Leidenschaft: Reisen. Vermutlich entspannt mich nichts so sehr wie Koffer packen und raus aus den eigenen vier Wänden zu kommen. Seit vielen Jahren versuche ich, jeden Urlaubstag so gut es geht zu nutzen. Aus diesem Grund gab es in den letzten fünf Jahren keinen einzigen Urlaubstag, den ich

Zuhause verbrachte. Im Gegenteil: Ich arbeite eher meine Aufgaben vor, bin dadurch zwar 10 statt 8 Stunden am Tag beschäftigt, kann dafür aber die Überstunden als Urlaubsverlängerung nutzen. Dabei spielt es keine Rolle, ob es sich um eine Fernreise oder einen Wochenendtrip in eine Stadt handelt - Hauptsache raus!

Der Urlaub ist für mich eine Art Garten Eden. Ein kleines bisschen Paradies in unserem alltäglichen Leben, wo wir einfach mal die Füße hochlegen können und das machen, worauf wir Lust haben. Man kann sich am schönen Sandstrand oder im gemütlichen Wellness-Hotel erholen, sich mit seinen Freunden einen Partyurlaub gönnen, die Zweisamkeit mit der Freundin oder dem Freund genießen oder einfach andere Kulturen, Menschen, Städte, kulinarische Spezialitäten, Sportarten und vieles mehr kennenlernen. Das Schönste dabei ist aber, dass man immer eine Zeit lang auf andere Gedanken kommt und den Alltagsstress hinter sich lässt. Die Ablenkung kann dann aus einem guten Roman, Cocktails, anregenden Gesprächen, Surfen, Wandern, Sightseeing und vielem mehr bestehen.

Viele andere Studenten teilen diese Leidenschaft. Durch die Doppelbelastung ist man einer höheren Beanspruchung als üblich ausgesetzt. Die meisten legen sich verständlicherweise die Urlaube in die „Semesterferien". Das hat zwei sehr positive Effekte. Zum einen werden natürlich keine Vorlesungen verpasst. Zum anderen liegen die Semesterferien in der Regel direkt nach der Klausurenphase. Da diese grundsätzlich die heiße Phase ist und auf den Einzelnen viel Arbeit und evtl. auch etwas Stress zukommt, tut eine Auszeit danach richtig gut. Nach ca. zwei, aber am besten drei Wochen bist du richtig erholt und freust dich teilweise sogar wieder auf Herausforderungen, denen du auf der

Arbeit und im Studium begegnen kannst. Aber nicht nur der Erholungsfaktor nach dem Urlaub ist wichtig, sondern auch die Vorfreude und der sehnliche Wunsch nach Urlaub. Denn gerade wenn die intensive Phase über einen längeren Zeitraum andauert, dann ist die bevorstehende Reise auch mal ein rettender Strohhalm. Denn, so leid es mir tut, jeder wird in seinem Studium gelegentlich an den Punkt kommen, wo er gerne einfach alles hinwerfen würde und sich denkt: „Was zur Hölle habe ich mir da nur angetan“, oder: „Ich hab keinen Bock mehr“. Genau an dieser Stelle gibt es den Rettungsanker, der sich Urlaub nennt. Wo man sich einfach nur sagt: „Okay, die zwei Wochen gebe ich jetzt noch Vollgas und dann geht es erstmal zwei Wochen nach Sardinien an den weißen Sandstrand mit dem türkisblauen Meer und es wird gar nichts gemacht.“ Für dein Durchhaltevermögen absolut von Vorteil!

Da kann man sich doch besser motivieren als bei dem Gedanken: „Okay, jetzt noch zwei Wochen durchpowern, und dann habe ich eeeeendlich Urlaub… Muss nur die Garage ausräumen, Unkraut beseitigen und zu IKEA fahren ein neues Regal kaufen.“ Denn, sind wir doch mal ehrlich, Zuhause ist immer etwas zu erledigen, man verbringt viel Zeit mit Nichtstun und ist dann unzufrieden. Die Zeit geht viel zu schnell vorbei, ohne dass man viel gemacht hat. Deshalb ist mein Motto: „Im Urlaub musst du mal rauskommen!“. Es wird auch unterschätzt, wie gut man eigentlich abschaltet und sich von der Arbeit und dem Studium erholt, wenn man andere Dinge ausprobiert. Erstmal fällt es einem schwer, etwas Neues anzufangen. Die eigene Komfortzone muss verlassen werden und diese Überwindung kostet gerade am Anfang etwas Kraft. Die meisten schreien dann gleich auf: Ich habe doch schon auf der Arbeit genug Stress, warum soll ich mir das auch noch im Urlaub antun. Aber es gibt eigentlich nichts Besseres als etwas

Neues zu lernen (was einem natürlich auch Spaß bereitet), um abzuschalten. Ich habe dafür mit meinem besten Kumpel ein Begriff eingeführt: „Urlaubsprobleme". Die kleinsten Erschwernisse im Urlaub stellen auf einmal die großen Probleme dar. Das kann der Gedanke daran sein, wie man mit dem Surfbrett die nächste Welle erwischt, oder auch die Nichtigkeit, welches Restaurant heute besucht wird. Sie verdrängen die wirklichen Probleme des Alltags und lassen einen gut abschalten.

Mein Jahr besteht meistens aus einer Kombination aus allem. Ich nehme mir grundsätzlich vor, einen großen Urlaub zu machen. Eine Fernreise, die ca. drei Wochen dauert. Dann gibt es meistens noch einen einwöchigen Trip zur Erholung am Strand oder am See innerhalb Europas. Diese Urlaube verbringe ich mit meiner Freundin. Mit Arbeitskollegen stehen dann für einige Tage sportliche Aktivitäten an (Kanufahren oder Segeln). Hinzu kommen noch einige Wochenendtrips für die Erholung zwischendurch. Die reichen dann von Skifahren, über Städtereisen und Wellnessurlaube bis hin zum Partyurlaub mit den Jungs.

Solche Unternehmungen sind allerdings immer mit Kosten verbunden und zusammengerechnet verursachen Reisen auch meine größten Ausgaben im Jahr. Aber mir bringt das mehr als ein Auto oder sonstige materielle Dinge. Außerdem können einige Sachen beachtet werden, um etwas Geld zu sparen:

- Keine organisierten Pauschalreisen oder Ähnliches im Reisebüro buchen, gerade Fernreisen sind dann fast doppelt so teuer. Wir schauen meistens bei „Urlaubspiraten" nach einem geeigneten Flugangebot im für uns passenden Zeitraum. Dort lassen wir uns inspirieren. Und wenn wir einen Flug zu einem vernünftigen Preis in ein cooles Land gefunden haben, kaufen wir uns einen Reiseführer und schauen, was uns interessiert. Dementsprechend buchen wir dann die Hotels, Touren und Zwischenflüge. Die Alternative zu den Urlaubspiraten ist Urlaubsguru.

- Viele Sporturlaube (außer Surfen, Skifahren) sind meistens recht günstig, z.B. Scandtrack –Kanutour durch Schweden, wirklich günstig und traumhaft schön oder Frosch Sportreisen
- Im Sommer reisen wir innerhalb Europas auch mal mit dem Zelt. Campingplätze sind super günstig und das Feeling ist einzigartig.
- Ansonsten gibt es günstige Unterkünfte bei Airbnb oder über die Vergleichsportale Tripadvisor, Booking oder Trivago.
- Für Alleinreisende oder für die Reise mit Freunden eignen sich natürlich Hostels. Sehr günstig, und man lernt viele neue Leute kennen, die üblicherweise coole Insidertipps haben. Adressen hierfür sind: Hostelworld, Hostels.com oder auch Hostelbookers.
- Günstige Zwischenflüge findet man über die Flugvergleichsportale Swoodoo, Flüge.de oder Momondo

Sport

Die Urlaube tragen wirklich enorm zu meiner Entspannung bei und meine Reisefrequenz ist ehrlich gesagt deshalb ziemlich hoch. In erster Linie geht es mir aber um die langfristige Erholung. Es ist auch nicht von Vorteil, sein ganzes Leben nur auf Urlaube hinzuarbeiten, was aber für die heutige Arbeitswelt leider immer typischer wird. Kurz durchgerechnet: Von 52 Kalenderwochen haben wir im Durchschnitt sechs Wochen Urlaub. Also arbeiten wir ohne Krankheit und Zeitausgleichstage ca. 46 Wochen im Jahr. Überspitzt gesagt: Wir arbeiten 46 Wochen, um uns 6 schöne Wochen zu gönnen. Hört sich für mich nach ziemlicher Zeitverschwendung an. Gleiches gilt übrigens für das Wochenende. Wir arbeiten fünf Tage die Woche, um uns zwei schöne Tage zu machen.

Deshalb besteht für mich der Ausgleich zu Arbeit und Studium in einer Kombination von Urlaub als längerfristiger Erholung und für den alltäglichen Bereich zum einen aus der oben beschriebenen Freizeitgestaltung und zum anderem aus sportlicher Aktivität. Vermutlich ist das hier jetzt für euch nichts Neues, aber es ist einfach eine prima Methode, um abzuschalten, Glückshormone freizusetzen und sich einfach gut zu fühlen. Deshalb nachfolgend ein paar Gedanken zum Thema Sport:

Ich bin schon seit Kindheitstagen vom Sport begeistert und er hat schon immer eine große Rolle in meinem Leben gespielt. Heute hat er sogar noch weiter an Stellenwert gewonnen. Früher habe ich Sport einfach so aus Spaß und Leidenschaft getrieben (Handball, Fußball, Basketball, Skifahren, Surfen, etc.), ohne mir weiter darüber Gedanken zu machen. Etwas später, nach drei schwereren Knieverletzungen und chronischem Zeitmangel durch Arbeit, Studium und anderen Freizeitbeschäftigungen habe ich mir dann doch mal die Frage gestellt: Wird der Sport weiterhin so eine wichtige Rolle in meinem Leben spielen, oder kann man, um den Tag effizienter zu gestalten, nicht einfach darauf verzichten? Mein Experiment ging gründlich in die Hose! Ich war unausgeglichen, gestresst, unkonzentriert, träge und extrem schnell auf 180. Ich fing schnell wieder mit dem Sport an und die negativen Effekte gingen sofort zurück. Die gemachten heftigen

Erfahrungen veranlassten mich dazu, mich weiter intensiv mit dem Thema zu beschäftigen. Meine Erkenntnisse möchte ich gerne teilen, deshalb hier kurz und knapp, warum Sport als Ausgleich so empfehlenswert ist:

1. „Tu deinem Leib etwas Gutes, damit deine Seele Lust hat, darin zu wohnen." Ein Zitat der Mystikerin Teresa von Ávila beschreibt sehr passend, wie wichtig es ist, sich im eigenen Körper wohl zu fühlen. Sport steigert dein Selbstwertgefühl!
2. Ich habe für mich herausgefunden: Ist mein Körper fit, dann bin ich auch fit im Kopf. Um fokussiert und konzentriert in ein Meeting zu gehen und meine Bestleistung hervorzurufen, muss ich körperlich fit sein. Gehe ich mit Übergewicht in einen Termin, eine Präsentation oder eine Klausur, bin ich deutlich träger und weniger aufmerksam. Der Körper wird von vielen Querdenkern und Leadern auch als wichtigstes Werkzeug bezeichnet, seine eigenen Ideen zu verwirklichen. Also: Im Sinne der Heiligen Teresa sollte man mit seinem Leib extrem achtsam umgehen, ihn sehr gut pflegen und hegen, damit er gute Früchte bringt. Unzählige Studien haben bewiesen, dass durch sportliche Betätigung ein biochemischer Prozess hervorgerufen wird. Dabei werden zum einen nachweislich Endorphine freigesetzt, die zu einem Glücksgefühl führen. Zum anderen werden Botenstoffe wie die Hormone Serotonin und Dopamin ausgeschüttet, welche ebenfalls stimmungserhellend wirken. Serotonin beispielsweise wird gebildet indem durch körperliche Aktivität die Aminosäure Tryptophan freigesetzt wird, welche der Körper in Serotin umwandelt. Deshalb wird Sport auch häufig vorbeugend oder lindernd als Depressionstherapie genutzt.
3. Ein anderer biochemischer Prozess drosselt quasi im Gegenzug die Ausschüttung des Stresshormons Kortisol.

IX. TOOLS FÜR DIE RICHTIGE ORGANISATION UND DAS RICHTIGE ZEITMANAGEMENT IM BERUFSBEGLEITENDEN STUDIUM

1. Allg. Organisation im Studium

Dass Organisation und Zeitmanagement extrem wichtige Themen sind, kam im Laufe des Buches immer deutlicher zur Sprache. Durch die doppelte Belastung aus Arbeit und Studium muss man äußerst achtsam mit seinen Ressourcen (vor allem die eigene Arbeitskraft/Zeit) umgehen. Um deine Zeit gut zu nutzen, ist es unabdingbar, für eine effiziente Organisation und ein konsequentes Zeitmanagement zu sorgen. Denn eins ist klar, die größte Schwierigkeit im berufsbegleitenden Studium besteht darin, Arbeit, Uni, Partnerin/Partner, Freunde, Hobbys, Sport, Familie und Co unter einen Hut zu bekommen. Wenn du dein Zeitmanagement nicht anständig auf die Kette bringst, dann hast du Stress und hetzt von einem Termin zum anderen, mit der Folge, dass du große Abstriche in deiner Lebensqualität hinnehmen musst. Und damit dir das nicht passiert, schreibe ich dieses Kapitel. Also nimm es dir bitte zu Herzen und finde Tools und Techniken, die zur dir passen und mit denen du dich und deine Zeit managen kannst.

Zeit ist vielleicht das wichtigste Gut, was uns in unserem menschlichen Leben zur Verfügung steht. Wichtig, aber auch vergänglich. Fehlgeschlagene Investitionen, Geld, materielle Dinge (Handys, Kleidung, Autos, Häuser oder Ähnliches) sind ersetzbar. Geld kann man wieder verdienen, Investitionen kann man ausgleichen, materielle Dinge kann man sich wiederbeschaffen oder reparieren. Nur verlorene Zeit, die bekommt man nicht wieder. Deshalb möchte ich euch bitten, mit eurer Zeit sorgsam umzugehen. Im ersten Kapitel seht ihr anhand eines Beispiels, was mit gutem Zeitmanagement erreicht werden kann. Danach geht es in direkte Handlungsempfehlungen und in die Vorstellung von einzelnen Tools. (Testet aus, was zu euch passt.)

⇒ Smarter Rat: Persönlichkeitstest

Für dein Zeitmanagement, für deine Organisation, aber auch für alle anderen Lebensbereiche rate ich dir, einen Persönlichkeitstest zu machen. Ich empfehle dir, den DISC-Test auszuprobieren. Dieser kostet zwar etwas Geld, ist aber super interessant und ändert deine eigene Wahrnehmung und kann damit dein Leben verändern. Die Investition lohnt sich also. Bei dem Test wird man in vier verschiedene Typen aufgeteilt. Je nach Testergebnis weißt du, wo deine Schwächen und wo deinen Stärken liegen. An der Typen-Art kannst du ableiten, auf welche Eigenschaften du verstärkt achten solltest, um den Schwächen deines Charakters entgegenzuwirken. Ich habe herausgefunden, dass ich zum sogenannten „initiativen Typ" zähle, also eher zu den Kommunikativen. Die Schwäche dieses Typs: Organisation, Zeitmanagement und Disziplin. Diesem Mangel kann man begegnen, indem man sich von dem „gewissenhaften Typ" ein paar Dinge abschaut. Die Erkenntnis hat mir extrem weitergeholfen und mich für das Thema viel empfänglicher gemacht. Inzwischen habe ich mich hier um 600 % verbessert ;-). Mehr will ich auch gar nicht verraten. Macht einfach diesen Test!

2. 60 Klausuren in 20 Monaten

Nein, ihr müsst in eurem Studium keine 60 Klausuren in 20 Monaten schreiben. Weshalb ich diese Überschrift dennoch gewählt habe? Sie ist für all diejenigen, die schon beim Anblick des Kapitels „Organisation und Zeitmanagement" müde gegähnt haben. Ihr glaubt, das ist nur Rumgelabere? Genau euch will ich anhand eines kleinen Beispiels zeigen, was mit einer bockstarken Organisation und einem hervorragenden Zeitmanagement erreicht werden kann.

Es geht um drei Studenten, Marcel Pohl, Robert Grünwald, Marcel Kopper (Autor), die in jüngster Vergangenheit uns allen gezeigt haben, wie viel Organisation, Zeitmanagement und Wille in einem Studium bedeuten.

Die drei Jungs haben etwas Unglaubliches geschafft. Wie auch ich haben sie nach klassischen Ausbildungen an der FOM studiert. Doch sie hatten, wie ich und etliche andere, keine Lust, vier Jahre bis zum Bachelorabschluss und zwei weitere Jahre bis zum Masterabschluss zu warten.

Deshalb entschlossen sie sich dazu, das Studium in Rekordzeit zu absolvieren. So schafften sie es tatsächlich, den Bachelor nach acht Monaten, also innerhalb von eineinhalb Semestern, und nach weiteren zwei Semestern den Master of Business Administration an der FOM abzuschließen. Sie studierten 20 Monate, um den Bachelor- und den Masterabschluss zu erlangen, wofür die meisten anderen an der FOM mindestens 72 Monate brauchen. Diese Glanzleistung verdanken sie ihrem starken Willen, einer perfekten Organisation und einem guten Zeitmanagement.

Die Methode der jungen Herren ist natürlich sehr umstritten, da sie im Grunde das Bulimie-Lernen in ihrer höchsten Form darstellt. Sich innerhalb von weniger als zwei Jahren den Stoff von fünf bzw. sechs Jahren reinzuziehen, ist nicht nur eine starke Leistung, sondern auch eine Überladung der Synapsen und eine eher kurzzeitige Wissenserkenntnis. Denn so sehr ich die Leistung auch schätze, die beste Herangehensweise zur Wissenserweiterung war es eher nicht. Die Jungs haben sich enormem Druck ausgesetzt, haben viele Nächte mit Koffein und Fastfood durchgeackert und haben ihre Freizeitinteressen, ihr soziales Leben, Urlaub oder Romanzen außerhalb des Studiums auf null zurückgeschraubt. Respekt vor dieser Selbstdisziplin, aber wie ihr den vorherigen Kapiteln entnehmen konntet, bin ich eher ein Fan davon, das Studium in den Alltag zu integrieren und durch eine gute Kombination von Arbeit, Uni und Freizeit das Leben trotzdem noch genießen zu können. Der Weg ist das Ziel. Und dieser Weg sollte auch genossen werden. Man vermeidet nicht nur Stress, sondern profitiert auch mehr von dem Studium.

Dennoch ist dieses Beispiel prädestiniert, was alles mit einer guten Organisation und einem präzisen Zeitmanagement möglich ist.

Das Vorgehen der Drei ist schnell erklärt. Sie haben sich das große Netzwerk mit den vielen Standorten der FOM zunutze gemacht. Durch häufiges Pendeln sind sie in verschiedenen Städten zu verschiedenen Kursen gefahren. Jeder in einen anderen Kurs. Das erlernte Wissen teilten sie abends untereinander. Jeder erzählte vom angeeigneten Stoff und bezog sich vor allem auf klausurrelevante Themen und Tipps des Dozenten. Wegen der Reisen, die sie unternehmen mussten, besprachen sie den Stoff häufig in Telefonkonferenzen.

Tagsüber absolvierten die Kommilitonen in den jeweiligen Unternehmen die im Studiengang vorgeschriebenen Praxisblöcke, abends und am Wochenende besuchten sie Seminare an verschiedenen Standorten der FOM. Da die meisten nebenberuflichen Studiengänge keine Anwesenheitspflicht vorsehen, konnte das Trio 60 Prüfungen in 20 Monaten abschließen. Theoretisch kann man sich an der FOM für jeden Kurs immer eintragen und anmelden, was das Kurzzeit-Studium überhaupt erst ermöglichte.

Die Organisation und Koordination stellte die heutigen Absolventen vor die größten Probleme. Die Reisen und die vielen Termine unter einen Hut zu bekommen, erforderte eine sehr gute Strategie. Besondere Tools haben sie gar nicht benötigt. Sie haben einfach mit versierter Organisation und Planung den Tag perfekt genutzt und viele Fächer dabei parallel studiert. Im Zeitmanagement machten sie nur von einer sehr strikten Priorisierung Gebrauch, um die Klausuren zu bestehen und nur das Nötigste zu lernen.

Ich möchte euch nicht davon überzeugen, ein Studium in dreieinhalb Semestern zu schaffen oder es anderweitig zu verkürzen. Ich möchte, dass ihr euch von dieser Story inspirieren lasst und mit gleicher Akribie an die Organisation und an das Zeitmanagement geht! Denn ich müsste ja mit der gewonnenen Zeit nicht noch für vier weitere Fächer lernen, sondern könnte sie auch für Sport, Familie, Freunde und Freizeit nutzen.

Im Weiteren möchte ich euch einige Tools zeigen, mit denen ihr euch effizient organisiert und eure Zeit managt. [42]

---

[42] Vgl. Grünwald, R. 2013

3. Werte, Visionen und Ziele

Jeder kennt Ziele und jeder weiß, dass es wichtig ist, sich Ziele zu setzen. Aber wie geht das wirklich? Ist „den Bachelorabschluss erreichen" ein geeignetes Ziel? Ich werde in diesem Kapitel darauf eingehen.

Um Ziele wirksam setzen zu können, muss man sie in einer höheren Größenanordnung ansetzen. Dabei geht es nicht nur um Ziele für das Studium, sondern auch um Bestrebungen und Konzepte im privaten und beruflichen Bereich.

Ohne menschliche Grundwerte kann eine Gemeinschaft nicht funktionieren. Es ist wichtig, dass sich gerade junge Leute mit den oft verdrängten und vergessenen Fragen nach Sinn und Ziel des Lebens auseinandersetzen. In vielen Fällen muss sich ein Wertebewusstsein erst entwickeln. Erst wenn du dir deine persönlichen Werte bewusst gemacht hast, kannst du dir auch Ziele für dein Studium setzen. Wer diese kennt, sie verinnerlicht hat und nach ihnen lebt, der kann klarer handeln und wird letztendlich deutlich erfolgreicher sein, wobei man Erfolg - sowohl im persönlichen wie beruflichen Bereich - nicht nur an materiellen Dingen, sondern auch und an geistig-seelischen Grundwerten messen sollte.

Nehmt euch also einen Stift und ein Blatt Papier und schreibt auf, welche Werte euch wichtig sind. Notiert nicht, was cool klingt und was ihr irgendwo aufgeschnappt habt. Schreibt auf, was wirklich etwas in euch auslöst. Eine erfreuliche Empfindung, die sich wohltuend in eurer Magengegend ausbreitet. Nehmt euch dafür Zeit und macht es ganz in Ruhe. Es müssen auch nicht besonders viele Punkte sein. Hauptsache, ihr habt ein gutes Gefühl bei der Aufzählung. Welcher Mensch willst du sein? Was macht deine Persönlichkeit aus?

Ich selbst unterteile Ziele in drei Kategorien, wobei die mächtigste eine Vision ist. Visionen können Jahrzehnte oder das ganze Leben überdauern. Die zweite Kategorie sind langfristige Ziele. Langfristig bedeutet dabei einen Zeithorizont von fünf bis zehn Jahren. Kategorie drei sind die kurzfristigen Ziele. Die meisten Leute sind komplett überfordert, wenn sie gefragt werden: „Wie sehen deine kurzfristigen Ziele, wie deine langfristigen Ziele und wie schaut deine Vision aus.“ Viele kennen gar keine Kategorie für sich selbst. Wenn überhaupt, dann die Gruppe der "Kurzfristigen". Aber was glaubt ihr, welche Kategorie hat den größten Impact auf eure Motivation und auf euer Zeitmanagement? Ja richtig, es ist die Vision, die dich, wenn auch vielleicht im Unterbewusstsein antreibt und dir die Kraft gibt, mit Motivation und Disziplin, deinen Weg zu gehen.

Eine Vision für sich zu finden, ist verdammt schwierig und kann sich über Jahre hinziehen. Nichtsdestotrotz sollte man sich immer die Frage stellen, was mich antreibt und was meine Vision sein kann. Lest euch eure aufgeschriebenen Werte durch. Eure Vision liegt dort versteckt, im Einklang mit euren Werten. Was wollt ihr wirklich in eurem Leben. Dazu kann ich das Buch von Alex Fischer „Reicher als die Geißens" empfehlen. Der Autor beschreibt hier recht gründlich, wie man seine Passion finden kann.

Seid ihr noch auf der Suche nach eurer Vision, dann schreibt auf, wie euer Leben in Zukunft aussehen soll. Macht euch ganz allgemein klar: Was für eine Person will ich sein? Was will ich besitzen? Wie soll mein Leben gestaltet sein? Welche Werte spielen dabei eine Rolle? Stellt anschließend noch mal Überlegungen an, wie ein perfekter Tag in eurem Leben aussehen könnte. Konstruiert ihn detailgenau. Wie, wo und mit wem wacht ihr auf, was und wo wird gefrühstückt. Seid wirklich extrem präzise und schreibt alles auf, was für euch zu dem perfekten Tag gehört. Danach müsst ihr die definierten Wünsche kritisch hinterfragen. Sind das wirklich eure Ziele? Oder sind sie nur irgendwelchen Idealen nachgebildet? Steht der Aufwand, dieses Wunschbild zu erreichen, in Relation zu dem Nutzen?

Ihr könnt davon ausgehen, dass die nun ermittelten Wünsche euren wahren Bedürfnissen, also eurer Vision, am nächsten kommen. Packt dieses Bestreben jetzt in messbare und erreichbare Ziele für die nächsten fünf bis zehn Jahre. Formuliert sie schriftlich aus und legt realistische, aber ambitionierte Zeitpunkte fest, an denen die Ziele erfüllt sein sollen. Gemessen an den konkreten Zielvorstellungen, wisst ihr eindeutig, woran ihr euer Handeln orientieren könnt. Legt also fest, was ihr genau erwartet. Die Maxime die euch leiten sollte: „Was kann ich innerhalb der nächsten fünf bis zehn Jahre in Richtung meiner Vision erreicht haben."

Die kurzfristigen Ziele lassen sich wiederum von den langfristigen ableiten. Welche Zielewillst du im nächsten Jahr erreichen? Wie könnt ihr eurem festgelegten 5-Jahresziel in den nächsten Monaten möglichst nahekommen? Speziell für das Studium ist es nun natürlich enorm wichtig, zusätzlich zu den vorher definierten langfristigen Zielen auch noch die im Kapitel VII beschriebene „Herangehensweise an das Studium" zu berücksichtigen. Haltet die Ziele unbedingt schriftlich fest und tragt euch die Termine für die Zielerfüllung in den Kalender ein. Und denkt daran: Werte, Visionen, langfristige und kurzfristige

Ziele stehen in sehr engem Zusammenhang.

Für den Umgang mit Tageszielen und To-dos findet ihr in den folgenden Unterkapiteln Tools und Hilfestellungen.

4. To-dos und Meilensteine

Den Weg, ein kurzfristig gesetztes Ziel, das du innerhalb eines Jahres erreichen möchtest, solltest du in sogenannte Meilensteine einteilen. Ein Meilenstein ist ein festgelegter Zeitpunkt, zu dem eine Aufgabe erledigt sein sollte. Die Meilensteine helfen dir, für dein Jahr ein Gerüst aufzubauen, um dein Jahresziel zu erreichen.

Ein Meilenstein kann zum Beispiel ein Klausurtermin sein. Hier ist der Meilenstein extern, also von der Uni festgelegt. Anders kann man sich auch Meilensteine für eine Hausarbeit setzen. Beispiel: Eine Hausarbeit zum Thema strategisches Management muss am 20.06.2018 abgegeben werden. Einer der Meilensteine ist natürlich der Abgabetermin, also der 20.06.2018. Diesen sollte man aber weiter aufsplitten auf z.B. die Literaturrecherche zum 10.05., die Gliederung zum 20.05., schriftliche Ausarbeitung zum 10.06. und Kontrolle und formale Anpassungen bis zum 15.06. Zu den genannten Zeitpunkten solltest du die jeweiligen Meilensteine abgeschlossen haben. So hättest du ein paar Tage Puffer vor der Abgabe und gerätst nicht in Zeitnot.

Gleiches kann man natürlich auch auf die Vorbereitung einer Klausur anwenden. Hier könnten die Meilensteine wie folgt aussehen:

- Kapitel 1-5 des Skriptes zusammengefasst

- Kapitel 6-10 des Skriptes zusammengefasst
- Übungsaufgaben gerechnet
- Probeklausur geschrieben
- Zusammenfassung wiederholt
- Klausurtermin

Das ist auf jeden Lebensbereich anwendbar und stammt aus dem Projektmanagement.

⇒ Smarter Rat: Meilensteine vorziehen

Mit einem Trick kann man die bei Studenten und Schülern weit verbreitete Aufschieberitis vermeiden. Ich kenne es leider zu gut, dass ich bis kurz vor Abgabe einer Hausarbeit oder eines Klausurtermins das Lernen bzw. das Schreiben aufschiebe. Das wirkt sich zumeist schlecht auf meinen Stresspegel und vor allem auf meine Note aus. Eine Möglichkeit, sich selbst Druck zu nehmen, besteht darin, die Meilensteine früher anzusetzen. Gerade bei Hausarbeiten ist das ein sehr bewährtes Mittel. Ob man die Arbeit jetzt im Juni oder im August schreibt, ist relativ egal. Bei der Planung muss man die Meilensteine entsprechend setzen. Steht dein Rahmen zur Zielerreichung, wirst du auch alles dafür tun, die Meilensteine zu erreichen.

Um die Meilensteine just in time zu erfüllen, müssen nun auf Tagesbasis To-dos festgelegt werden. Bleiben wir bei dem oben genannten Beispiel: Für den Meilenstein „Kapitel 1-5 des Skriptes zusammengefasst" könnten dann die To-dos wie folgt aussehen:

- Unterlagen sortieren
- Block kaufen

- Seite 1-12 zusammenfassen
- usw....

Mir hilft es immer, bei meinen To-dos eine kleine Zeiteinschätzung zu vermerken. Wie lange werde ich für jedes einzelnes To-do benötigen. Das hilft mir bei der Planung, auf die ich im Kapitel 8 Planung näher eingehen werde. Hier seht ihr, wie To-dos in Verbindung mit der Priorisierung (Kapitel 7 Prioritäten setzen) richtig abgearbeitet werden.

Ihr seht, alles hängt zusammen und aus einer Vision kann ein konkretes To-do entstehen. Man sollte sich hier immer das große Ganze vor Augen führen.

Ein guter Freund, der Zeitmanagement perfektioniert hatte, erklärte mir den Sinn von Zielen anhand der Chinesischen Mauer: „Julian, überleg mal, deine Vision wäre es, eine ca. 21.000 Kilometer lange Mauer in China zu errichten. Hättest du dir täglich nur diese Vision vor Augen gerufen, wärst du heillos überfordert. Es ist ein viel zu großes Projekt, was letztendlich über mehrere Jahrhunderte andauerte. Deshalb musst du die Vision unbedingt runterbrechen. Zuerst auf die Errichtung der Mauer in bestimmten Regionen, dann weiter runter auf verschiedene Städte. Dann weiter auf die nächsten 50 Meter, bis hin zu jedem einzelnen Stein. Die Dimension der Vision oder des Ziels würden dich erschlagen bzw. lähmen. Aber durch die Variante des Zerlegens des Projekts, gehst du Schritt für Schritt vor und hast nach jedem Stein, den du auf den anderen setzt, ein kleines Erfolgserlebnis."

Das leuchtete mir ein. Aber noch verstand ich die Metapher nicht zu hundert Prozent. Deshalb fragte ich meinen Kumpel: „Aber warum brauchen wir denn unbedingt eine Vision?"

Er lächelte verständnisvoll und erklärte: „Stell dir vor, du bist Arbeiter und verlegst in großer Hitze Stein um Stein. Du hast nur den Auftrag, Steine zu schichten und mit Lehm zu befestigen. Also hebst du diese schweren Steine und wuchtest sie auf die nächsten. Nach wenigen Stunden sind deine Arme total schwer und du möchtest nur noch in den Schatten und deine Ruhe. Und so geht es dir jeden Tag. Was meinst du, was würdest du in Woche drei machen und wie würde es dir dabei gehen?"

Ich: „Vermutlich hätte ich gleich am ersten Tag schon keine Lust mehr und würde die Steine nur noch halbherzig aufschichten. Das würde ich vielleicht noch eine Woche durchziehen und spätestens dann wäre es mir viel zu langweilig und ich würde alles hinschmeißen."

Er nickte und führte weiter aus: „Richtig, du würdest extrem schnell die Geduld und die Motivation verlieren. Das würde dazu führen, dass du schluderst und dass du nach kurzer Zeit aufgibst. Und jetzt stell dir vor, du hast Anteil an der Errichtung des größten Bauwerks der Welt, einer Mauer, die über 21.000 Kilometer durch ganz China verläuft. Einem Weltwunder, das der Verteidigung deiner Heimat und deiner Familie dient. Die kurz- und langfristigen Ziele helfen noch zusätzlich, indem sie dir Orientierung geben, in welche Richtung du bauen musst, dass du geradlinig, also ohne Kurven hochziehst, dass du keine unnötigen Ressourcen verbrauchst und dass du die Etappenziele mitfeiern kannst."

Wow. Das saß. Jetzt hatte ich verstanden. Ich hoffe, ihr könnt mit der anschaulichen Verbildlichung, die mein Freund gebraucht hatte, ebenfalls etwas anfangen und versteht den Zusammenhang und die Wichtigkeit von Zielen auf verschiedenen Ebenen.

5. Zeiteinteilung

Ihr habt nun eure Ziele festgelegt und seid euch über eure Werte im Klaren. Das ist schon mal eine gute Basis. Denn in diesem Kapitel werde ich euch darlegen, wie eine sinnvolle Zeiteinteilung des täglichen Ablaufs in eurem Leben aussehen könnte, welche natürlich zwingend mit den Werten und Zielen verzahnt ist.

Um sich seiner eigenen Zeiteinteilung bewusst zu werden, kann man sich zwei kleine Kreis-Diagramme anlegen. Für das erste Diagramm sollte man genau überlegen und dann notieren, wie viel Zeit man bei realistischer Betrachtung mit den einzelnen Lebensbereichen verbringt. Lebensbereiche können sein:

- Schlafen
- Familie
- Sport
- Berufliche Verpflichtungen
- Studium
- Freunde
- Zeit für sich

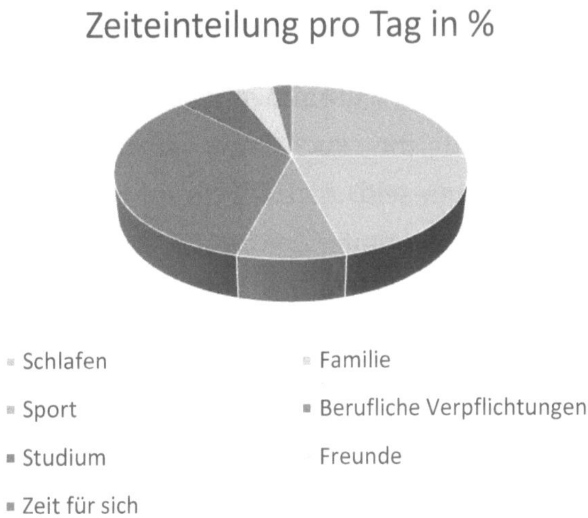

(erstellt innerhalb von 5 Minuten via Excel)

Die Zeiteinteilung kann auch noch spezifischer erfolgen. Z.B. kann noch zwischen Autofahren, Bahnfahren, Telefonieren, Essen, Fernsehen etc. unterschieden werden. Je detailierter, desto eher ergibt sich, in welchen Lebensbereichen noch Potenzial steckt, um mehr Zeit für andere Dinge zu gewinnen.

Dieses Kreisdiagramm solltet ihr anschließend eingehend studieren und überlegen, ob ihr eventuell Umverteilungen vornehmen möchtet. Nehmt dazu auch eure aufgeschriebenen Werte und Ziele zur Hand (siehe Kapitel 3 Werte, Visionen und Ziele). Was bringt euch weiter und wie wollt ihr eure Zukunft gestalten? Sobald ihr das geklärt habt, malt einen weiteres Diagramm und gliedert darin den zeitlichen Ablauf eurer Lebensbereiche so, wie ihr sie euch wünscht (so realistisch wie möglich).

Dinge, die wenig bis gar nichts bringen. Der erste Schritt bei einer anständigen Priorisierung besteht also darin, die 20 % herauszufinden die 80 % des Nutzens bringen. Diese 20 %, die einen großen Hebeleffekt haben, sollten natürlich auch eine hohe Priorität aufweisen. Wichtig sind die Aufgaben, die der Erreichung deiner Ziele dienen. Je mehr eine Aufgabe dazu beiträgt, umso besser. Diese solltest du vor allen anderen Dingen an deinem Tag erledigen. Für die restlichen 80 % der Aufgaben heißt es: Eliminieren was das Zeug hält! Seid hier konsequent und versucht Unwichtiges aus eurem Leben zu streichen. Mit der gewonnenen Zeit könnt ihr euch wiederum Aufgaben widmen, die einen viel größeren Einfluss auf eure Zielerreichung haben. [43]

Die nicht entfernten To-dos solltet ihr nun in drei bzw. vier Prioritätsstufen einteilen. Üblicherweise werden die Aufgaben in die Kategorien A, B, C & D eingestuft. „A" enthält die wichtigsten Aufgaben und „D" die unwichtigsten, die wir bereits eliminiert haben. Aus diesem Grund führe ich Kategorie D auch nicht gesondert auf. Zur klaren Abgrenzung empfehle ich wie folgt zu trennen:

Priorität A: Das sind sehr wichtige Aufgaben (der 20 % Topf), die für deine Zielerreichung besonders bedeutsam sind und dich deinen Zielen am nächsten bringen. Sie müssen nicht zwingend dringlich sein, haben aber einen großen Einfluss auf den Fortschritt deines Weges. Seid mit der Einstufung in Kategorie A sparsam! Das sollten wirklich nur die allerwichtigsten Aufgaben sein.

Ich empfehle, die Aufgaben gleich zu Beginn des Tages zu

---

[43] Vgl Seiwert, L. 2014

beackern. So hat man schon mal ein gutes Gefühl für den Tag, da man das Wesentliche erledigt hat (dazu aber noch mehr im folgenden Kapitel „Planung“).

Priorität B: Diese Aufgaben haben ebenfalls eine hohe Bedeutung für dich und deine Ziele, sind aber in der Regel nicht so dringlich und bringen dich letztendlich auch nicht so voran wie die Aufgaben mit Priorität A. Da ich die höchste Prioritätsstufe nur sehr sparsam verteile (maximal zwei am Tag), habe ich hier immer einige Aufgaben, die sich ansammeln. Wie man die Prioritäten am Tag erledigt, zeige ich euch im folgenden Kapitel.

Priorität C: Das sind häufig Routineaufgaben oder der tägliche Kleinkram. Oft lassen wir uns durch die Vielzahl solcher Aufgaben und Tätigkeiten dazu verleiten, ihnen eine unangemessene Vorrangstellung einzuräumen, insbesondere dann, wenn diese Aufgaben auch noch dringlich sind. Wie schon oben beschrieben, sollte man viele dieser Aufgaben aus seinem Aufgaben-Portfolio streichen oder delegieren. Ansonsten sollte man zumindest die Wichtigkeit dieser Aufgaben richtig einschätzen, sie, wenn möglich, bündeln und in weniger produktiven Phasen erledigen. [44]

Eine Hilfe für die richtige Entscheidung ist die Matrix des amerikanischen Präsidenten Dwight D. Eisenhower. In der Prioritätensetzung spielen die Kriterien Wichtigkeit (für deine Ziele, Werte, etc.) und die Dringlichkeit (Zeitpunkt, etc.) die entscheidenden Rollen.

Ich habe euch eine recht simple Abbildung skizziert.

---

[44] Vgl Seiwert, L. 2014

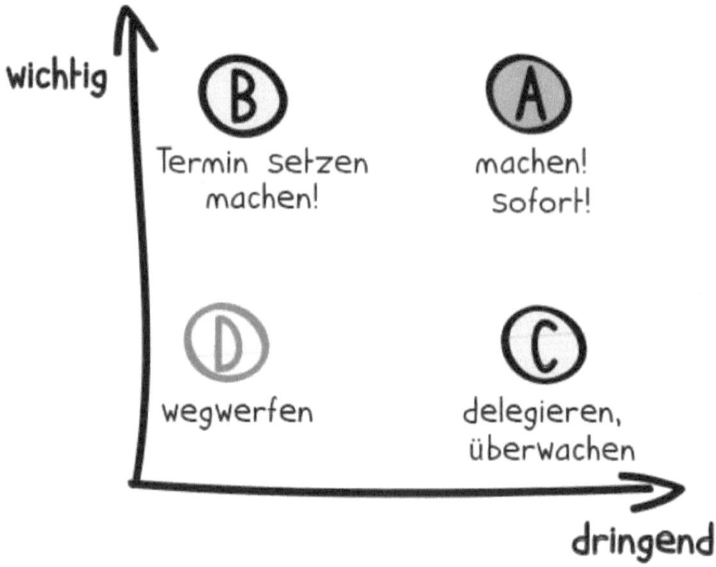

Auszug aus dem Buch Zeitmanagement[45]

Ihr sollt anhand der Matrix erkennen, welche jetzt eine A–Aufgabe ist, welche eine B-Aufgabe und welche eine C-Aufgabe. Überprüft die Wichtigkeit und die Dringlichkeit der Aufgabe im Hinblick auf eure gesetzten Meilensteine und Ziele.

A: Bei A eingeordnete Aufgaben sind unbedingt sofort zu erledigen. Sie sind dringlich und wichtig und bringen dich voran. Mit der Erledigung optimierst du deinen Erfolg.

B: Hier liegt der größte Optimierungsbedarf bei Studenten. Die Aufgaben sind wichtig, werden aber häufig durch die geringe Dringlichkeit vernachlässigt. Der Mensch neigt häufig dazu, die C-Aufgaben vorzuziehen, da diese dringlicher sind. Das führt

---

[45] Vgl Seiwert, L. 2014

häufig zu schlechtem Zeitmanagement. Denn die B- Aufgaben werden vermutlich alle zu einem gewissen Zeitpunkt zu A-Aufgaben und sind dann wieder dringlich und wichtig. Wie ich oben schon beschrieben habe, landen in der Kategorie B eine Menge an Themen. Wenn zu einem bestimmten Zeitpunkt dann eine Vielzahl von B-Aufgaben nach A rutscht, dann entstehen leicht Engpässe. Deshalb ist es wichtig, auch B-Aufgaben zu erledigen und sie ggf. den C-Aufgaben vorzuziehen. Wenn sie nicht ausgeführt werden, dann solltest du zumindest einen Termin zum Erledigen festlegen. Terminierst du nämlich alle B-Aufgaben, so hast du ein Monitoring der Aufgaben und identifizierst Engpässe.

C: Die C-Aufgaben haben einen geringen Einfluss auf deine Ziele bzw. auf deinen Studienerfolg, sind also unwichtig. Trotzdem halten sich die meisten genau mit diesen Themen am längsten auf, da sie scheinbar dringlich sind. C-Aufgaben sind meistens die Zeitfresser aus dem Kapitel 6. Mails, Anrufe, Besprechung mit Kommilitonen, Formatierung einer schriftlichen Hausarbeit, Erstellung des Deckblatts und viele weitere wenig fordernde Tätigkeiten. Die Aufgaben solltet ihr nach Möglichkeit delegieren (z.B. bei Gruppenarbeiten) oder automatisieren (z.B. Muster für Hausarbeiten erstellen und nie wieder etwas an der Formatierung ändern). Funktionieren diese beiden Alternativen nicht, solltet ihr versuchen, die Aufgaben zu bündeln und auf einem Zug zu erledigen. Z.B. Mails beantworten -> am besten sammelt ihr möglichst viele Mails an und beantwortet sie dann auf einen Schlag. Mal ehrlich, muss jede Mail, die im Postkorb landet, sofort angesehen und beantwortet werden? Meine Meinung: NEIN! Bei der Ausführung der C-Aufgaben lege ich euch zusätzlich nahe, etwas mutiger zu sein. Hier ist Perfektionismus wirklich unangebracht. Bleiben wir bei dem Beispiel E-Mail. Mails werden von den meisten Leuten sowieso nur quergelesen bzw. überflogen. Da sollte man nun wirklich keine vier Stunden für die perfekte Ausdrucksweise aufbringen.

D: Eliminieren, Eliminieren, Eliminieren.[46]

Wie ihr nun die Erledigung der priorisierten Aufgaben plant und auf euren Tag verteilt, zeige ich im folgenden Kapitel.

8. Planung

Die Planung ist der wichtigste Faktor im Zeitmanagement. Um an einem Tag etwas erledigen zu können, musst du planen. In den Tag zu leben und alles auf sich zukommen zu lassen ist ja ganz cool, aber auf lange Sicht komplett unproduktiv und ineffizient. Ich mache das auch zu gegebener Zeit im Urlaub, sich einfach mal treiben lassen und sehen wo es einen hin verschlägt. Aber zuhause möchte ich mir das nicht leisten! Lebst du in den Tag hinein, verlierst du die Kontrolle über dein Leben! Du bist in der Konsumhaltung und reagierst nur noch auf äußere Einflüsse. Wenn du Pläne schmiedest und diese verfolgst, bist du kreativ. So entscheidest du selbst, wie du dein Leben gestaltest und welche Ziele du erreichen willst.

Es gibt verschiedene Wege, zu planen. Es gibt langfristige und kurzfristige Konzepte. Mit langfristiger Planung meine ich einen Ein-Jahres-Plan oder einen Plan bis zu einem bestimmten Ereignis, das mehr als einen Monat in der Zukunft liegt. Langfristige Pläne, also über ein Jahr hinaus, machen meistens keinen Sinn, da sie zu

[46] Vgl. Zeitmanagement

realitätsfern sind. Hierfür sollten die langfristigen Ziele und Visionen, die wir im Kapitel 3 Werte, Visionen und Ziele bestimmt haben, als Orientierung dienen.

Die kurzfristige Planung umfasst den täglichen und den wöchentlichen Ablauf und organisiert die Abarbeitung der To-dos.

Die Planung hängt essenziell von den Vorkapiteln ab. Dort haben wir quasi die ganze Vorarbeit geleistet, um jetzt richtig gute Pläne zu entwerfen. Also zwingend die anderen Unterkapitel dieses Kapitels lesen, sonst fehlt euch etwas.

Das Kapitel ist jetzt sehr praxisnah und ich werde euch zeigen, wie eine extrem geile Planung aussieht. Das Ganze werde ich an meiner eigenen vorführen, allerdings nicht, weil ich so toll bin, sondern weil ich die Ergebnisse aus etlichen Gesprächen mit Zeitmanagement-Profis, vielen tollen Büchern und Podcasts von absoluten High-Performern zusammengetragen habe und das Beste aus allem auf meine Planung projiziert habe.

Am besten legt ihr euch ein Notizbuch in A4 Format zu. Dort tragt ihr auf den ersten Seiten eure Werte, Visionen sowie eure langfristigen und kurzfristigen Ziele ein.

⇒ Smarter Rat: Um schnellere Entscheidungen bei der Priorisierung der täglichen Aufgaben zu treffen, klassifiziert eure Ziele doch auch in die Kategorien A, B, und C. Es gibt immer ein Ziel, was wichtiger ist als die anderen. Stehen zwei A-Aufgaben auf der täglichen To-do-Liste, dann sollte man sich für das wichtigere bzw. erstrangige Ziel entscheiden. Das kann einem Arbeit und Grübeln ersparen.

Im zweiten Schritt geht es an die langfristige Planung. Dazu bastle ich mir im A3-Format einen eigenen Kalender (den kann man dann im Anschluss in das Notizheft einkleben). Du kannst dir natürlich auch einen aus dem Internet ziehen und im A3-Format ausdrucken. Da ich aber meistens bis zu einem ausgewählten Ereignis in der Zukunft plane und nicht ein gesamtes Kalenderjahr, ist es für mich sinnvoller, meinen eigenen Kalender zu erstellen.

Hast du dich also für einen Planungshorizont entschieden, musst du dir die Frage stellen:

„Wie kann ich meine Zeit am besten sinnvoll investieren, um bis zum Zeitpunkt X das Maximum für meine Ziele und Visionen herauszuholen?"

Im ersten Schritt trägst du dann die Meilensteine ein, die von extern vorgegeben sind bzw. feste Termine, die sich nicht verschieben lassen. Das sind beispielsweise Klausuren, Abgabetermine für Prüfungen, Abgabetermine auf der Arbeit, Sportevents, große Feste wie der eigene 30. Geburtstag, feste Urlaube, die eigene Hochzeit oder die Geburt deines Kindes.

Diese feststehenden Meilensteine musst du nun mit Zeitangaben versehen. Dabei solltest du dir genau überlegen, wie viele Stunden du in einer Woche für eine bestimmte Kategorie einplanen kannst. Neben einem Vollzeitjob wirst du keine 30 Stunden die Woche für die Uni aufbringen können. Dazu kann man sich die tägliche Zeiteinteilung zur Hand nehmen aus Kapitel 5 Zeiteinteilung. Rechnet aber auch Tage ein, an denen Events stattfinden und die Zeiteinteilung nicht erreicht wird. Diese Zeiträume tragt ihr euch dann entsprechend in euer Planungsheft ein. Wenn ihr Engpässe bzw. Überschneidungen ausmacht, wie z.B. die intensive Hochzeitsvorbereitung und der Abgabetermin für die Bachelorarbeit im Juli, so müsst ihr für ein Ziel den Bearbeitungszeitraum verschieben. Dazu legt ihr euch einen eigenen Meilenstein, z.B. Beendigung der Bachelorarbeit am 15.06. und schiebt den Bearbeitungszeitraum nach vorne. Zwar ist der offizielle Abgabetermin immer noch Ende Juli, aber in eurer eigenen Zeitplanung müsst ihr damit am 15. Juni fertig werden. Falls du jetzt denkst, das ist eh nur der eigene Zeitplan, da muss man sich nicht so genau dran halten, dann bist du auf einem ganz falschen Dampfer. Da könnten wir uns die ganze Übung hier auch sparen. Hältst du dich nicht an deine Zeitplanung, kommst du echt in Schwierigkeiten und gerätst in Stresssituationen, die dich innerlich auffressen. Halte dich also sehr strikt an deinen Plan, auch wenn das mal heißt, die eine oder andere Verabredung abzusagen.

Der Mensch neigt leider dazu, externen Terminen und Fristen viel mehr Bedeutung zukommen zu lassen, als den selbst gesetzten. Das ist völliger Humbug und auch aus psychologischer Sicht sehr von Nachteil. Hält man die eigenen Termine fortgesetzt nicht ein, setzt sich das unterbewusst fest. Besonders durch die ständige Wiederholung bildet sich die Vorstellung aus „... das schaffe ich sowieso nicht rechtzeitig" oder „ich bin total undiszipliniert". Deshalb solltet ihr versuchen, eure Deadlines ernst zu nehmen und so eure eigenen Vorgaben zu erfüllen.

So, nun hast du in deinem Zeitplan schon mal einige Termine und Bearbeitungszeiträume vermerkt, die von extern vorgegeben sind bzw. die du wegen Terminkollisionen verschoben hast. Als nächstes bestimmst du Meilensteine die dich näher a) an deine Zielerfüllung heranführen und/oder b) an andere Meilensteine heranbringen.

Beispiel für a): Du hast dir als Ziel gesetzt, ein Buch zu schreiben. Das möchtest du am 15. November veröffentlichen. Dann ist natürlich der große Meilenstein eben dieser Tag. Aber bis dahin musst du dir aus Motivations- und Organisationsgründen einige Zwischenziele setzen. Z.B. bis 15. Januar die Gliederung (Bearbeitungszeit: 1 Woche), dann bis 01.04. Kapitel 1 bis 10 (Bearbeitungszeit vier Wochen), usw…

Machst du das mit all deinen Zielen, dann hast du vermutlich - wie das bei mir der Fall war - einen recht vollen, aber gut strukturierten Plan. Diesen kannst du jetzt als Fahrplan für deine kommende Zeit verwenden. Jetzt gilt es, den Plan zu vervielfältigen und gut sichtbar aufzuhängen und in das Notizbuch einzukleben. Befolge ihn und denke daran, man überschätzt, was man an einem Tag erreichen kann und man unterschätzt, was man in einem Jahr leisten kann.

Der Fahrplan steht, jetzt geht es an eure kurzfristige Aufgabenplanung. Das funktioniert am besten mit einer Wochen- oder einer Tagesplanung. Hier planst du die konkreten Schritte, die du auf dem Weg zu deinem Ziel erledigen musst.

Am besten ist es, den Tag entweder morgens zu planen (direkt nach dem Aufstehen) oder schon am Vortag. Wie ihr das macht, bleibt euch überlassen. Es gibt verschiedene Methoden. Die gängigste ist die To-do-Liste. Hierfür könnt ihr Tools wie z.B. Microsoft To Do (Kapitel 10 – „Hilfsmittel“) nutzen oder klassisch eure To-dos auf ein Blatt Papier bzw. in das oben genannte Notizbuch schreiben. Sind die To-dos erledigt, sollten sie abgehakt bzw. durchgestrichen werden. Die To-dos sollten wie oben beschrieben priorisiert werden. Danach legt ihr fest, wie lange ihr für diese Aufgabe voraussichtlich brauchen werdet und wann ihr sie erledigen wollt. Dabei solltet ihr darauf achten, dass ihr euch einen Puffer einbaut. Der ganze Tag ist nie planbar und es kommt immer etwas dazwischen. Ein guter Richtwert sind 60 Prozent. Verplant nur diese Spanne eurer verfügbaren Zeit, sonst werdet ihr nie damit hinkommen.

Am Ende des Tages solltet ihr noch mal die To-dos durchgehen und prüfen, ob ihr alles geschafft habt. Was nicht abgehakt ist, solltet ihr auf den nächsten Tag schieben. Passiert das mit einer Aufgabe öfter, solltet ihr sie entweder auf einen anderen Termin legen oder sofort erledigen.

Ich persönlich plane meinen Tag sehr detailliert und trage die vorgenommenen Arbeiten in meinen Kalender ein (siehe ebenfalls Kapitel 10 – „Hilfsmittel"), zusätzlich auch noch in ein Notizbuch, das ich abends kontrolliere. Hier mache ich mir ein Werkzeug von Matthew Mockridge (Keynote Speaker, Gründer und Autor) zunutze. Er beschreibt neben den täglichen Aufgaben zwei weitere Sachverhalte. Er schreibt in sein Notizbuch zusätzlich zwei Werte, nach denen er den Tag gestalten möchte bzw. auf die er besonders achten will. Das können Verhaltensweisen sein wie freundlich, glücklich, fokussiert, diszipliniert, souverän, gelassen sein, aber auch einfache Vorsätze wie: viel lachen, jedem Gesprächspartner genau zuhören und in die Augen schauen oder sich beim Autofahren nicht aufregen.[47]

Ein weiterer Aspekt in der Planung deines Tages sollte deine individuelle Leistungskurve sein. Diese setzt deine Leistungsfähigkeit zu den Tageszeiten ins Verhältnis. Da ist jeder etwas anders, allerdings werden zwei Typen häufig identifiziert,

---

[47] Vgl. Mockridge, M. 2016

nämlich der Fruhaufsteher und der Langschläfer. Dem einen fällt es sehr leicht, morgens die wichtigen Dinge abzuarbeiten. Dafür ist mit ihm ab dem Nachmittag nichts mehr anzufangen. Der Andere braucht erst mal einige Zeit, um loszulegen, hat dafür aber am späten Nachmittag seine produktivste Phase. Generell ist biologisch bedingt ein sog. Mittagstief ganz normal. Da sinkt bei den meisten die Leistungsfähigkeit rapide.

Eine solche Leistungskurve solltet ihr euch für euch selbst erstellen. Muss gar nicht unbedingt schriftlich abgefasst bzw. aufgemalt werden, ihr könnt sie auch einfach in Gedanken für euch erstellen und euer Verhalten und Leistungsvermögen beobachten.

Eine Leistungskurve könnte beispielsweise so aussehen:

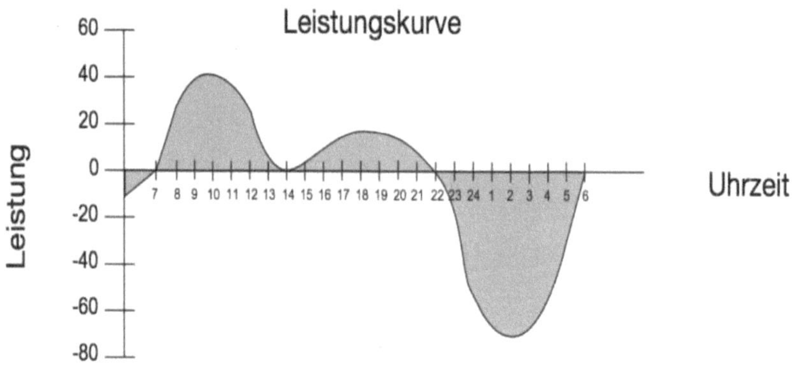

Auszug aus Wikipedia: Die Arbeitskurve[48]

9. Flow und Fokus

[48] Auszug aus www.wikipedia.org/wiki/Arbeitskurve

Das Setzen der richtigen Prioritäten hilft dir in deinem Studium ein gutes Stück weiter. Jetzt ist es aber wichtig, die ausgewählte Sache auch mit voller Konzentration anzugehen. Es gibt nichts Schlimmeres als wegen vieler Ablenkungen unkonzentriert zu lernen oder eine Hausarbeit zu schreiben. Man verbringt Stunden vor der Arbeit und kommt einfach nicht voran. Das ist nicht nur Zeitverschwendung, sondern auch extrem schlecht für die Motivation. Wir merken, dass wir nicht vorankommen, sind frustriert und als Folge davon werden Stresshormone ausgeschüttet. Vermutlich kennt jeder die Situation aus der Schulzeit, Ausbildung, aus dem Beruf oder einer Weiterbildung. Hast du einmal in einer Lernphase damit angefangen, wird es dir sehr schwerfallen, plötzlich total konzentriert an die Arbeit ranzugehen. Denn zu diesem Zeitpunkt ist die Motivation schon so weit unten, sodass sich eine Null-Bock-Haltung breitgemacht hat.

Bevor du mit dem Lernen anfängst, empfehle ich dir, zu überlegen, wie du möglichst fokussiert bleibst und dein Lernpensum kurz und intensiv gestaltest. Nützlich ist hier das Setzen von kleinen Zeit-Slots. Am besten mit einer Dauer von 45 Minuten oder einer Stunde. Das praktiziere ich auf der Arbeit wie auch im Studium. In dieser Zeit versuche ich alle Störungen zu vermeiden. Und ja, damit meine ich auch euer Handy. Wenn wir ehrlich sind, stellt dieses Gerät unser größtes Ablenkungsrisiko dar. Da blinkt und vibriert es doch dauernd wegen WhatsApp, Facebook, Instagram, SMS, Anrufe oder sonstigen Benachrichtigungen. Sobald du das Handy einmal in die Hand nimmst, verlierst du direkt den Fokus und die Konzentration auf deine Sache. Man merkt es gar nicht wirklich, aber der Kopf braucht relativ lange, um die Aufmerksamkeit wieder auf das eigentliche Thema zu lenken. Er muss wieder von vorne anfangen, sich mit dem Thema zu beschäftigen. Also mein Rat lautet, stellt euch den Timer auf 45 Minuten oder eine Stunde und schaltet das Handy in den Flugmodus. Lasst es am besten gleich in eurer Jackentasche, damit ihr nicht in Versuchung kommt. Gleiches gilt aber auch für andere Ablenkungen. Ich schließe immer alle Internetfenster sowie mein E-Mail-Postfach, schalte den Anrufbeantworter auf der Arbeit ein und mache die Tür zu. Bin ich nicht alleine, teile ich das auch meinen Mitmenschen in meiner Umgebung mit (Kollegin im gleichen Büro oder Freundin zuhause).

Du wirst bei dieser Methode merken, wie schnell du vorankommen kannst, wenn du dich nicht ablenken lässt. Nachdem ich die Stunde geschafft habe, versuche ich zumindest kurz durch zu schnaufen, mir einen Kaffee zu holen oder anderweitig die Beine zu vertreten. Der Kopf muss auch mal den Stresspegel runterfahren, dann schafft er es länger und besser, den Fokus zu bewahren.

Schaut euch in diesem Zusammenhang gerne auch noch mal das Kapitel „Meditation“ an. Meditation kann helfen, das Wirrwarr aus Gedanken und Sorgen zu sortieren und zu ordnen. Schweift man oft ab oder denkt schon an andere noch vor einem liegende Aufgaben, dann kann dank Meditation Abhilfe geschaffen werden.

10. Hilfsmittel

Kalender

Der Kalender war das erstes Orga-Tool, was ich für mich

entdeckte. Da ich in der Schulzeit doch eher verpeilt unterwegs war und gerne mal den einen oder anderen Test komplett vergaß, war Steve Jobs mit der Erfindung des Smartphone ein regelrechter Segen für mich. Denn damals wie heute ist meine Kalender-App die wichtigste auf meinem Handy. Papierhafte Kalender hatte ich zwar auch ausprobiert, doch sie waren für mich zu umständlich. Und wiederkehrende Einträge immer wieder in den Kalender zu schreiben, war zu aufwändig.

Ganz anders der digitale Kalender. Ich nutze grundsätzlich den Google-Kalender. Ich will hier keine Werbung machen, aber der Kalender ist wirklich gut. Wenn man eine Google-Mail-Adresse hat, besitzt man automatisch auch den Kalender. Das Praktische daran ist, dass er WEB-basiert funktioniert und nicht nur per App. Das heißt, wenn ich mal kein Handy dabei habe, kann ich trotzdem über das Internet auf meine Termine zugreifen. Andersherum synchronisierst du deinen Kalender einfach mit deiner favorisierten Kalender-App oder nutzt gleich die Google Kalender-App auf deinem Smartphone.

Um das Studium mit deinem sonstigen Leben in Einklang zu bekommen und alle Termine, egal ob privat, beruflich oder weiterbildend, auf dem Schirm zu behalten, empfehle ich dir eine sehr sorgfältige Kalenderführung. Also am Anfang des Semesters den Vorlesungsplan schnappen und jede Vorlesung in den Kalender eintragen. Gerne auch mit Farben. Bei mir sind Geburtstage lila, wichtige Arbeitstermine orange, Urlaub grün, Uni blau und Klausuren und Abgabetermine für Hausarbeiten rot. Natürlich lege ich die Geburtstage als sich wiederholende Termine an, sodass es immer im Kalender vermerkt ist. Die Klausuren und Abgabetermine sind mit einer entsprechenden Erinnerung von 2 Wochen vor dem Termin eingespeichert, sodass noch genug Zeit bleibt, um zu lernen oder die Hausarbeit fertig zu schreiben. So habe ich den Kalender die letzten Jahre benutzt und es hat mir enorm weitergeholfen, alles unter einen Hut zu bekommen. Terminkollisionen konnte ich durch den Kalendereintrag rechtzeitig antizipieren und nach Priorität eine Entscheidung treffen.

Heute nutze ich den Kalender sogar als To-do- Planung. So teile ich meinen Tag in halbstündige Perioden auf. Ich plane genau, was ich am kommenden Tag alles machen muss und lege fest zu welcher Zeit ich das erledige und wie lange ich dafür voraussichtlich brauche. Man muss sich erst mal an dieses Vorgehen gewöhnen, da man am Abend des Vortages schon viele Entscheidungen zu treffen hat. Aber mit etwas Routine geht es dann immer besser und relativ zügig. Der große Vorteil besteht in der erhöhten Produktivität. Zum einen weißt du zu jeder Zeit was du tun musst und denkst darüber nicht andauernd nach, sondern machst es einfach. Dies spart enorm viel Zeit und verhindert auch die Leerlauf-Phasen. Zum anderen merke ich, dass ich viel produktiver bin, da ich mich nicht mehr so schnell ablenken lasse. Es entwickelte sich ein innerer Drang, die To-dos in der festgelegten Zeit zu schaffen. Dadurch halte ich mich nicht mehr so oft mit Surfen, Schwätzchen mit den Kollegen oder mit Facebook oder WhatsApp auf. Für diese Art von Ablenkung plane ich eigene kleine Zeitfenster im Sinne eines Zeitpuffers ein. Nach z.B. einer großen Aufgabe lasse ich gerne mal eine halbe Stunde Zeitpuffer bis zur nächsten. Entweder ich schaffe das To-do nicht in der geplanten Zeitspanne, dann habe ich immer noch eine halbe Stunde länger Zeit, oder ich schaffe es rechtzeitig und kann mal kurz mit einem Kollegen schwätzen, einen Kaffee ziehen oder die neusten Nachrichten checken. Natürlich gibt es immer wieder ungeplante Abweichungen vom Plan. Eine Aufgabe dauert länger, man bekommt Sonderaufträge vom Chef oder es kommen Probleme auf. Klar, muss man dafür dann sehr flexibel sein und sich ein Zeitfenster für die Unterbrechung einräumen. Das ist aber überhaupt nicht schlimm. Denn der Kalender soll lediglich ein Fahrplan für deinen Tag sein und dich bei deiner Produktivität unterstützen.

Der Kalender ist ein total simples, aber extrem wirksames Tool, um deine Organisation, dein Zeitmanagement und deine Produktivität deutlich zu erhöhen. Wichtig ist, dass du den Kalender ordentlich führst. Da du das Handy ja immer dabei hast, kannst du auch alles was du besprichst oder vereinbarst direkt in den Kalender eintragen. Nicht erst morgen oder am Wochenende, sonst vergisst du es wieder. Ich trage mir sogar die Pläne, die ich mit den Jungs in einer Bar für diverse Events schmiede, noch im angeheiterten Zustand direkt in den Kalender ein, damit nichts vergessen geht.

Microsoft To Do

Microsoft To Do ist eine App zur Organisation von To-dos, Einkaufszetteln und vielen weiteren Dingen. Bis Mai 2020 war das Tool unter dem Namen „Wunderlist" bekannt. Allerdings hat der amerikanische Gigant das kleine deutsche Startup aufgekauft. Den nützlichen Funktionen tut dies jedoch keinen Abbruch.

Es ist eine schlichte, aber sehr ansprechende App, um verschiedene Listen anzulegen. Die App funktioniert über Laptop, Tablet und Smartphone, oder webbasiert. In Microsoft To Do können verschiedene Listen angelegt werden, für die man wiederum Listenpunkten einpflegt, die manuell sortiert werden können. Die Listenpunkte haben verschiedene Eigenschaften wie Titel, Beschreibung (in Form einer Notiz), Fälligkeitsdatum, eine Erinnerungseinrichtung, ein auswählbares Stern-Symbol, um besonders wichtige Punkte hervorzuheben, und ein Kästchen zum Abhaken. Eine Ebene tiefer können weitere Unterpunkte angelegt werden, welche sich ebenfalls abhaken lassen. Insgesamt ist das Tool sehr übersichtlich aufgebaut und bietet eine sehr geordnete Struktur.

Interessant ist ein Browser-Add-on. Es fügt bei Aktivierung dem Browser einen Microsoft To Do-Knopf hinzu und ergänzt in manchen Fällen direkt auf der Website einen solchen Button. Z.B. bei Wikipedia, YouTube, Amazon und anderen Webseiten. Betätigt man den Button, öffnet sich ein kleines Microsoft To Do-Overlay, sodann ein vorgefertigter Listenpunkt, in dem der Titel dem Titel der Internetseite entspricht und die ersten paar Zeilen inklusive der URL als Notiz angelegt sind. Die vordefinierten Werte können noch ergänzt und abgeändert werden. Jetzt muss die passende Liste ausgewählt und abgespeichert werden. Das Add-on eignet sich sehr gut für jegliche Internetrecherchen. Egal ob Blogs abgespeichert, Wunschzettel erstellt oder Webinhalte ermittelt werden sollen, das Tool stellt eine nette Unterstützung dar.

Besonderes cool ist auch die Funktion des „gemeinsamen Bearbeitens". Jeder kann jede Liste für mehrere Personen freigeben. Jeder sieht alle Listeneinträge und kann selbst welche vornehmen. Manche Startups organisieren damit ihre gesamten Aufgaben. Ich nutze es mit meiner Freundin für Einkaufslisten, Unternehmungen, die wir unbedingt mal machen müssen oder für Packlisten, wenn ich in den Urlaub fahre.

Besonders geeignet ist die App für

- To-Dos, am besten versehen mit Enddatum, gelegentlich auch mit Unterpunkten. Sortiert nach Möglichkeit in Aufgabenfeldern. Es können z.B. Listen für Uni, dienstlich und privat angelegt werden. Manche gehen aber auch mehr ins Detail und erstellen für jedes Fach im Semester eine Liste
- Packlisten
- Liste mit Filmen, Videos (YouTube), Büchern, die vorgemerkt werden sollen oder die besonders gut waren
- Einkaufszettel, beim Einkaufen können die erworbenen Artikel abgehakt werden. Diese werden dann in der jeweiligen Liste ausgeblendet. Erhalten bleiben sie dennoch in den „Erledigten Aufgaben, weshalb die wiederkehrenden Listenpunkte nicht erneut eingeben werden müssen. Es muss nur der Haken entfernt werden, sobald ein Produkt wieder auf die Einkaufsliste soll
- Fundstücke im Internet
- Internetquellen bei Hausarbeiten
- Organisation bei Gruppenarbeiten (Präsentation oder schriftliche Ausarbeitung) in der Uni
- Organisation der Aufgaben im Team.

Per Benachrichtigungsfunktion der App oder per E-Mail ist eine automatische Erinnerung an To-dos gegeben. Wer die Liste angelegt hat und diese mit anderen Personen teilt, der kann auch per E-Mail über Veränderungen anderer Nutzer auf dem Laufenden gehalten werden.

Vorteile von Microsoft To Do sind also leichte Bedienbarkeit, Nutzbarkeit von allen Geräten, Freigabefunktion für andere Personen und die Möglichkeit der schlichten Priorisierung.

X. LERNTECHNIKEN

1. Grundkenntnisse Gehirn

Sobald wir uns mit dem Thema Lernen intensiver beschäftigen, sollten wir uns folgerichtig auch mit unserem Gehirn auseinandersetzen. Um nämlich Lernmethoden richtig anwenden zu können, sollten Grundlagenkenntnisse über das Gehirn vorhanden sein. Die möchte ich jetzt im Kurzdurchlauf vermitteln. Beachtet aber bitte, dass ich auf dem Gebiet kein Experte bin und die Gehirnforschung noch lange nicht am Ende angekommen ist.

Das Lernen ist von Geburt an in den Genen verankert und stellt für die menschliche Spezies den größten Vorteil dar. Dabei geht es nicht um das Pauken für die anstehende VWL-Klausur, sondern um das Erlernen von Bewegungsabläufen und Verhaltensmustern aus dem Sammeln von Erfahrungen. Der Ablauf des komplexen Lernprozesses im Gehirn besteht im Grunde aus drei Schritten:

- Informationsaufnahme,
- längerfristige Abspeicherung im Gedächtnis,
- Abruf der gespeicherten Informationen im Bedarfsfall.

Entgegen vieler Meinungen ist unser Hirn nicht wie eine „Cloud“, in der Gelerntes einfach an einem Ort abgespeichert wird. Vielmehr sind es Verbindungen, die unser Wissen tragen. Diese bestehen zwischen Gehirnnervenzellen. Das sind reizleitende Zellen, die als Neuronen bezeichnet werden. Das Erstaunliche daran ist, dass sie mithilfe von elektrischen Impulsen miteinander kommunizieren und Informationen austauschen können. Und das machen sie ständig. Macht der Mensch also eine Erfahrung, kommunizieren verschiedene Gehirnzellen miteinander, wodurch Verbindungen zwischen Nervenzellen (also neuronale Verknüpfungen) entstehen. Je öfter wir eine bestimmte Lernerfahrung machen, desto stabiler stellt sich diese Verbindung dar. Verstärkt werden kann sie zusätzlich dadurch, dass verschiedene Eingangskanäle (Sinneskanäle wie hören, riechen, schmecken, fühlen, sehen oder über Emotionen, motorische Zugänge etc.) mit der Lernerfahrung verknüpft sind. Das Abspeichern der Informationen wird damit erleichtert. Je mehr Kanäle beansprucht werden, desto mehr Synapsen und Nervenzellen werden aktiviert und desto tiefer wird die Information im Gehirn verankert.

Man sagt, dass das Gehirn zwischen 80 und 90 Prozent der Wahrnehmungen von Beginn an speichert, wenn sie gleichzeitig durch Hören, Sehen und Erleben aufgenommen werden. Für das nebenberufliche Fürs Studium bedeutet das demnach, dass man dem Professor nicht nur zuhören sollte, man sollte das Gesagte auch visualisieren und am besten selbst anwenden.

Die größte Herausforderung beim Lernen stellt die Abspeicherung im Gedächtnis dar. Denn viele vom Gehirn aufgenommene Informationen gehen nach wenigen Sekunden wieder verloren. Was natürlich auch sein muss, denn unser Gehirn ist täglich mehreren Millionen Sinneseindrücken ausgesetzt. Da muss es selektiv unwichtige Dinge ausblenden. Die nächste Instanz ist das Kurzzeitgedächtnis. Das erreicht nur solche Informationen, die das Gehirn mit gespeichertem Vorwissen verknüpfen kann. Doch auch der Großteil dieser Informationen ist nach ca. 20 Minuten wieder gelöscht.

Im Grunde sprechen wir vom Lernen, wenn unser Gehirn eine

Reaktion auf Erfahrungen zeigt und die nachhaltige und langfristige Veränderung in unserem Gehirn bewirkt haben.

Dies geschieht über neuronale Netzwerke. Was wir also als Lernen bezeichnen, ist (etwas vereinfacht gesagt) nichts anderes, als die Neuentstehung und die Verstärkung bereits bestehender Verbindungen zwischen Nervenzellen. Je öfters wir eine bestimmte impulsauslösende Erfahrung machen, desto stabiler wird die synaptische Verbindung zwischen den Nervenzellen, die diese Erfahrung repräsentieren.

Über diese wird nun die Information von Nervenzelle zu Nervenzelle weitergegeben. Je mehr Synapsen und Nervenzellen aktiviert sind, desto tiefer wird die Information im Gehirn verankert. So speichert das Gehirn zwischen 80 und 90 Prozent der Wahrnehmungen, die gleichzeitig durch Hören, Sehen und Erleben aufgenommen werden, von Beginn an. Wer etwas hört, vergisst es – wer etwas sieht und hört, erinnert sich – wer etwas tut, begreift es!

Ereignisse, an die wir uns bewusst erinnern können, sind im Großhirn gespeichert. Dort existieren sogenannte Rindenfelder. Diese haben verschiedene Funktionen. Die Bedeutung von Begriffen ist an einem anderen Platz gespeichert als die akustische Erkennung eines Begriffs (Hören: Hörfeld) oder das Schriftbild eines Begriffs (Sehfeld) oder die Übersetzung eines Begriffs in eine Fremdsprache oder die emotionale Färbung eines Begriffs.

Beim Übergang vom Kurzzeitgedächtnis zum Langzeitgedächtnis spielt (neben dem medialen Schläfenlappen) vor allem der Hippocampus (Teil des Limbischen Systems) eine zentrale Rolle. Dabei wirkt der Hippocampus wie ein Filter, durch den alle Informationen hindurch müssen, damit sie langfristig abgespeichert werden können. Leicht ins Langzeitgedächtnis gelangen vor allem Informationen, die mit Gefühlen verbunden sind. Eine wichtige Rolle spielt dabei aber neben der Gefühlsintensität auch die Art des Gefühls: mit positiven Gefühlen verbundene Informationen werden anders verarbeitet und gespeichert als mit negativen Gefühlen verbundene Informationen. Zumindest legt die Trauma-Forschung nahe, dass mit starkem Angst-Erleben verbundene Erfahrungen nicht im Wissens-Gedächtnis, sondern im (episodischen/biographischen) Bilder-Gedächtnis landen. Der distanzierende Umgang mit diesen Bildern ist dann nicht möglich, was dazu führt, dass Betroffene durch unterschiedliche Auslöser (Trigger) wieder in die ursprüngliche Angst auslösende Situation hineinkatapultiert werden. Erst wenn es im Nachhinein gelingt, für die Bilder auch Worte und Sätze zu finden, ist ein distanzierender Umgang mit diesen Erfahrungen möglich. Das erklärt, weshalb das Reden oder das Aufschreiben ein wichtiger Ansatz ist, zu einem reflektierten/distanzierten Umgang mit psychischen Traumata zu kommen. (Dabei spielt wahrscheinlich auch der mediale Schläfenlappen, ein Teil des Großhirns, eine zentrale Rolle. Er ist wahrscheinlich dafür zuständig, dass wir Inhalte mit räumlichen, zeitlichen oder logischen Koordinaten versehen und ihnen dadurch erst eine Bedeutung geben können.)[49]

2. Lerntypen

Wissenschaftler haben herausgefunden, dass es drei verschiedene Lerntypen gibt. Den visuellen, den auditiven und den haptischen

---

[49] Vgl. Carter, R. 2014

Lerntyp. Dabei schließt das eine das andere nicht aus. In den meisten Menschen steckt ein bisschen von jedem Lerntyp, aber meistens unterschiedlich ausgeprägt.

Einen Test zum Feststellen deines Lerntyps findest du im Internet gratis. Ein Beispiel ist:

https://www.studienkreis.de/infothek/online-checks/lerntyp-check/

Der visuelle Lerntyp nimmt die meisten Informationen über die Augen auf. Er sieht Dinge, wie Texte, Bilder, Videos, Abbildungen, Tabellen etc. und kann darüber ganz einfach Informationen speichern. Vielen visuellen Lerntypen hilft es enorm, wenn sie mitschreiben, um es in der eigenen Handschrift nochmal zu sehen. Eine weitere Lernunterstützung besteht darin, den Lernstoff zur Seite zu legen und sich die Inhalte bildlich oder in einem Schaubild vorzustellen. Allgemein sind Diagramme und andere Darstellungen enorm hilfreich.

Der auditive Lerntyp nimmt Inhalte am besten über die Ohren auf. Im Gegensatz zum visuellen Typ erfasst dieser schon einen Großteil des Wissens, indem er einfach nur aufmerksam zuhört. Der auditive Typ kann weniger mir Unterlagen anfangen, er lässt sich den Stoff lieber erklären. Bist du ein auditiver Lerntyp, kannst du Bücher mit Hörbüchern austauschen, dich in Lerngruppen zusammenfinden und Gelerntes per Handy aufnehmen, um es zu einem späteren Zeitpunkt erneut abzuspielen.

Der haptische Lerntyp ist unser Praktiker. Dem bringen Bücher oder Hörbücher relativ wenig. Er muss es entweder direkt in die Praxis umsetzen können oder zumindest direkt mit Übungen konfrontiert werden. Statt Büchern sollte der haptisch Lernende besser mit PC-Übungsspielen, Fallbeispielen oder Apps seine Kenntnisse erweitern.

3. Methoden zum richtigen Lernen

So, nun haben wir verstanden, wie unser Gehirn funktioniert und wie unser Gedächtnis Studieninhalte verarbeitet und abspeichert. Nun kommen wir zu den Techniken des richtigen Lernens.

Dafür ist es zunächst erstmal wichtig zu verstehen, dass die letzten drei Kapitel einen großen Impact auf unseren Lernerfolg haben. Im erweiterten Sinn sind sie ebenfalls Lerntechniken, die sich bei zutreffender Anwendung positiv auf die Wissensaneignung auswirken. Kapitel VII beschäftigte sich intensiv mit der richtigen Einstellung zum Studium. Wie wir oben gelernt haben, sind Emotionen sehr förderlich für die Aufnahme von Informationen. Wenn du also Bock auf dein Studium hast und den Stoff interessant findest bzw. mit der Praxis verknüpfen und verwenden kannst, dann hast du einen Riesenvorteil: Du kannst den Stoff viel besser aufnehmen.

⇒ Smarter Rat: Um das Wissen zu verankern und in das Langzeitgedächtnis zu transferieren, können die folgenden sieben Methoden angewendet werden:

- Den Nutzen/Vorteil für dich erkennen
- Mit Gefühlen und Emotionen verknüpfen
- Bildliche Vorstellung
- Vereinfachung und Teilung eines Themas
- Mit bestehenden Kenntnissen verknüpfen (Stichwort Denkmuster)
- Praktisch anwenden

- Wiederholen

Auch das Thema Stress und Stressbewältigung (s. Kapitel 7) beeinflusst in hohem Maße das Lernen bzw. die Motivation zum Lernen. Je besser du mit dem Stress umgehen kannst und je mehr Ausgleich du hast, desto konzentrierter und engagierter kannst du dich an deinen Schreibtisch setzen und durchstarten. Also sind auch zum richtigen Lernen Methoden wie Sport und Meditation relevant. Der Sport schafft einen guten Ausgleich und hilft den Kopf frei zu bekommen. Mit der Meditation schaffst du es, dich länger auf eine Sache zu fokussieren und ablenkende Gedanken auszublenden.

Ähnlich wichtige Schlüsse können aus dem Kapitel IX "Tools für die richtige Organisation" entnommen werden. Die Tools zur Optimierung deiner Organisation und deines Zeitmanagements können 1 zu 1 für das Lernen verwendet werden. Ziele setzen, priorisieren und eine gute Planung bilden die Basis für den Lernerfolg.

Es gibt sehr verschiedene Lerntechniken und Tools, um etwas auswendig zu lernen. Diese stelle ich euch aber ganz bewusst nicht in diesem Buch vor, da sie meines Erachtens zwar interessant und bemerkenswert sind, ich sie aber nur als Mittel zum Zweck sehe. Für mich bedeutet zielbewusstes Lernen, etwas von Grund auf zu verstehen, es also nachvollziehen und mit den eigenen Erfahrungen verknüpfen zu können. Teilweise werden dir die „Tools" für den Lernerfolg selbstverständlich vorkommen, aber bewusst sind sie den meisten dennoch nicht, und in der Praxis finden sie noch weniger Anwendung.

Verständnis

Hört sich doof an, ist aber für mich die Basis des Lernens: Lege beim Lesen eines Textes und beim Lernen von neuem Stoff das Hauptaugenmerk darauf, die Zusammenhänge und Aussagen zu verstehen. Den Details und Zahlen kannst du später deine Aufmerksamkeit widmen. Erstmal solltest du verstehen, wie die Strukturen ineinandergreifen.

Visualisierung

Assoziiere die gelernten Inhalte mit Bildern und stelle dir beschriebene Situationen, Konstruktionen und Aussagen lebhaft vor. Nutze dafür deine Fantasie und vergegenwärtige dir Beispiele oder nutze Organigramme und Mindmaps.

Wiederholung

Wie schon erwähnt, ist die Wiederholung die geeignetste Übung, um sich etwas einzuprägen und es nicht gleich wieder zu vergessen. Dazu ist es hilfreich, den Stoff so oft zu rekapitulieren, bis er sicher wiedergegeben werden kann. Dabei meine ich nicht das stumpfe Wiederkäuen wie beim Auswendiglernen eines Gedichtes! Nein, ich meine damit das Wiederholen von der Logik bzw. den Zusammenhängen hinter einem System. Oder die wiederholte praktische Anwendung. Denn Übung macht den Meister.

Der Flow

Für eine gute Organisation in deinem Studium ist es hilfreich, die Prioritäten richtig zu setzen und die wirklich anstehenden Aufgaben zu erledigen (Kapitel 7 Prioritäten setzen).

In diesem Kapitel geht es darum, die ausgewählten To-dos auch mit voller Konzentration anzugehen. Es gibt nichts Schlimmeres, als unkonzentriert und mit vielen Ablenkungen zu lernen oder eine Hausarbeit zu schreiben. Man verbringt Stunden vor der Arbeit und kommt einfach nicht voran. Das ist nicht nur Zeitverschwendung, sondern auch extrem schlecht für die Motivation. Dadurch entsteht Frust und als Folge davon werden Stresshormone ausgeschüttet. Vermutlich kennt jeder eine solche Situation aus der Schulzeit, Ausbildung, aus dem Beruf oder einer Weiterbildung: du steckst mitten in einer Lernphase und es fällt dir immer schwerer, fokussiert an die Arbeit ranzugehen. Die Motivation sinkt immer mehr, sodass sich eine Null-Bock-Haltung breitmacht und du am liebsten alles hinwerfen würdest.

Läuft ein Lernvorgang in der geschilderten Weise ab, verhindert er natürlich effizientes Lernen und erfolgreiches Arbeiten. Doch was ist der optimale Gemütszustand zum Lernen? Richtig. Es ist der Flow. Ich bediene mich hier der open Source Wissensquelle Wikipedia: „Der Flow (englisch „Fließen, Rinnen, Strömen") bezeichnet das als beglückend erlebtes Gefühl eines mentalen Zustandes völliger Vertiefung (Konzentration) und restlosen Aufgehens in einer Tätigkeit („Absorption"), die wie von selbst vor sich geht". Geil, oder? Wenn du diesen Zustand beim Lernen erreichst, dann hast du es geschafft. Du bist maximal aufnahmefähig und produktiv.

Allerdings ist es nicht unbedingt einfach, in den Flow zu

gelangen, deshalb solltest du dir vor dem Lernen darüber Gedanken machen, wie du möglichst fokussiert bleibst und dein Lernpensum kurz und intensiv gestaltest.

Meine Empfehlung ist, sich kleine Zeit-Slots zu setzten. Am besten mit einer Dauer von 45 Minuten oder eine Stunde. Das mache ich in der Arbeit wie auch im Studium. In dieser Zeit versuche ich alle Störungen zu vermeiden. Und ja: damit meine ich auch euer Handy. Wenn wir ehrlich sind, ist das Handy unser größtes Ablenkungsrisiko. Da blinkt und vibriert es doch dauernd durch WhatsApp, Facebook, Instagram, SMS, Anrufe oder sonstige Benachrichtigungen. Sobald du das Handy einmal in die Hand nimmst, verlierst du direkt den Fokus und die Konzentration auf deine Sache. Man merkt es gar nicht wirklich, aber der Kopf braucht verhältnismäßig relativ lange, um die Aufmerksamkeit wieder auf das eigentliche Thema zu lenken, denn er muss wieder von vorne anfangen, und sich in das Thema reindenken. Also mein Rat lautet, stellt euch den Timer auf 45 Minuten oder eine Stunde und schaltet das Handy in den Flugmodus. Lasst es am besten auch gleich in eurer Jackentasche, damit ihr nicht in Versuchung kommt.

Gleiches gilt aber auch für andere Ablenkungsgefahren. Ich schließe immer alle Internetfenster, ebenso wie mein E-Mail-Postfach, schalte den Anrufbeantworter auf der Arbeit ein und mache die Tür zu. Bin ich nicht alleine, teile ich auch meinen Mitmenschen in meiner Umgebung mit (Kollegin im gleichen Büro oder Freundin zuhause), dass ich nicht gestört werden möchte.

Du wirst bei dieser Methode merken wie schnell du vorankommen kannst, wenn du dich nicht ablenken lässt.

Nachdem ich die eine Stunde geschafft habe, versuche ich zumindest kurz durchzuschnaufen, mir einen Kaffee zu holen oder anderweitig die Beine zu vertreten. Der Kopf muss auch mal zur Ruhe kommen, dann schafft er es länger den Fokus zu bewahren.

Schaut euch in diesem Zusammenhang gerne auch noch mal das Kapitel „Meditation" an. Meditation kann helfen, dass Wirrwarr aus Gedanken und Sorgen zu sortieren und zu ordnen. Schweift man also oft ab oder denkt schon an andere noch vor einem liegende Aufgaben, dann kann mit Meditation Abhilfe geschaffen werden.

Aber auch im nächsten Unterkapitel ist ein tolles Werkzeug für den Flow beschrieben.

Study Music

Um in den Flow zu kommen, stelle ich mir aber nicht nur den Timer ein und schalte mein Handy in den Flugmodus. Ein weiteres Tool ist die sogenannte „Study Music". Das ist Musik, die sich sehr nach Entspannungsmelodie anhört und auch große Überschneidungen zu dieser aufweist.

Theorien besagen, dass über eine bestimmte Art von Musik Gehirnwellen stimuliert werden, um Entspannung, Schlaf, Meditation oder Konzentration zu fördern. Das geht durch Methoden wie Binaurale Beats (wenn Schallwellen mit leicht unterschiedlicher Frequenz beiden Ohren zugeführt werden) und über Alpha- bzw. Beta-Wellen.

Im Rahmen des Studiums wird die Methode zur Stimulierung des

Gehirns und für eine höhere Konzentrations- und Aufnahmefähigkeit genutzt. Daraus hat sich eine eigene Musikrichtung entwickelt, die als „Study Music“ bezeichnet wird. Einfach mal bei YouTube eingeben und schon erhaltet ihr etliche Musikvideos von mehreren Stunden Länge. Ich nutze Study Music inzwischen beinahe täglich, wenn ich mich fokussieren will. Das komplette Buch habe ich in Begleitung dieses Rhythmus geschrieben. Ich ziehe die Kopfhörer auf und spiele diese Musik ab und kann mich dadurch extrem gut auf einen Sachverhalt fixieren und komme in den gewünschten Flow.

Texte lesen

In der Regel wirst du im Laufe deines Studiums Unmengen von Texten lesen müssen. Egal ob zum Lernen oder für Hausarbeiten, die Aneignung von Wissen durch Literatur ist unabdingbar. Vermutlich schlagt ihr jetzt die Hände vors Gesicht und denkt, was will der denn jetzt damit? Ich verrate es euch, denn auch beim Lesen kann man einiges falsch und vieles richtig machen. Das möchte ich euch jetzt für das Studium auf den Weg geben.

Es beginnt bei der Literatur-Recherche. Häufig googelt man nach irgendwelchen allgemeinen Begriffen, um ein Thema zu suchen, findet aber meistens Rand-Bereiche und bis man sich seinem eigentlichen Anliegen angenähert hat, geht viel Zeit ins Land. Deshalb empfehle ich, gleich konkret nach dem Thema bei Google Books zu suchen. Dort wird man rasch mit zumeist wissenschaftlicher Literatur belohnt und die Schnittmenge ist höher. Genauso gut kann man umgehend zu Wikipedia gehen. Man bekommt einen schnellen Einblick in das Thema und findet unter "weiterführende Literatur" gleich neue Lektüre, um sich in die Thematik einzulesen.

Habt ihr euch die grundsätzlich in Frage kommende Literatur zusammengesucht, ist es jetzt wichtig zu selektieren. Was braucht ihr davon wirklich? Dafür solltet ihr euch Zeit nehmen und euch das Inhaltsverzeichnis genauer ansehen. Schaut, ob euch die Materie überhaupt interessiert. Findet ihr einige für euch relevante Punkte, dann notiert euch diese am besten mit entsprechender Seitenzahl.

Gerade wenn sich viel Literatur angesammelt hat, sollte man die ausgewählten Passagen erstmal überfliegen und schauen, ob dort etwas für euch Zutreffendes stehen könnte. Findet ihr in dem Abschnitt auf Anhieb nichts, könnt ihr ihn gleich überspringen und zum nächsten weitergehen.

Habt ihr nun interessante Inhalte gefunden, müsst ihr euch die Textpassagen natürlich durchlesen. Hier kann ich euch die „Speed Reading“-Methode ans Herz legen. Mit dieser Methode kannst du dein Lesetempo verdoppeln. Dafür ist allerdings etwas Übung erforderlich, die du aber im Studium mit Sicherheit ausreichend bekommen wirst. „Speed Reading“ basiert auf dem Prinzip, dass unsere Augen beim Lesen von einem zum anderen Wort springen. Mache es dir ruhig mal bewusst. Wie liest du jetzt gerade?

Ungeübte Leser (vielleicht auch du) machen nach einem solchen Sprung eine kurze Pause, um ein Wort zu verarbeiten. Zudem wird ein Begriff oder ein Abschnitt häufig ein zweites Mal gelesen, um sicherzugehen, dass man sich nicht verlesen hat. Bei dieser Schnelllesetechnik springst du mit deinen Augen von Wortgruppe zu Wortgruppe. Durch regelmäßiges Training musst du versuchen, mit einem Blick möglichst viele Wörter aufzunehmen und die Pausen zwischen den Augensprüngen zu reduzieren. Diese Vorgehensweise beruht auf einer Erkenntnis der Gehirnforschung, die besagt, dass das Gehirn gelesene Ausdrücke verarbeiten kann, während parallel dazu mit den Augen bereits neue Wörter aufgenommen werden. Auf diese Weise kann die Lesegeschwindigkeit enorm gesteigert werden. Das erste Mal habe ich davon in Timothy Ferriss' Buch „Die 4-Stunden-Woche" gelesen. (Übrigens absolute Empfehlung von mir; das Buch ist eine Business-Bibel!) Danach habe ich ein entsprechendes Seminar besucht und ich kann sagen, mir hat es eine enorme Zeitersparnis eingebracht. Um Näheres zu erfahren, googelt einfach Speed Reading oder schaut auf dieser Webseite nach.

Inzwischen ist die Methode sehr populär und es gibt etliche Bücher und Seminare dazu. Schaut auch mal bei euch in der Uni nach. Häufig gibt es hier Seminare oder Vorträge zu diesem Thema für kleines Geld oder kostenlos.

Trotz Speed Reading solltet ihr euch aber die Zeit nehmen, entweder wichtige Textpassagen zu markieren (mit Textmarker) oder wesentliche Aspekte herauszuschreiben. Das hilft nicht nur zur Orientierung und zum Wiederfinden, sondern auch für das Textverständnis.

Ich persönlich bin ein Fan von Zusammenfassungen. Ich schreibe mir alles Relevante zu einem Fach/Vorlesung raus. Dabei ist ganz wichtig, dass ich das selbst mache, da ich mir so das Meiste merken kann. Diese Zusammenfassung erstelle ich recht ausführlich und versehe sie oft mit eigenen Beispielen (gut für das Verständnis). Anschließend muss ich nur noch mein Geschriebenes durchgehen und entsprechende Übungsaufgaben dazu lösen.

XI. TIPPS UND TOOLS ZUM STUDIEREN

1. Studium vs. Schule

Die meisten Studienanfänger machen den Fehler, zu sehr auf die Lerntechniken aus der Schule oder der Berufsschule zu vertrauen. In diesem Abschnitt führe ich kurz die größten Unterschiede auf:

Schule	**Uni/ FH**
Lehrer: • Kennen dich persönlich, • erinnern an Abgaben und Klausuren, • sorgen aktiv für deine Mitarbeit, • versorgen dich mit Unterrichtsmaterial, wenn du krank warst, • prüfen, ob du Hausaufgaben gemacht hast.	Dozenten: • Kennen dich selten persönlich, • erinnern dich nicht an Abgabefristen, • wer nicht zuhört, ist selber schuld, • um verpasste Inhalte musst du dich selbst kümmern, • setzen für Vorlesung voraus, dass nachgearbeitet wurde.
Klassenarbeiten: • Ergeben mit der mündlichen Note die Gesamtnote	Klausuren: • Zählen im Studium zu Hundertprozent,

(Klausur kann also noch ausgeglichen werden), • der Stoff im Unterricht wird in der Klausur abgefragt.	• gehen oftmals über den Stoff der Vorlesung hinaus.
Organisation: • Stundenplan und Zeiteinteilung sind relativ klar vorgegeben, • Unterrichtsstunden und Themen für Hausarbeiten sind klar vorgegeben, • für Klausuren ist man automatisch angemeldet.	Organisation: • Eigenes Zeitmanagement und eigene Zeiteinteilung, • häufig stellt man sich einen eignen Semesterplan zusammen oder kann zumindest Klausuren beliebig vorziehen oder aufschieben, • man muss sich für Klausuren rechtzeitig anmelden.
Inhalte • Es wird breites Grundwissen/Allgemeinbildung vermittelt, • in die Schule muss man gehen und die Inhalte muss man lernen.	Inhalte • Teilweise sehr detaillierte Wissensvermittlung zu ausgewählten Themen, • das Studium ist freiwillig und man kann sich auf sein

	Lieblingsgebiet spezialisieren.

Eigene Abbildung

Wenn ihr mit eurem Studium beginnt, dann solltet ihr diese Aspekte beachten. Denn nur, wer sich bewusst macht, dass sich das Studium in diesen Bereichen von der Schule unterscheidet, kann einen holprigen Start in der ersten Uni-Phase vermeiden.

2. Kommilitonen

Ein wichtiger Faktor in eurem Studium wird das Verhältnis zu euren Kommilitonen sein. Zunächst kannst du davon ausgehen, dass sich dein Studium nicht nur angenehmer, sondern auch deutlich einfacher gestaltet, wenn du mit diesen auf einer Wellenlänge bist. Was sich aber in der Theorie einfach anhört, ist im studentischen Alltag manchmal gar nicht so unproblematisch. Insbesondere im berufsbegleitenden Studium kann die Beziehung zu den Mitstudenten teilweise sehr oberflächlich und distanziert sein. Während im „normalen" Studium die Altersstruktur in etwa gleich ist, gibt es im nebenberuflichen Studium extreme Unterschiede. Es sind Studenten jeden Alters und aus jeder Gesellschaftsschicht vertreten. Da ist es klar, dass man sich nicht mit jedem auf Anhieb versteht. Die größte Schwierigkeit resultiert aber aus der Doppelbelastung. Wenn du nach einem Acht-Stunden-Tag mit 12 Meetings noch drei Stunden in die Uni musst, dann hast du manchmal einfach keine Lust für einen Small Talk mit den anderen Studenten. Ganz genauso ist es mir auch ergangen. Dennoch sollte man nicht den Fehler machen, sich komplett abzukapseln. Denn ein zumindest solider und respektvoller Umgang kann dir einigen Ärger ersparen. Ein freundschaftliches Verhältnis kann durchaus eine enorme Zeitersparnis bewirken. Damit meine ich nicht ein Ausnutzen der strebsamen Kollegen, sondern ich spreche von einer, auf Gegenseitigkeit beruhenden, Teamarbeit. Die Kontakte in der Uni sind in verschiedenen Bereichen wichtig.

Nummer eins und für jeden verständlich: Gruppenarbeiten. Klar, wenn ich mich hier mit coolen Leuten gut verstehe, dann macht das a) viel mehr Spaß und b) kann ich mich viel besser und ehrlicher verständigen. Auch ein gewisser sozialer Druck entsteht, denn die Leute, die man mag, will man nicht enttäuschen und ihnen auch nicht zu viel Arbeit aufbürden.

Nummer zwei sind Krankheitstage, Paralleltermine oder Urlaube. Wenn man durch Abwesenheit glänzen möchte, dann sollten gute Freunde im Vorlesungssaal sitzen. Egal ob ein kurzzeitiger Ausfall oder eine längere Fehlzeit ansteht, die Kommilitonen werden zwingend benötigt, um Kenntnis von den Mitschriften und wichtigen Themen zu erlangen. Wenn du dich gut mit den anderen Studenten verstehst, geben sie dir gerne die Unterlagen weiter und du erhältst ggf. noch weitere, über die Mitschriften hinausgehende, Infos und Erklärungen. Ist das Verhältnis eher distanziert, kannst du schnell mal leer ausgehen. Achtet also darauf, dass ihr es euch mit euren Kommilitonen nicht verscherzt, denn wer nur fordert und nie etwas zurückgibt, wird schnell als Ego eingestuft. Bei mir ist am Ende in dieser Hinsicht leider auch ein Ungleichgewicht entstanden (ich war einfach viel öfter im Urlaub als die Kollegen), und so musste ich mich mit Cocktails aus der Nummer rauskaufen.

Nummer drei ist die Bildung einer Lerngruppe. Es gibt immer

jemanden, der ein Thema besser beherrscht als die anderen. In Lerngruppen kann man sich vor einer Klausur zusammensetzen und gemeinsam einige Aufgaben bearbeiten oder andere Sachverhalte klären. Erfahrungsgemäß sind Lerngruppen Win-win-Situationen. Die einen lassen sich den Lernstoff von den Kommilitonen erklären und verstehen ihn besser, als wenn das Thema von dem tiefgründig erklärenden Professor vermittelt wird. Den anderen prägt sich der Stoff sehr gut ins Gedächtnis ein, da dieser in einer anderen Dimension verstanden werden muss, um ihn mit den Kommilitonen darstellen zu können. Eine andere Möglichkeit besteht darin, die Lösung gemeinschaftlich zu erarbeiten. Bei den ersten beiden Methoden rate ich dazu, nicht zu früh anzufangen. Es bringt nichts, mit dem Stoff bei Null zu beginnen, wenn die Personen in der Gruppe eine verschiedene Wissensbasis aufweisen. Alle sollten sich vorab mit dem Thema vertraut gemacht haben, um auf einem ähnlichen Level zu sein. So kann man Probleme oder Verständnisschwierigkeiten in bestimmten Bereichen speziell angehen und beheben. Alles andere ist ineffizient. Einfach mal treffen, um zu sehen wie weit man selbst mit der Paukerei vorangekommen ist, finde ich quatsch.

3. Mitschriften

Nach Ergebnissen der Gehirnforschung gelten Notizen zu einer Präsentation oder Vorlesung als eine wiederholte Vergegenwärtigung der Inhalte, da sie erneut mit eigenen Worten formuliert werden. Die Inhalte werden dadurch vertrauter und die Gedächtnisleistung gesteigert. Darüber hinaus sind Notizen eine Art externer Speicher, dessen sich das Gehirn einige Tage später leicht bedienen kann, ohne alles krampfhaft im Gedächtnis behalten zu müssen.

In meinem Studium waren die Mitschriften in den Vorlesungen kriegsentscheidend. Häufig war ich in der Vorlesung eher unmotiviert und wollte mich berieseln lassen. Das Ende vom Lied: Ich bekam fast nichts mit, weil ich entweder mit Kommilitonen quatschte, am Handy spielte oder mit den Gedanken abdriftete. Beim Lernen für die Klausur fand ich einige Lücken in meinem Skript und Gedankengänge der Professoren, die ich nicht mehr nachvollziehen konnte. Ganz toll...

Die Schwachstelle war schnell identifiziert. Ich dokumentierte nicht ordentlich genug und schrieb nicht mit. Das änderte ich insbesondere im zweiten Studium. Nicht nur, dass ich meine Ordner ordentlich führte, ich versuchte, deutlich mehr Notizen und Anmerkungen anzubringen. Gerade auch kleine Beispiele, die der Prof. zum besseren Verständnis zum Besten gab, notierte ich mir kurz mit Bildchen oder Stichworten. Zwei sehr positive Aspekte kamen dabei zum Tragen. Zum einen konnte ich durch die mit meinen eigenen Worten abgefassten Inhalte und durch die Erinnerung an Beispiele den Vortrag des Dozenten viel besser nachvollziehen und verstehen. Gerade im Hinblick auf die Klausur, aber auch für das allgemeine Verständnis des Sachverhalts. Zum anderen konnte ich durch das Mitschreiben der Vorlesung viel besser folgen. Ich ließ weniger Ablenkungen zu und schweifte auch mit den Gedanken nicht mehr so oft ab, da mein Gehirn ausreichend zu tun hatte mit dem Zuhören, Verstehen und Aufschreiben. Damit war mein Denkapparat ausreichend beschäftigt und hatte keine Kapazitäten mehr für lernfremde Dinge.

Vielen Leuten fällt das schwer, weil sie cool sein wollen. Sie möchten mit den Kommilitonen schwätzen, mal in der Pause ein Bierchen zischen und bloß nicht mitschreiben. Man ist ja eh ein super Brain und kein Streber. Sorry: das ist Bullshit. Klar, kann man das mal machen und ich habe auch viel mit den Kommilitonen herumgealbert. Das habe ich aber meistens auf den Anfang, Pause und das Ende der Vorlesung verschoben. Auch das Bierchen habe ich lieber danach getrunken (nach einem Bier bin ich im Freizeitmodus und kann mich einfach nicht mehr in eine Vorlesung setzen). Ich habe mich nach einiger Zeit gefragt, wenn ich eh nur in die Vorlesung gehe, um „cool" zu sein und mit den Kommilitonen zu quatschen, dann kann ich es auch gleich ganz lassen. Dafür ist mir meine Freizeit zu schade. Also entweder bin ich in der Uni und folge dem Unterricht und fertige mir eine ordentliche Mitschrift an oder ich lasse es bleiben und genieße meine Freizeit am See oder im Biergarten mit Freunden.

⇒ Smarter Rat: Handschrift statt Laptop

Bei Vorträgen in Schulen, Universitäten und anderen Einrichtungen geht der Trend beim Mitschreiben immer mehr zum Laptop, Tablet und Smartphone. Es wird mehr getippt als per Hand aufgezeichnet. Warum sollte es auch anders sein? Immerhin wird mit dem Laptop deutlich schneller geschrieben als mit der Hand. Wissenschaftliche Studien zeigen nun aber, dass sich handschriftliche Notizen deutlich besser auf die Gedächtnisleistung, das Verständnis und das Erinnerungsvermögen auswirken. Bei den Studien wurde eine Vielzahl von Teilnehmern in zwei Gruppen eingeteilt. Die einen schrieben bei einem Video handschriftlich, die andern per Laptop mit. Anschließend wurden faktische Fragen und Verständnisfragen gestellt. Bei den Fakt-Fragen schlossen beide Gruppen gleich ab. Bei den Verständnisfragen schnitt die handschriftliche Gruppe deutlich besser ab. Die Versuche wurden auch noch unter anderen Aspekten durchgeführt, wie z.B. dass bei gleichen Voraussetzungen die Laptop-Gruppe nur Notizen machen sollte, da die Vermutung bestand, dass man beim Laptop versucht, alles mitzuschreiben, aber auch hier gab es das gleiche Ergebnis. Das liegt daran, dass sich das Gehirn automatisch mehr mit dem Gelesenen beschäftigt und durch das Formulieren in eigenen Worten, sich intensiver mit den Inhalten beschäftigt.[50] Eine andere Theorie besagt, dass die eigene Handschrift für das Gehirn einprägsamer ist. Also überlegt euch gut welche Methode ihr in den Vorlesungen anwendet.

4. Gruppenarbeiten

Bei dem Thema Gruppenarbeiten spielt natürlich in vielerlei Hinsicht auch das Thema Kommilitonen aus Kapitel 1 eine wesentliche Rolle. Augen auf bei der Team-Auswahl. Das heißt nicht, dass ihr immer nur Gruppen bildet mit den gleichen Leuten und denen, die euch extrem sympathisch sind. Denn besonders angenehm sind einem selbst immer die Leute, die einem am meisten ähneln. Das ist häufig gar nicht so von Vorteil. Kleines Beispiel: Stellst du ein Team aus zwei kreativen, aber chaotischen Menschen zusammen, dann wird deine Gruppenarbeit viele gute Ideen und tolle Ansätze hervorbringen. Dafür wird die Arbeit ziemlich unorganisiert ablaufen und im Ergebnis nicht vollständig durchdacht sein. Setzt du dein Team dagegen aus je einer kreativen, chaotischen und einer organisierten, pragmatischen

[50] https://www.neuronation.de/science/notizen-wieso-schreiben-tippen-ueberlegen-ist

Person zusammen, verbindest du alle guten Eigenschaften. Du hast die Möglichkeit, in einer Gruppenarbeit gute Ideen kritisch zu hinterfragen und organisiert umzusetzen. Wie ein Team optimal zusammengesetzt wird, hängt stark von dem angesprochenen Persönlichkeitstest ab (Kapitel 1 Allg. Organisation im Studium).

Ansonsten haben natürlich auch Dinge wie eine gute Organisation, die richtige Herangehensweise, die richtige Themenwahl etc. einen großen Einfluss auf die Qualität der Gruppenarbeit. Gerade zu deren Organisation gibt es wieder ein paar Tools, die ich nachfolgend aufgeführt habe.

Projektmanagementtools

Ein Projektmanagementtool hat grundsätzlich zum Ziel, ein Projekt zu organisieren, zu strukturieren, Aufgaben festzulegen, den Projektfortschritt zu überwachen und im Projektteam zu kommunizieren.

Aus Projektmanagement-Sicht betrachtet ist jede Gruppenarbeit ein Projekt. Es gibt ein Ziel, welches zu einem bestimmten Zeitpunkt von mehreren Personen erreicht werden muss und was keinen wiederkehrenden Charakter hat. Deshalb eignen sich Projektmanagementtools so wunderbar für Gruppenarbeiten im Studium. Allerdings sind die PM-Tools wie JIRA, MS-Project, Basecamp oder Projectplace viel zu teuer.

Es gibt jedoch alternativ einige kostenlose Projektmanagementtools, die für Gruppenarbeiten bestens geeignet sind. Diese sind zwar nicht uneingeschränkt kostenlos, die meisten nur in den Grundfunktionen oder bis zu einer bestimmten Teilnehmerzahl konzipiert, für Gruppenarbeiten aber vollkommen ausreichend. Mit den PM-Tools kann der Nutzer wie in einem großen Projekt Aufgaben verteilen, den Status eines To-dos beschreiben, Dokumente hochladen, Meilensteine sowie Termine festlegen und mit den Teammitgliedern chatten.

Ich stelle hier meine Favoriten kurz und bündig vor:

Bitrix24

Bitrix24 ist vermutlich das umfangreichste kostenfreie System auf dem Markt. Neben den klassischen Projektmanagement-Aufgaben erfüllt es auch andere nützliche Funktionen, wie zum Beispiel einen Team-Chat, die Möglichkeit für Videokonferenzen, Kalender, Dokumenten-Management, Gantt-Charts, Zeiterfassung, Versionierung, CRM, Aufgaben-Verwaltung, Personal-Management usw. Ebenfalls kann man Bitrix24 per Android, IOs und webbasiert nutzen. Bis zu 12 Personen können an der kostenlosen Version, mit so vielen Projekten wie nötig, mitarbeiten. Will man mehr Personen hinzuschalten, muss man eine der Erweiterungen kostenpflichtig erwerben.

Trello

Trello ist im Gegensatz zu Bitrix24 eher schlicht gehalten, besitzt weniger Funktionen, hat dafür aber eine extrem gute Usability. Sprich, die Nutzeroberfläche ist leicht zu bedienen und als erstmaliger Nutzer fühlt man sich nicht gleich erschlagen. Das PM-Tool besteht hauptsächlich aus Listen und Karten, die um hilfreiche Features ergänzt wurden. Es macht auf Anhieb Spaß, damit zu arbeiten und der Nutzen stellt sich sofort ein. Benötigt man es aber für größere Projekte, stößt es dann doch irgendwann an seine Grenzen.

Freedcamp

Die in richtigen Projekten häufig genutzte Unterstützung ist Basecamp. Die kostenfreie Version davon heißt Freedcamp. Es können mehrere Projekte bzw. Gruppenarbeiten gleichzeitig verwaltet und durchgeführt werden. Zu den Funktionen gehören: Erfassung der einzelnen Mitarbeiterzeiten an Projekten und Arbeitspaketen sowie Standards wie Deadlines, To-do-Listen oder das Teilen von Dokumenten. Vorteil von Freedcamp: Die Unterstützung der Kommunikation ist von Freedcamp sehr gut gelöst. Die komplette Kommunikation innerhalb einer Gruppenarbeit kann über mobile Geräte abgewickelt werden. Die Nutzer können sehen, welche Aufgaben ihnen zugewiesen wurden, sie können chatten, Zeitenpläne erstellen und einsehen. Gut ist natürlich auch der ähnliche Aufbau wie Basecamp für diejenigen, die evtl. schon mal damit zu tun hatten oder für diejenigen, die in Zukunft damit zu tun haben werden. Beachten sollte man aber, dass die Backups in diesem Projektmanagement-Tool kostenpflichtig sind.

Meistertask

Wie der Name schon sagt, hat sich Meistertask auf die Bewältigung von Aufgaben spezialisiert und eine sehr intuitive Aufgabenliste aufgebaut. Aber auch andere PM-Funktionen kann Meistertask gut abbilden. Vorteile sind eine gute Aufgabenliste, die Funktionsfähigkeit als IOs-App und die unbegrenzte Zahl an Teilnehmern oder Gruppenarbeitsteams (bei den anderen meistens auf eine bestimmte Zahl an Usern begrenzt).

Podio:

Das PM-Tool Podio sticht dadurch hervor, dass sich innerhalb einer gegründeten Gruppe kleine Einzel-Teams bilden können, die sich dann wiederum weitere Aufgaben aufteilen können. Podio ist dabei Cloud-basiert und funktioniert über den Browser und per App. Vorteil von Podio: Ist sehr individuell und hat einen Facebook-Charakter. Auf der Startseite werden immer Aufgaben aufgeführt, die bearbeitet, angepasst oder erledigt wurden. Das hat einen motivierenden Charakter für alle Beteiligten. Ebenfalls kann man Schwierigkeiten oder Probleme posten, bei denen andere Teilnehmer Tipps geben und mitdiskutieren können.

Dropbox

Bei Gruppenarbeiten ist es manchmal wichtig, Dokumente auch über gewisse Entfernungen mit den Kommilitonen zu teilen und gemeinsam zu überblicken. Per E-Mail ist das sehr aufwendig und die anderen oben erwähnten PM-Tools haben zwar teilweise ein Dokumenten-Managementsystem, das ist jedoch noch nicht so ausgereift und sicher wie das nun vorgestellte Tool: Dropbox.

Dropbox ist ein sogenannter Filehosting-Dienst. Hier können Dateien in eine Cloud hochgeladen werden. Auf diese Dateien kann immer zugegriffen werden, solange ein Computer mit Internetanschluss vorhanden ist. Das System erfüllt zwei Zwecke. Es dient der Online-Datenspeicherung sowie dem Austausch von Daten zwischen verschiedenen Personen. Die in der Cloud befindlichen Dateien können über den Browser und mit Hilfe von Apps abgerufen, gelesen und aktualisiert werden.

Skype

Jeder Leser kennt vermutlich Skype und hat es schon benutzt. Ich möchte trotzdem noch mal darauf speziell eingehen, da es für Gruppenarbeiten in der Uni wirklich klasse ist. Teilweise haben wir Projekte in der Gruppe fast ausschließlich über Videokonferenz in Skype bewältigt. Jeder von Zuhause, ich meistens im Urlaub ;-).

Aber beginnen wir von vorne. Skype ermöglicht das kostenlose Telefonieren zwischen Skype-Kunden via Internet. Dabei verwendet Skype extrem gute Technologien, die ein einwandfreies Telefonieren ermöglichen und in Sachen Klangqualität sehr viel besser sind als herkömmliche Telefone.

Des Weiteren zeichnet sich Skype durch eine einfache Handhabbarkeit und Bedienbarkeit und vor allem durch einen niedrigen Verbrauch des Internetvolumens aus.

Für die Uni sind die Konferenzfunktionen sehr hilfreich. Man kann von überall auf der Welt anrufen und sich in Konferenzen einloggen. Praktisch dabei ist, dass man währenddessen noch einen Chat zur Verfügung hat, wo man z.B. Links oder auch Dateien verschicken kann. So ist jeder Teilnehmer auf demselben Stand.

5. Studienarbeiten

Wie ihr euch konzentriert und organisiert an eure Hausarbeit setzt, habe ich in den vorigen Kapiteln beschrieben. Ich möchte in diesem Abschnitt zwei kleine Tipps geben, die euch einen gehörigen Vorteil verschaffen werden.

Ihr solltet unbedingt das Angebot eurer Hochschule nutzen und euch Zugang zur Universitätsbibliothek verschaffen. Es geht auch gar nicht unbedingt um die physischen Bücher. Mein Augenmerk richtet sich vielmehr auf die Online-Bibliothek. Immer mehr Bib´s gehen dazu über, Bücher auch online als E-Books zur Verfügung zu stellen. Und das ist wirklich super. Denn im Endeffekt musst du nicht daran denken, das Buch zurückzugeben, da es dir als E-Book vorliegt. Es nimmt keinen Platz weg und man kann wunderbar per „copy and paste" bestimmte Passagen aus der PDF-Datei herauskopieren und in die eigene Arbeit integrieren. Natürlich nur mit ordentlicher Zitation. Das macht das Leben deutlich einfacher.

Weitere nicht zu unterschätzende Instrumente für Studienarbeiten sind sogenannte Literaturverwaltungsprogramme. Hier sind Zotero und Citavi die bekanntesten. Viele Universitäten bieten entsprechende Software kostenlos für ihre Studenten an. Ansonsten kann man es zumindest in einer Basisversion kostenlos nutzen oder die Voll-Version gegen ein kleines Entgelt kaufen. Die beiden Programme unterstützen dich bei deinen Hausarbeiten, insbesondere in der Struktur und der Zitation.

Ich erwähne es deshalb, weil das Zitieren in Studien-, Bachelor- oder Masterarbeiten extrem nervig ist und sehr viel Zeit kostet. Es dauert erst einmal, bis man begriffen hat, wie es funktioniert. Danach erleichtert es dir das Schreiben und du kommst deutlich schneller voran. Schaue dir einfach mal beide Seiten an und entscheide dich für ein Programm.

Du kannst das Programm in Word und deinen Web-Browser integrieren. Der übernimmt direkt die Quellen in gewünschter

Form (Harvard- oder Deutsches-System) in dein Dokument und sorgt automatisch für den Aufbau deines Quellverzeichnisses. Super stark.

6. Lern- und Schreiblokation

Egal ob Ausarbeitung einer Hausarbeit oder Lernen für die anstehenden Klausuren, der Ort an sich und seine Nutzung kann das Ergebnis sowohl im positiven- wie im negativen Sinn beeinflussen. Wo du auch bist, du solltest auf jeden Fall eine ruhige Atmosphäre für dich schaffen, in der dir die Konzentration auf deine Tätigkeit nicht schwerfällt.

Der Arbeitsplatz

Der Arbeitsplatz ist meine persönliche Lieblingslocation, insbesondere zum Schreiben von Hausarbeiten. Bei meiner früheren Arbeitsstelle hatte ich mit meinem Chef den Deal, während der Dienstzeit einigen Uni-Kram zu erledigen, wenn der Arbeitsanfall es zuließ. Das tolle Angebot nahm ich natürlich damals dankend an. Ich versuchte immer, eine Stunde vor meinen Kollegen anwesend zu sein und mich ein wenig mit den Hausarbeiten zu beschäftigen oder während der entsprechenden Phasen für die Klausuren zu lernen bzw. den Stoff zusammenzufassen.

Wie gesagt, das machte ich eine Stunde bis zum Erscheinen meiner Kollegen und begann anschließend mit voller Power zu arbeiten. Meine Aufgaben erledigte ich dann meistens in sieben

Stunden. So war mein Chef zufrieden und ich natürlich auch. Mir ging keine Freizeit verloren und ich wurde quasi für das Lernen bezahlt. Ein anderer Vorteil war jedoch der Arbeitsplatz. In meinem Büro gibt es einen geräumigen Schreibtisch, einen PC mit großem Bildschirm, die gewohnte Tastatur auf der ich schnell tippen konnte und ergonomische Bürostühle. Beste Voraussetzungen zum Lernen oder Schreiben. Doch besonders förderlich war die Atmosphäre im Büro, die davon geprägt ist zu arbeiten und produktiv zu sein. Meine Gewohnheit zu Hause ist eine andere. Da lasse ich mich zum Abschalten eher mal auf der Couch nieder und schalte automatisch ein paar Gänge zurück. Also ist für mich der Arbeitsplatz der geeignete Ort, effektiv tätig zu sein. So war und ist meine Denke. Das verhalf mir zu sehr produktiven Stunden auf der Arbeit.

Es gab natürlich auch Zeiten, da war es mir nicht möglich auf Arbeitszeit zu lernen. In diesen Phasen stach ich mich aus und setzte mich dennoch wieder an den Schreibtisch. Wenn ich zu oft unterbrochen wurde, suchte ich unsere „Ausbildungsplätze" auf. Hier gab es Räume, wo mich die Kollegen nicht erreichen konnten und ich ungestört lernen konnte.

Zur Vergegenwärtigung noch mal das bereits erwähnte Beispiel von meinem Kommilitonen mit der Spätsicht. Ich machte mit ihm die eine oder andere Gruppenarbeit. Irgendwann wusste ich ganz genau, dass beim Einschalten des PC morgens um halb 7 auf der Arbeit, einige neue Mails von ihm im Posteingang warteten. Er nutzte seine Nachtschichten zum Lernen oder zum Schreiben von Hausarbeiten. Er hatte natürlich nicht die Möglichkeiten wie ich, mit eingerichtetem Büro etc., aber da es üblicherweise in den Nachschichten einigen Leerlauf gab, konnte er hier mit seinem mitgebrachten Laptop in Ruhe für die Uni arbeiten. Seine

Kollegen schauten sich in dieser Zeit Filme an, er nutzte sie sinnvoller für seine Uni-Verpflichtungen.

Zuhause

Üblicherweise lernt man natürlich zu Hause. Hier solltest du dich aber ehrlich hinterfragen, ob du da wirklich produktiv bist. Denn hier lauern mindestens 3.000 Gründe, die dich vom Lernen abhalten. Das sind meistens sogar Ablenkungsmöglichkeiten, die einem sonst nie in den Sinn kommen würden. Häufig hält man sich mit dem Haushalt auf und kommt sogar auf die Idee, die Fenster zu putzen.

Besonders schwierig wird es, wenn du mit Partnerin bzw. Partner und evtl. noch Kinder auf dich warten. Da ist Ablenkung vorprogrammiert. Wenn ihr etwas zu Hause machen wollt, dann müsst ihr klare Regeln für euch und eure Mitbewohner aufstellen. Wichtig ist es, in ein separates Zimmer zu gehen, wo ihr ungestört seid und die Tür schließen könnt. Den Kindern müsst ihr klar sagen, dass ihr die nächste Stunde nicht gestört werden dürft. Am besten das Handy wieder in den Flugmodus schalten, Kopfhörer aufsetzen und Study-Music rein.

Uni-Bibliothek

Da sich viele nicht in den eigenen vier Wänden konzentrieren können, gehen sie in die Bibliothek zum Lernen oder Schreiben. Das ist super, da es in der Bib keine besonderen Ablenkungsmöglichkeiten gibt und wenn man schon mal da ist, kann man auch etwas lernen. Vorsichtshalber solltet ihr trotzdem eure Kopfhörer mitnehmen. Auch wenn es nur selten Lärm machende Gruppen gibt, ist es manchmal von Vorteil, sich von der Außenwelt abzuschirmen.

Zug

Da ich jeden Tag ca. zwei Stunden zur Arbeit pendle und im Masterstudiengang sogar 4,5 Stunden bis zur Uni unterwegs war, benutzte ich häufig den Zug als geeignete Schreiblocation. Gerade im ICE kann man sehr gut lernen, da es dort inzwischen auch kostenloses WLAN gibt (welches manchmal auch funktioniert). Da kann man im Zweifel auch mal etwas nachlesen. Die Regionalbahnen eigenen sich ebenfalls sehr gut zum Lernen. Einfach den Ordner mit den Skripten mitnehmen und z.B. Zusammenfassungen im Zug schreiben. Gefühlt habe ich so ca. 90% meiner Summarys angefertigt. Da die Bahn in der Regel sehr ruhig fährt, ist es recht einfach, dort etwas aufzuschreiben oder am Laptop zu tippen.

Wenn du ein Pendler bist und vorhast, viel im Zug zu schreiben, dann empfehle ich dir aber unbedingt gute Kopfhörer, die den Klang der Außenwelt absorbieren. Denn im Zug musst du immer damit rechnen, dass es sich bei deinen Sitznachbarn um hochemotional telefonierende Spanierinnen, um Fußballfans auf dem Weg zum Auswärtsspiel oder um Junggesellenabschiede handelt.

XII. WAS ICH EUCH EMPFEHLE

Fasst euren Mut zusammen und geht nebenberuflich studieren. So schwer ist es nicht und es wird euch persönlich und eure Karriere extrem weiterbringen!

Sucht euch ein Studium aus, das euch Spaß macht, und die Zeit wird wie im Fluge vergehen. Hört auf den Ruf eures Herzens und holt das Beste aus euch raus! Das seid ihr euch schuldig. Wenn ihr den Tools und Tipps aus diesem Buch folgt, dann wird es euch nur halb so schwer fallen.

Ich hoffe, das Buch hat euch einen guten Einblick in die Möglichkeiten und Besonderheiten eines berufsbegleitenden Studiums verschafft und hat euch zusätzlich einige hilfreiche Tools mit auf den Weg gegeben.

DANKE!!

Mein großer Dank geht an meine wundervolle Freundin und meine tolle Familie, die mir immer mit Rat und Tat zu Seite standen. Ohne euch wäre diese Buch nicht möglich gewesen. Danke für den Zuspruch, die aufbauenden Worte und die ganzen Ratschläge.

Dank und Anerkennung möchte ich auch meinen Freunden, geistigen Mentoren und Interview-Partnern aussprechen, welche dieses Buch maßgeblich beeinflusst haben und es zu dem gemacht haben, was es ist.

Hervorheben möchte ich dabei meinen Lektor Helmut Stork, der keine Mühen gescheut hat und dieses Buch mit Engelsgeduld korrigiert hat.

ÜBER DEN AUTOR

Julian Geiß studierte berufsbegleitend Wirtschaftsmanagement (Bachelor) und Entrepreneurship (Master). Er ist Banker, Jungunternehmer und Autor. Neben seinen Studiengängen absolvierte er neben dem Beruf auch Weiterbildungen zum Sport-Vereinsmanager, Scrum Master, oder Meldewesen-Spezialisten.

Bei ihm ist jedoch nicht der Erfolg in den Weiterbildungen das Außergewöhnliche, sondern dass er dabei nie sein privates Leben vernachlässigte. In den letzten 10 Jahren voller nebenberuflicher Tätigkeit, spielte er Handball, machte eine Weltreise, gründete eine glückliche Familie und zog regelmäßig mit seinen Freunden um die Häuser.

Er tritt mit seiner Arbeit für mehr Bildung und ein komfortableres Leben in Deutschland ein. Seine weitreichenden Erfahrungen, die er in nebenberuflichen Tätigkeiten sammeln konnte, möchte er an die Menschheit weitergeben.

EINE LETZTE SACHE NOCH...

Wenn du dieses Buch als hilfreich Empfunden hast, lass mir bitte eine Rezension auf Amazon.de da. Ich wäre dir unglaublich Dankbar!
Ich lese jede Rezension persönlich und lasse dein Feedback in meiner nächsten Buchüberarbeitung einfließen.

LITERATURVERZEICHNIS

Untenstehend findet ihr alle Quellen, auf welche ich verwiesen oder welche mich für dieses Buch inspiriert haben.

Airbnb www.airbnb.de , abgerufen am 09.09.2019

Amabile, Teresa: Creativity in Context: Update to the Social Psychology of Creativity, Westview Press 1996

Aufstiegs-BAföG, https://www.aufstiegs-bafoeg.de/de/was-wird-gefoerdert-1698.html, abgerufen am 11.08.2019

AKAD-Unternehmensgruppe, https://www.akad.de/, abgerufen am 01.02.2019

BAföG, www.bafög.de, abgerufen am 17.02.2020

Berufsakademie (BA), https://www.hessische-ba.de/, abgerufen am 10.09.2018

Bildungsfonds, https://bildungsfonds.de/, abgerufen am 28.07.2019

Bitrix24, https://www.bitrix24.de/, abgerufen am 16.09.2019

Booking, www.booking.com, abgerufen am 05.06.2019

Books Google, https://books.google.de/, abgerufen am 20.09.2019

Branson, Richard: Geht nicht gibt's nicht!, books4success 2012.

Bundesfinanzministerium, https://www.formulare-bfinv.de, abgerufen am 09.01.2020

Carter, Rita: Das Gehirn: Anatomie, Sinneswahrnehmung, Gedächtnis, Bewusstsein, Störungen, Dorling Kindersley Verlag 2014

DAAD Stipendiendatenbank, https://www2.daad.de/deutschland/stipendium/datenbank/de/21148-stipendiendatenbank/, abgerufen am 14.09.2019

DeMarco, MJ: The Millionaire Fastlane. Crack the Code to Wealth and Live Rich for a Lifetime, Viperion Publishing Ccorporation 2011

Die Zeit, www.zeit.de/studium/uni-leben/2012-07/turbo-student-fom, , abgerufen am 27.03.2019

Die Zeit, www.zeit.de/2016/49/universitaeten-muenchen-ausbildung-beliebtheit-arbeitgeber, abgerufen am 02.12.2019

Dropbox, https://www.dropbox.com, abgerufen am 01.03.2020

Elster, https://www.elster.de/, abgerufen am 09.02.2020

Fachhochschule Münster, www.fh-muenster.de, abgerufen am 07.02.2019

Ferriss, Timothy: Die-4-Stunden-Woche, Ullstein Taschenbuch 2015

Fernuniversität Hagen, https://www.fernuni-hagen.de/, abgerufen am 23.09.2019

FH Münster: https://www.fh-muenster.de, abgerufen am 26.07.2019

Flüge.de www.fluege.de, abgerufen am 13.06.2019

FOM Hochschule, www.fom.de, abgerufen am 09.09.2019

Frankfurt School of Finance & Management (FS), https://www.frankfurt-school.de/, abgerufen am 05.11.2018

Frosch Sportreisen www.frosch-sportreisen.de, abgerufen am 27.12.2019

Fernstudiumcheck, https://www.fernstudiumcheck.de/, abgerufen am 01.07.2019

Freedcamp, https://freedcamp.com/, abgerufen am 18.04.2019

Gladwell, Malcom: Der Tipping Point, Berlin Verlag 2000

Godin, Seth: The Dip. A Little Book That Teaches You When to Quit, Penguin 2007

Goethe-Universität, www.uni-frankfurt.de, abgerufen am 26.05.2019

Goethe Institute, https://www.goethe.de/de/wwt.html, abgerufen am 26.05.2019

Grünwald, Robert: Die Turbo-Studenten: Die Erfolgsstory: Bachelor plus Master in vier statt elf Semestern, GABAL Verlag 2013

Hessische Berufsakademie: https://www.hessische-ba.de, Abruf am 02.02.2020

Headspace, https://www.headspace.com/de, abgerufen am 14.03.2019

Hochschulkompass, http://www.hochschulkompass.de/, abgerufen am 14.03.2019

Hostelbookers www.hostelbookers.com, abgerufen am 14.03.2019

Hostelworld www.hostelworld.com/Hostels, abgerufen am 14.03.2019

Hostels www.hostels.com, abgerufen am 14.03.2019

ILS - Institut für Lernsysteme bzw. Euro-FH - Europäische Fernhochschule Hamburg, http://www.ils.de/, abgerufen am 20.09.2019

International School of Management (ISM), https://www.ism.de/, abgerufen am 12.06.2019

IST-Studieninstitut, https://www.ist.de/, abgerufen am 14.08.2019

IUBH Internationale Hochschule, https://www.iubh.de/, abgerufen am 14.03.2019

KfW Studienkredit, https://www.kfw.de/, abgerufen am 10.02.2020

Lohnsteuerhilfeverein, https://www.vlh.de, abgerufen am 29.03.2019

Meistertask, https://www.meistertask.com/, abgerufen am 14.03.2019

Momondo www.momondo.de, abgerufen am 30.06.2019

Mockridge, Matthew: Dein nächstes Großes Ding, Gabal Verlag 2016

Orange Handelsblatt, https://orange.handelsblatt.com/artikel/50522, abgerufen am 11.12.2019

OTH Regensburg, https://www.oth-regensburg.de, abgerufen am 22.11.2019

Podio, https://podio.com/, abgerufen am 14.03.2019

Recht NRW, https://recht.nrw.de/lmi/owa/br_text_anzeigen?v_id=64220161121085632202, abgerufen am 17.03.2019

Fischer, Alex: Reicher als die Geißens, AF Media GmbH

SBB Stipendien, https://www.sbb-stipendien.de/aufstiegsstipendium.html, abgerufen am 14.12.2019

Seiwert, Lothar J.: Das Einmaleins des Zeitmanagements. Gräfe und Unzer Verlag 2014

Scandtrack www.scandtrack.com, abgerufen am 13.07.2019

SGD - Die Studiengemeinschaft Darmstadt, http://www.sgd.de, abgerufen am 20.04.2019

Skype, https://www.skype.com/, abgerufen am 14.02.2020

Speedreading, https://www.speedreading.de/, abgerufen am 23.09.2019

Der Spiegel, https://www.spiegel.de/lebenundlernen/uni/stipendium-fuersstudium-41-stipendien-im-ueberblick-a-985188.html, abgerufen am 11.03.2019

Statista, https://de.statista.com/statistik/daten/studie/221/umfrage/anzahl-der-studenten-an-deutschen-hochschulen/, abgerufen am 27.05.2019

Steuersparerklärung 2019, von der Akademischen Arbeitsgemeinschaft

Studentensteuererklärung, https://www.studentensteuererklaerung.de/, abgerufen am 14.09.2019

Studienkreis, https://www.studienkreis.de/infothek/online-checks/lerntyp-check/, abgerufen am 25.07.2019

Studieren Berufsbegleitend, https://www.studieren-berufsbegleitend.de/studium-beruf/, abgerufen am 16.08.2019

Studis Online, https://www.studis-online.de/StudInfo/Studienfinanzierung/stipendien.php, abgerufen am 24.04.2019

Swoodoo www.swoodoo.com, abgerufen am 14.03.2019

Tara Brach https://www.tarabrach.com/guided-meditations/, abgerufen am 21.01.2019

Thiel, Peter; Masters, Blake: Zero to One. Wie Innovation unsere Gesellschaft rettet, Campus Verlag 2014

Technische Hochschule Deggendorf (THD), www.th-deg.de, abgerufen am 15.10.2018

The Open Universitym, http://www.openuniversity.edu/de-de, abgerufen am 14.01.2020

Trello, https://trello.com/, abgerufen am 18.09.2019

Tripadvisor www.tripadvisor.de, abgerufen am 24.10.2019

Trivago www.trivago.de, abgerufen am 29.05.2019

Universum Talent Research 2015: Partner Report, IUBH Internationale Hochschule, , abgerufen am 14.03.2019

Urlaubspiraten www.urlaubspiraten.de, abgerufen am 26.07.2019

Urlaubsguru www.urlaubsguru.de, abgerufen am 12.03.2019

Berufsbildungshochschulzugangsverordnung- BBHZVO: Verordnung über den Hochschulzugang für in der beruflichen Bildung Qualifizierte

Vom 7. Oktober 2016 (Fn 1)

Wilhelm Büchner Hochschule: https://www.wb-fernstudium.de/studieren-ohne-abitur.html, abgerufen am 19.03.2019

Wikipedia, https://de.wikipedia.org/wiki/European_Credit_Transfer_System, abgerufen am 23.08.2019

Wikipedia Arbeitskurve, https://de.wikipedia.org/wiki/Arbeitskurve, abgerufen am 14.08.2019

WISO Steuer-Sparbuch, 2019 Buhl Data Service

Wunderlist, https://www.wunderlist.com, abgerufen am 29.11.2019

Printed in Poland
by Amazon Fulfillment
Poland Sp. z o.o., Wrocław

91476313R00161